아동상담 및 생활지도

김용숙
박지영
서의정
공저

양서원

머리말

시대적 변화로 사회구조와 기능이 바뀌며 핵가족, 다문화 가족, 한부모 가족, 독거 가족 등 새로운 가족의 구조가 증가되고 있다. 사회 기능의 변화, 여성의 사회적 역할 확대, 다양한 가족의 형성으로 가정에서의 교육 기능이 소극적 형태로 변화되고 유아교육기관의 역할이 중요하게 되었다.

그로 인해 유아교육기관에서는 생활지도를 위한 기본생활습관과 배려, 질서, 바른 인성을 교육하는 것이 중요한 역할로 인식되고 현장의 교사들은 생활지도교육의 일환으로 인성지도의 가치를 알고 있지만 여러 가지 어려움을 호소하고 있다.

유아교육기관에서는 매일매일 새롭고 재미있는 일이 벌어진다. 늘 작은 꿈을 통해 아름다운 생각을 갖고 그 꿈을 키울 수 있는 다양한 경험들이 모여 있는 곳이다.

왕주사를 가지고 환자에게 겁을 주는 간호사가 되기도 하고,
도둑 잡는 경찰관이 되기도 하고,
선생님이 되기도 하고,
쇼핑 호스트, 가수, 개그맨이 되어 친구들에게 웃음을 선사하기도 한다.

이러한 일상의 모습에서 우리는 꿈꾸는 아이들의 마음을 엿볼 수 있다. 아이들이 놀이를 통해 질서와 개념을 습득하는 곳이 바로 유아교육기관이다. 초임교사 시절에는 아이들을 바라보는 관점과 이해하는 방법이 지금과는 달랐다. 강요와 억압으로 아이들을 지도하기도 하고 놀이보다는 학습이 우선일 때가 있었다. 아이들이 요란스럽게 떠드는 것이 신나는 놀이과정의 증거라는 것도 몰랐다. 그래서 강압적으로 아이들을 집중시키는 것만 초점을 맞추었기 때문에 혼자서 이리 뛰고 저리 뛰고 바쁘게 움직였던 것이 부끄럽다.

지금 생각하니 떠드는 것이 아니라 놀이가 진행되고 있었고, 우리는 이런 분주함 속에 놀이를 통해 인성을 배우고 사회성이 발달할 수 있음을 인식하게 되었다. 우리는 눈에 보이지는 않지만 현상 속에 숨겨진 인간의 본질을 파악하고 아이들을 이해하려는 노력을 기울여야 한다.

아이들의 본성을 파악하려면 교사 주도적 학습상황보다는 아이 스스로 놀이에 몰두하고 있을 때 훨씬 더 많이 그 아이의 특성과 장점을 찾아낼 수 있다. 외적인 것만을 통제하려 했던 초임 시절 이야기를 부끄럽지만 시행착오를 줄이기 위해 예비교사와 현장에 계시는 여러 선생님들께 소개한다.

이 책은 총 7장으로 구성되어 있다.

1장에서는 아동생활지도에 대한 개요를 제시하였으며, 2장에서는 아동을 이해하기 위한 국가수준 교육과정을 분석하였고, 3장에서는 아동에 대한 전반적인 발달의 특성을 기술하였다. 4장에서는 아동생활지도의 평가방향을 제시하였다. 5장에서는 개인상담의 이론과 실제를 기술하였으며, 6장에서는 집단상담에 대한 이론과 실제를 다루었고, 7장에서는 미래 생활지도 방향에 대해 기술하였다.

이 책을 출간하는 데 도움을 주신 양서원 박철용 회장님과 현장 이야기에 도움을 주신 선생님들께 감사드린다.

2021년 8월

저자 일동

목차

Chapter 01 아동생활지도 이론

Chapter 02 국가수준 교육과정 이해

Chapter 03 아동에 대한 이해

Chapter 04 아동생활지도 평가방향

Chapter 05

개인상담

Chapter 06

집단상담

Chapter 07

미래 생활지도 방향

Chapter 01

아동생활지도 이론

> 생각하는 것을 가르쳐야 하는 것이지,
> 생각한 것을 가르쳐서는 안 된다.
>
> \- 코넬리우스 걸릿 -

01

이 장에서는 아동생활지도의 개념, 목표, 필요성에 대해 학자들을 중심으로 살펴보며, 이를 교육기관에서 어떻게 실행하고 있는지 알아본다.

1. 아동생활지도 배경

아동생활지도 정의는 기준을 어디에 두고 해석하느냐에 따라 다르게 제시되는데 간혹 개념을 잘못 인식하여 특수한 행동에만 초점을 맞추는 경향이 종종 나타난다. 따라서 아동생활지도의 개념 및 목표, 필요성을 학자들을 중심으로 살펴본다.

2. 아동생활지도

모든 아동을 공정하게 바라보고 그들의 마음을 이해하려는 교사의 신념이 절대적으로 필요한 것이 아동생활지도이다. 그러므로 아동생활지도 방향과 인성교육 실천방법에 대해 살펴본다.

3. 아동인성지도 프로그램

아동인성지도의 목적을 실천하는 방법이 생활지도이다. 인성교육의 가치, 덕목, 핵심역량에 대한 내용을 살펴본다.

4. 교사의 인성교육

인성은 보고 배우며 키워나간다. 올바른 인성교육을 위해 아이들의 교육환경에서 가장 근접해 있으며 가장 중요한 인적 요소인 교사의 제 역할에 대해 살펴본다.

1. 아동생활지도 배경

1) 아동생활지도 정의

생활지도(Guidance)는 guide에서 유래하였으며 그 뜻은 지도하다, 인도하다, 조언하다는 뜻이다. 미국에서 Guidance란 의미는 형식적인 교육기관(초, 중, 고, 대학)에서 사용되었다. 학교기관에 내포되어 있는 의미는 아동이 일상생활에서 해결해야 할 여러 가지 문제를 스스로의 힘으로 해결할 수 있도록 지도하는 것이다. 아동생활지도는 아동 자신과 주위 세계를 잘 이해하고 긍정적인 태도를 길러 건전한 사회의 일원으로 성장·발달할 수 있도록 하는 일련의 지속적인 조력과정을 말한다. 그러나 아동은 발달상 미숙하기 때문에 성인에게 의존하는 경향이 있어 일상에서 부딪치는 문제들을 스스로 해결하기가 쉽지 않다. 그러므로 아동이 주변에서 일어나는 문제를 스스로 이해하고 해결할 수 있도록 도와주어야 한다.

여러 학자들이 제시하고 있는 아동생활지도 정의를 살펴보면, 트랙슬러(Traxler)는 생활지도란, "학생들로 하여금 가지고 있는 능력을 최대한으로 발전시키는 것으로 이는 결국 한 국가의 민주시민의식을 갖도록 하는 것"이라고 하였다(정동화, 2003). 로저스(Rogers)는 "개인의 태도와 행동을 변화시키는 것을 의미한다"라고 하였으며, 존스(Jones)는 "선택과 적응을 위해 개인에게 주는 조력을 의미하며 다른 사람에게 피해가 가지 않는 이상 의무와 권리가 있다고 하는 민주적인 기본 원리에 기초를 두고 있다"라고 하였다. 즉, 아동생활지도는 아동으로 하여금 자기 자신과 자신이 살고 있는 환경에 대한 이해와 통찰을 통해 자율적이고 자주적인 생활습관을 가지고 보다 안정되고 통합된 성장과 발달을 하도록 조직적이고 전문적으로 도와주는 교육활동이라 하겠다. 이를 통해 자기이해(self-understanding), 자기조절(self-control), 자기결정(self-determine), 자기실현(self-realization)을 이루며 이는 체계적·계획적 조언으로서 아동 스스로 결정하고 개척하도록 도와 자신의 환경 속에서 현명한 선택과 적응을 할 수 있게 하는 작용이다(조운주, 최일선, 2004). 또한 정원식(1982)은 모든 어린이가 그들이 일상생활에서 당면하는 여러 가지 문제를 자력으로 해결함으로써 건전하게 성장할 수 있도록 도우며, 이재창(1995)은 개인으로 하여금 자기 자신과 주위 세계를 잘 이해해서 건전한 사회의 일원으로 성장·발달할 수 있도록 하는 일련의 조력과정이라고 하였다.

이처럼 아동생활지도의 정의는 여러 학자들이 기준을 어디에 두고 해석하느냐에 따라 다르게 제시됨을 알 수 있다. 그동안 아동교육현장에서도 생활지도는 교육적 차원에서 도덕적 가치와 민주적 사고가 확립될 수 있도록 노력해 왔으나 개념을 잘못 인식하여 특수한 행동에만 초점을 맞추는 단기적인 치료의 목적으로 벌이나 보상에 의한 도덕적 불감증을 가져와 오히려 생활지도를 더 어렵게 만드는 경향이 있었다.

위에서 제시한 아동생활지도에 대한 학자들의 내용을 종합해 보면 다음과 같다.

아동생활지도란, 아동들이 개인으로 하여금 자신과 주변 환경을 잘 이해하고 일상생활에서 당면하는 여러 가지 문제들을 효과적으로 해결하고 생활에 적응하기 위한 능력을 길러 줌으로써 건전하게 성장·발달할 수 있도록 돕는 일련의 체계적인 교육활동이다.

2) 아동생활지도의 필요성과 목표

(1) 아동생활지도의 필요성

아동의 성장과 발달의 가속화, 지식정보의 축적, 가치관 혼란 등으로 인한 여러 가지 어려움을 해결하기 위해서는 아동생활지도가 필요하다. 현대사회가 경제발전을 중요시하여 사회개혁과 변화에 대응할 교육수준의 향상과 여성의 사회진출, 경제활동 등이 중요한 원인으로 부각되면서 아동교육의 중요성이 강조되기 시작하였으며, 이는 곧 유아교육기관 연령의 하향화를 가져왔다(김용숙, 2008). 이에 아동을 위한 생활지도는 가정과 유아교육기관, 지역사회 등에서 부딪치는 다양한 문제를 스스로 해결해 나아갈 수 있도록 지도해야 한다.

이러한 사회 변화에 따른 아동생활지도의 필요성에 대해 사회적 측면과 개인적 측면으로 나누어 살펴볼 수 있다(공석영 외, 2000; 정동화, 2000; 조운주, 최일선, 2004).

① 사회적 측면

첫째, 가족구조의 변화

가정이라고 하면 모든 사람들이 따뜻한 공간으로 알고 있다. 특히 아동에게 있어 가족은 앞으로 세상을 살아가면서 필요한 기본적인 생활습관을 배우는 곳이다. 그러나 1990년 이후로 가족의 구조는 점점 더 축소되기 시작하여 핵가족화를 이루었으며, 여성 고학력자가 증가하면서 엄마로서의 역할보다는 사회의 한 일원으로서의 역할을 더 중요시하게 되었다. 결국 가족구조의 변화는 가족 해체의 위기를 가져왔으며 이로 인하여 이혼율이 높아졌고, 저출산 시대가 초래되었다.

둘째, 문제행동의 증가

가족구조의 변화에 따른 영향으로 가정의 역할이 축소됨에 따라 그만큼 아이들은 가정보다는 학원 및 대중매체에 쉽게 빠져들기 시작했다. 가정의 보살핌에서 점점 멀어지면서 문제행동은 날이 갈수록 증가하고 있으며 더 나아가 청소년기에 영향을 미칠 수 있다. 따라서 아동 시기의 잘못된 생활습관은 어느 순간 고착화되어 쉽게 고쳐지지 않기 때문에 인성의 기본 성향이 완성되는 아동기부터 긍정적으로 사고할 수 있도록 해야 한다.

셋째, 도시화 현상에 따른 변화

현재 도시의 인구는 포화상태로 이에 따른 교육 혼잡, 주택 부족, 공해의 문제가 발생하고 있다. 이는 결국, 도시 성원 간의 타산적 사고방식, 개인주의 성향, 가치관의 혼미 등을 야기시키고 있다.

넷째, 환경오염에 따른 변화

물질적으로 풍요로워지면서 각종 자원의 결핍과 환경오염 등으로 자연이 힘들어하고 있다. 또한 자연을 있는 그대로 활용하기보다는 가치창출로 바라보면서 생태계는 더욱더 파괴되어 갔으며 이는 사람들의 가치관도 변하게 했다.

다섯째, 아동교육에 대한 연령의 하향화

아동교육이 점차 일반화되고 공교육화되어 가면서 교육받을 기회가 많아짐과 동시에 일찍부터 유아교육기관 생활을 경험하는 기간과 머무는 시간이 늘어나게 만든 조기교육의 열풍은 생활지도의 필요성을 부각시켰다.

② 개인적 측면

첫째, 올바른 성격형성

프로이트(Freud)는 아동기의 경험이 성격형성에 영향을 미친다고 하였으며, 에릭슨(Erikson)은 아동기에 이루어야 할 과업을 제시하면서 아동기의 중요성을 강조하였다. 아동기의 올바른 성격형성은 정신적 성장과 사회성 발달에 도움이 될 수 있다.

둘째, 잠재능력 발달

인간의 원리에 의하면, 어느 누구나 유전과 환경의 상호작용 속에서 성장한다. 이에 아동이 생활지도를 통해 자신의 발달적 측면에 대한 이해를 도모하고, 자신의 잠재적인 능력을 발견할 수 있는 기회를 가질 수 있도록 해야 한다.

셋째, 민주시민 기초 확립

아동기는 기본생활습관 및 인성이 형성되는 시기이다. 또한 사회는 혼자 살아가는 것이 아니라 더불어 살아가야 한다. 앞으로의 세계는 개인의 권리와 자유를 보장해 줌과 동시에 의무와 책무도 함께 강조한다. 그렇기 때문에 지·덕·체가 조화롭게 발달된 사람으로 성장시켜야 한다.

넷째, 기본생활습관 형성

아동기에 형성한 기본생활습관은 쉽게 고쳐지지 않는다. 그렇기 때문에 인성의 기본 틀이 형성되는 아동기부터 올바르게 배워야 한다. 특히 기본생활습관(몸과 주변을 깨끗이 하기, 바른 식생활 하기, 건강한 일상생활하기, 질병 예방하기 등)은 학습에 의해 터득되는 것이 아닌 몸소 실천하고 자연스럽게 습득할 수 있도록 한다.

(2) 아동생활지도의 목표

아동들에게 정신적·신체적 안정감을 갖도록 지도하는 것은 교육의 목적을 실현하고 달성시키기 위한 방법 중의 하나이다. 따라서 아동이 가지고 있는 잠재능력의 가능성을 발견하고 그들을 도와 민주시민의식을 갖도록 하여 행복한 삶을 살아갈 수 있도록 하는 것이 생활지도의 목표이다.

이에 학자들이 제시한 아동생활지도의 목표는 다음과 같다.

김준규 외(2010)는 단기적으로는 아동이 문제 상황에서 올바르게 판단할 수 있도록 하며, 장기적으로는 앞으로 당면할 문제들을 해결할 수 있는 전인적인 인간으로 나아갈 수 있도록 도와주어야 한다고 보았다.

첫째, 아동이 자신을 이해하고 당면한 문제를 스스로 선택·판단하여 해결할 수 있도록 돕는다.

둘째, 각 영역에 있어 균형적인 발달을 노모함으로써 아동이 조화로운 인격체로서의 성장을 이룰 수 있도록 돕는다.

셋째, 아동의 개인차와 발달상의 특징을 고려하여 올바른 습관을 형성하도록 돕는다.

넷째, 아동이 성숙한 민주시민으로 성장·발달할 수 있도록 돕는다.

정동화(2003)는 아동기에 성취되는 생활지도는 건전하게 성장·발달할 수 있는 기초를 마련하는 것이라고 보았다.

첫째, 아동의 자율적 성장을 돕는다.

둘째, 아동이 지닌 성장 가능성을 최대한 계발·실현할 수 있도록 돕는다.

셋째, 생활지도는 문제해결이나 증상의 제거뿐만 아니라 아동의 전인적 성장을 돕는다.

넷째, 아동이 자기 주변의 환경과 적절한 관계를 맺도록 돕는다.

다섯째, 아동이 기본적인 생활습관을 익힐 수 있도록 돕는다.

트랙슬러(Traxler)와 험프리(Humphreys, 1954)는 아동생활지도가 학생 개개인의 성장·발달을 돕는다(공석영 외, 2000 재인용)고 하였다.

첫째, 아동 개개인으로 하여금 자신을 정확하게 이해하도록 한다.

둘째, 아동 개개인으로 하여금 가능한 한 자신의 노력으로 자기가 지닌 성장 가능성으로서의 능력과 흥미, 기타 여러 자질들을 발견하고 이를 최대한으로 발전시키도록 한다.

셋째, 아동 개개인으로 하여금 그들이 수시로 당면하는 문제들을 정확하게 파악해서 자신의 힘으로 해결하도록 한다.

넷째, 아동 개개인으로 하여금 복잡 다양한 생활환경 속에서 현명한 선택과 적응을 할 수 있게 한다.

다섯째, 아동 개개인으로 하여금 앞으로 보다 건전하게 성숙하고 적응할 수 있는 영구적인 기초를 마련하도록 한다.

여섯째, 아동 개개인으로 하여금 신체적·지적·정시적·시회적인 면에서 조화된 삶을 누릴 수 있도록 한다.

일곱째, 아동 개개인으로 하여금 그들이 속한 사회를 위해서 각자 나름대로 공헌할 수 있도록 한다.

프리드리히(Friedrich, 1950)는 개인뿐 아니라 교사, 기관, 지역사회 모두 함께 해야 한다(공석영 외, 2000 재인용)고 하였다.

첫째, 교사로 하여금 아동들을 보다 정확하게 이해하도록 도와준다.

둘째, 여러 가지 형태의 교육활동을 통해서 교사들로 하여금 아동생활지도에 임하는 바람직한 태도와 기술을 가지도록 도와준다.

셋째, 아동들이 제시하는 문제가 교사 자신의 능력을 벗어나는 경우, 그 분야 전문가에게 의뢰할 수 있도록 도와준다.

따라서 아동생활지도의 목표에 대해 학자들을 중심으로 살펴본 결과 다음과 같이 제시할 수 있다.

첫째, 자기 자신의 통찰력을 통해 긍정적인 자아감을 형성한다.

둘째, 당면한 문제 상황을 인식할 수 있다.

셋째, 함께 더불어 살아가는 공동체 의식을 갖는다.

넷째, 아동의 잠재능력 계발과 정서적 발달을 통해 바르게 성장할 수 있도록 돕는다.

3) 아동생활지도의 기본원리

모든 아동을 공정하게 바라보고 그들의 마음을 이해하려는 교사의 신념이 절대적으로 필요하다고 생각하는 영역이 아동생활지도이다. 흔히 아동을 위한 생활지도는 문제를 보이는 특수한 행동에만 초점을 맞추는 경향이 있는데 이는 진정한 가치를 놓치는 것이다. 따라서 아동생활지도는 단기적인 관점보다는 장기적인 관점에서 바라보고 지도해야 한다.

우리가 앞에서 살펴보았듯이 아동을 위한 생활지도의 궁극적인 목표는 아동으로 하여금 타고난 능력을 최대한 발휘하여 정서적 발달을 통해 바르게 성장하고 민주시민의식을 가질 수 있도록 돕는 데 있다.

이에 아동생활지도의 기본원리를 정리하면 다음과 같다(강문희, 2001; 김춘기, 1996; 윤운성, 김홍운, 2003; Friedrich, 1950).

첫째, 모든 아동을 대상으로 한다.

둘째, 모든 아동을 하나의 인격체로 존중한다.

셋째, 문제의 처벌보다는 예방 차원에서 필요하다.

넷째, 아동의 발달 수준을 고려해야 한다.

다섯째, 과학적인 접근방법에 기초해야 한다.

여섯째, 생활지도는 지속적으로 이루어져야 한다.

일곱째, 생활지도는 구체적이고 뚜렷한 목표로 설정한다.

여덟째, 생활지도와 여러 활동 간의 명백한 관계를 고려한다.

아홉째, 유아교육기관의 실정을 고려한다.

2. 아동생활지도

1) 교사의 자질과 역할

아동생활지도를 담당하는 교사는 일반교육의 직무와는 다른 전문성이 요구되나 유아교육기관에서는 일반교사가 생활지도 담당자의 임무를 담당하는 경우가 종종 있다(공석영 외, 2000). 그러나 그로 인해 현장에 있는 교사는 과도한 업무량으로 인해 생활지도 담당자로서의 역할은 소홀히 할 수밖에 없다. 즉, 아동생활지도를 담당하는 교사는 신체적, 정신적, 학문적 소양을 갖추어야 한다. 특히 학문적 소양의 경우 단순한 지식이 아닌 전문적인 지식이 반드시 뒷받침되어야 하며, 끊임없는 질적 연구가 필요하다. 그렇기 때문에 교사의 자질과 더불어 상담자로서의 전문적 자질이 요구된다.

따라서 아동생활지도 교사의 역할은 아동들을 세심하게 관찰하고 바람직한 행동으로 변화할 수 있도록 도와주는 역할과 성장과정의 조력자로서의 역할, 상담자의 역할이라고 할 수 있으며 이는 아동들에게 다양한 시각의 안목을 넓혀 준다.

2) 아동생활지도의 계획

유아교육기관에서 교육과정을 원활히 운영하기 위해서는 구체적인 계획을 세워야 한다. 또한 아동생활지도 계획은 교육기관뿐만 아니라 가정, 지역사회와 서로 협력하여 적절한 계획을 세우고 꾸준히 이행될 수 있도록 해야 한다.

이에 아동생활지도 계획을 세울 때는 다음과 같은 사항들을 고려한다(김충기, 장선철, 2001; 공석영 외, 2000; 정동화, 2003).

첫째, 아동생활지도의 계획은 모든 아동이 생활지도의 대상이 되어야 한다.

우리는 아동생활지도라고 해서 행동에 문제가 있는 경우라고 생각하기 쉽지만 그렇지 않다. 대부분의 아동들은 아직은 신체적·정서적으로 미숙한 발달단계로 문제행동을 일으키는 경우가 종종 있으므로 부적응 아동, 즉 문제행동 아동에게만 국한된 문제가 아닌 개인차를 충분히 고려하여 모든 아동이 생활지도의 대상이 되어야 한다. 그리고 이는 학습을 통한 생활지도가 아닌 놀이와 경험을 통해서 접근해야 할 것이다.

둘째, 어떤 목표로 아동의 행동을 변화시킬 것인지 구체적이어야 한다.

교육목표는 아동의 행동에 있어 변화를 요하는 것으로 아동 발달 생활에 맞게 구체적이고 명확하게 제시해야 할 것이다. 따라서 아동의 행동 변화를 요하는 목표를 세울 때는 미리 사전조사(유아교육기관, 지역사회 등)를 통해 충분히 살펴본 다음 실정에 맞게 진행해야 할 것이다.

셋째, 교육기관의 특성을 고려한 실천조건이 현실조건이어야 한다.

아동생활지도를 실행하는 것은 교사이다. 그렇기 때문에 아동생활지도 담당자는 이에 대한 기본적인 전문적인 지식을 습득해야 하며 또한 유아교육기관의 여건도 고려해야 한다. 그러므로 계획을 세울 때 다양한 각도로 충분히 살펴본 후 실행해야 할 것이다.

넷째, 부적응치료보다는 예방 차원에서 지도되어야 한다.

아동생활지도는 사후보다는 사전에 초점을 두고 반드시 행해져야 하는 교육활동이다. 발달의 특성상 작은 문제도 큰 결과를 초래하기 때문에 피해를 최소화하기 위한 방향으로 예방 차원에 많은 중점을 두어야 하며, 이는 경제적인 면에서도 효과적이라 하겠다. 따라서 아동의 발달 특성을 고려한 프로그램이 계획되고 실천되어야 할 것이다.

다섯째, 기관, 가정, 지역사회의 연계성이 충분히 고려되어야 한다.

사회는 모든 사람이 함께 더불어 살아가야 하므로 가정을 중심으로 소속되어 있는 기관과 지역사회에 도움을 받음으로써 훨씬 더 효과적인 아동생활지도가 이루어질 것이다.

3. 아동인성지도 프로그램

사회구조 변화로 인해 가정에서의 생활지도도 중요하지만 유아교육기관에서의 생활지도가 중요하게 인식되었다. 기본생활습관 및 바른 인성을 갖추기 위해 생활 속에서 아동을 관찰하고 올바르게 지도한다. 인성교육은 사람이 생을 살아가는 데 있어 마음을 어떻게 쓰고 다스리는가를 길들이는 교육으로서 '마음씨앗 가꾸기'라고 하였다(김영옥, 2016). 개정 누리과정에도 잘 드러나 있듯이 아동이 놀이를 통해 심신의 건강과 조화로운 발달을 이루고, 바른 인성과 민주시민의 기초를 형성하는 데 목적을 두고 있다. 이에 상응하여 유치원에서부터 초·중·고등학교에 이르기까지 학교에서 인성교육을 진흥하자는 법안으로 인성교육진흥법이 2015년 1월에 제정되었고, 2015년 7월부터 시행되었다(교육부, 2015). 이는 '인간으로서의 존엄과 가치를 보장'하며, '올바른 국민 육성'을 통한 '국가사회의 발전'을 목적으로 인성을 함양한 학습자들을 길러내는 데 목적을 두고 있다. 미래 인재의 핵심 역량 중 인성 덕목을 주목하고 있으며 타인을 존중하고, 협업·소통하는 인성 역량을 지원하기 위해 '제2차 인성교육 종합계획'을 추진하여 실행하고 있다(교육부, 2021).

인성교육진흥법에 제시된 인성교육의 목적은 '자신의 내면을 바르고 건전하게 가꾸고 타인, 공동체, 자연과 더불어 살아가는 데 필요한 인간다운 성품과 역량을 기르는 것'이다. 인성교육의 핵심가치 덕목은 예, 효, 정직, 책임, 존중, 배려, 소통, 협동 등의 마음가짐이나 사람됨과 관련된 핵심적인 가치 또는 덕목이며, 핵심역량은 핵심덕목을 실천하는 데 필요한 지식, 공감, 의사소통능력, 갈등해결능력을 통합한 능력으로 정의하고 있다.

이에 핵심가치 덕목 여덟 가지를 기준으로 인성교육 주제를 구체화시키면 다음과 같다.

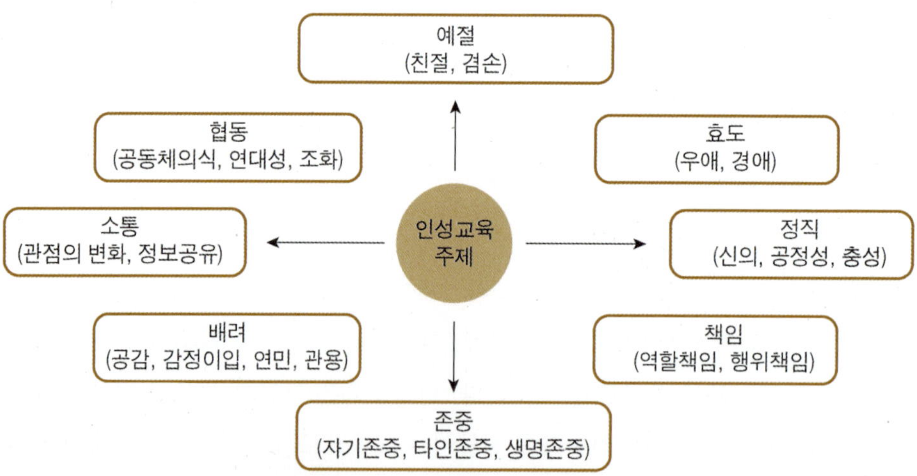

그림 1-1 인성교육진흥법의 인성교육 주제

인성교육의 개념구조를 살펴보면, 3차원 6역량으로 나눌 수 있다.

3차원은 사회성, 도덕성, 감성 차원으로 구성된다. 6역량은 사회성 차원은 사회적 인식능력, 대인관계능력으로, 도덕성 차원은 핵심가치 인식능력, 책임 있는 의사결정 능력으로, 감성 차원은 자기인식능력과 자기관리능력으로 구성되어 있다.

이러한 인성의 세 가지 차원 및 각 차원을 구성하는 핵심역량은 서로 배타적인 것이 아니라, 상호 유기적으로 관련되어 있다.

교육부에서는 미래 인재에게 요구되는 친사회적 인성을 정직, 책임, 존중, 배려, 공감, 소통, 협동 등 7대 덕목을 선정하였다. 학습자가 7대 핵심덕목들을 학교 학급별, 학년 수준에 맞게 체계적으로 삿출 수 있도록 종합적 인성교육을 추진하고 있다(교육부, 2013).

DeSeCo 프로젝트 핵심역량과 교육부 7대 인성교육 핵심덕목을 비교하면 〈표 1-1〉과 같다.

표 1-1 DeSeCo 프로젝트 핵심역량과 교육부 7대 인성교육 핵심덕목 비교

DeSeCo 프로젝트		VS	교육부 인성교육 덕목	
범주	역량		영역	덕목
자율적 행동능력	1. 전체적 조망 속에서 행동하는 능력 2. 생애계획을 수립하고 실천하는 능력 3. 권리, 이익, 한계, 요구를 주장하는 능력	개인 내 역량	나 (나-나)	정직, 책임
사회적 상호작용 능력	1. 타인과 원만한 관계 맺기 능력 2. 협력하는 능력 3. 갈등 관리 및 해결 능력	대인 관계 역량	우리 (나-타인) (나-나)	존중, 배려, 공감
지적 도구 활용능력	1. 상호 교감하며 언어, 상징, 텍스트를 사용하는 능력 2. 상호 교감하며 지식과 정보를 사용하는 능력 3. 상호 교감하며 기술을 사용하는 능력	사회적 관계 역량	사회 (나-세계) (나-타인)	소통, 협동

출처: 교육부(2013)

누리과정에서 제시하고 있는 인성교육의 덕목을 살펴보면 배려, 존중, 협력, 나눔, 질서, 효의 여섯 가지로 나누어져 있다(교육과학기술부, 2009).

- **배려** 다른 사람들의 필요와 요구에 민감하게 반응하고, 공감하는 것
- **존중** 사람이나 사물은 기본적으로 그들의 존재만으로 존중할 가치가 있음을 인식하고, 그 가치에 대하여 소중히 여기는 것
- **협력** 두 명 이상의 구성원이 공동의 목표를 설정하고, 이를 달성하기 위해 개인의 책임을 다하고 서로 조언 및 조력을 주고받는 것
- **나눔** 자기 스스로 우러난 마음에서 남을 돕기 위해서 하는 일로 대가를 바라지 않고 지속적으로 도와주는 것
- **질서** 민주주의 사회에서 책임감 있는 민주시민으로서 살아가기 위해 필요한 사회규범을 지키는 것
- **효** 자식으로서 인간된 도리를 충실히 하는 것

인성덕목의 하위내용을 구체적으로 살펴보면 〈표 1-2〉와 같다.

표 1-2 인성덕목의 하위내용

요소	하위내용
배려	친구에 대한 배려
	가족에 대한 배려
	이웃에 대한 배려
	동식물에 대한 배려
존중	자신과 전통문화에 대한 존중
	다른 사람들과 다른 문화에 대한 존중
	생명과 환경에 대한 존중
협력	긍정적인 상호의존성(도움 주고받기, 의견·정보·자료 공유하기, 친밀감 형성하기)
	개인적 책임감(내 역할 인식하기, 역할 완수하기, 책임감 갖기)
	집단협력(공동의 노력과정 평가하기)
나눔	나눔의 의미 알기
	나눔을 실천하기
	나눔에 참여하기

요소	하위내용
질서	기초질서(자기의 순서나 차례를 지켜야 하는 질서)
	법질서(교통질서와 같이 국가의 법률이나 규칙을 지켜야 하는 질서)
	사회질서(사회의 여러 요소와 집단이 조화롭게 균형을 이루는 질서)
효	부모에 대한 효
	조부모에 대한 효
	지역사회 어른에 대한 효

- 감사 고마움을 느끼고 그 마음을 표현하는 것
- 도전 어떤 어려움에도 굴하지 않고 나의 목표를 향해 나아가는 것
- 질서 남과 더불어 함께 살며 정한 약속을 지키는 것
- 정직 해야 할 말이나 행동이 옳고 바른 것임을 확신하는 것
- 효 부모님과 웃어른께 예의를 다해 공경하는 마음
- 배려 나보다 남을 먼저 생각하는 마음
- 협력 마음과 힘을 합하여 함께 하는 것
- 경청 상대방의 말에 집중하는 마음과 자세
- 긍정 어떤 상황에서도 희망적인 생각, 말, 행동을 선택하는 마음
- 존중 나와 다름을 인정하고 귀하게 여기는 마음
- 인내 일이 이루어질 때까지 최선을 다하는 내면의 힘
- 나눔 함께 나누고 공감하며 소통하는 따뜻한 마음

사회 공동체 안에서 구성원으로 건강하게 살아가기 위해서 아동기부터 바른 기본생활습관과 올바른 인성을 품어야 한다. '세 살 버릇 여든까지 간다'의 속담처럼 어려서부터 기본생활습관, 예절, 배려, 협력 등을 놀이로 경험하는 교육 프로그램이 실시되어야 한다. 김영옥(2016)은 인성교육이 통합성, 관계성, 자율성, 협동성, 반복성, 동시성, 누적성, 지속성의 원리를 따라야 함을 강조하였다.

통합성의 원리는 아동교육이 본래 통합적인 특성을 가지고 있지만 그 구심점에 인성교육이라는 목표가 있어야 함을 의미한다. 기본생활습관이 전 영역과 관련되듯이

인성교육도 유치원 전체가 교육의 장이 되어야 한다. 관계성의 원리는 인성교육이 아동과 교사, 성인과의 관계 속에서 이루어지며, 좋은 사람들과의 만남과 그러한 자질을 갖춘 성인들과의 상호작용이 매우 중요함을 의미한다. 자율성의 원리는 인성교육이 궁극적으로 스스로 바른 가치관을 실천하도록 돕는 과정이므로 자기표현과 일상생활의 문제를 스스로 해결해보는 경험이 중요함을 의미한다. 협동성의 원리는 우리가 혼자서 살아갈 수 없는 존재이고, 인성교육도 혼자서 습득할 수 있는 지식이 아니므로 또래와 성인을 포함해 서로 협력하고 교류하는 경험이 필요함을 의미한다.

반복성의 원리는 바람직한 행동 특성이 습관화될 수 있도록 인성교육이 되풀이되는 연습을 통해 자신의 특성으로 자리 잡도록 반복하여 이루어져야 함을 의미한다. 동시성의 원리는 청결은 물건의 정리정돈 및 질서와 연결되고 물건을 함부로 사용하지 않거나 줄을 서는 것도 욕구와 절제가 동시에 연관되어 있듯이 인성교육은 모두 연계되어 이루어진다는 의미이다. 누적성의 원리는 반성과 탐구를 통해 내공을 쌓아가듯 인성교육은 시간과 노력의 과정을 통해 다듬어지고 정교해지는 것임을 의미한다. 지속성의 원리는 일정 기간이 아닌 성장하는 동안 꾸준한 노력과 실천을 통해 오랫동안 지속적으로 내면화, 습관화되어야 함을 의미한다. 이러한 원리를 토대로 인성교육의 내용과 접근방법을 제시하면 〈표 1-3〉과 같다(김영옥, 2016).

표 1-3 인성교육의 내용과 접근방법

시기	원리	내용	접근방법
3세 기초적 인성	통합성	기본생활습관 (개인생활, 공동생활)	어릴 때부터 좋은 습관을 기른다.
	관계성		
	자율성	자아개념 (신체, 정서, 인지, 사회)	자신에 대한 긍정적 생각과 감정을 조절하는 경험을 넓힌다.
4세 사회적 인성	협동성		
	반복성	대인관계 (조망수용, 의사소통, 절충, 협력)	긍정적인 모델이나 모범을 보며 바람직한 관계를 형성한다.
5세 도덕적 인성	동시성	주도성 (설득력, 성취동기)	다양한 사람과 사물을 경험하여 시야를 넓히고 리더십을 갖는다.
	누적성		
	지속성	도덕성 (감성, 판단력, 행동)	바른 도덕과 규범을 익히고 내면화하여 도덕적 성향과 판단력을 기른다.

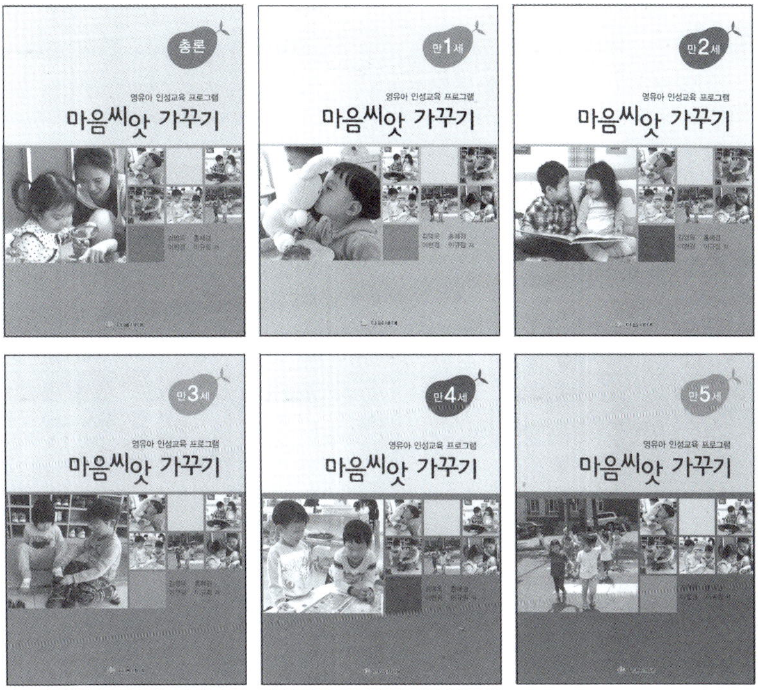

마음씨앗 가꾸기

출처: 김영옥 외(2014). 영아동 인성교육 프로그램: 마음씨앗 가꾸기. 다음세대.

표 1-4 연간 인성교육 계획안

[만 5세 ○○반 인성교육 연간교육계획안]

월	주	영역	소주제
3	1	존중	(인성이 자라는 나무) 바르게 인사해요.
	2	질서	가방과 옷을 제자리에 정리해요.
	3	청결	손 씻는 방법
	4	배려	놀이를 할 때 지켜야 할 약속
	5	존중	(장애이해교육) 손으로 말해요. (다섯 글자 예쁜 말 수화)
4	1	질서	(인성이 자라는 나무) 신발을 바르게 정리해요.
	2	질서	견학 갈 때의 약속
	3	절제	바르게 앉아요.
	4	나눔	(장애이해교육) 동화 - 함께 보여 내 얼굴
5	1	배려	(인성이 자라는 나무) 계단에서의 약속을 지켜요.
	2	효	하루에 한 가지씩 부모님 일을 도와요.
	3	나눔	물건을 주고받을 때의 예절을 알아요.
	4	협력	함께라서 좋아
6	1	협력	(인성이 자라는 나무) 바른말 고운말을 해요.
	2	질서	줄을 서서 기다려요
	3	나눔	(장애이해교육) 동화 - 내 귀는 짝짝이
	4	존중	공공장소 & 음식점에서의 예절
	5	협력	(경제교육) 시장, 직업과 일, 무역
7	1	절제	(인성이 자라는 나무) 식사 예절을 지켜요.
	2	청결	음식을 골고루 먹어요.
	3	존중	(장애이해교육) 보청기
	4	청결	몸과 이를 깨끗이 씻어요.
8	2	청결	(인성이 자라는 나무) 물을 아껴 써요.
	3	절제	남의 물건을 가져오지 않아요.
	4	존중	스스로 해요.1

월	주	영역	주제
9	1	질서	(인성이 자라는 나무&경제교육) 자원과 절약 - 분리수거를 해요.
	2	절제	남의 물건을 가져오지 않아요.
	3	존중	(장애이해교육) 의족과 휠체어
	4	효	어른께 높임말을 써요.
	5	나눔	(장애이해교육) 동화 - 유치원에 간 사랑이
10	1	존중	(인성이 자라는 나무) 친구와 협력해서 해결해요.
	2	배려	도움을 주는 방법
	3	절제	화가 날 때는 어떻게 해야 할까요?
	4	청결	몸을 따뜻하게 해요.
	5	협력	(경제교육) 화폐가치와 저축-시장이 궁금해요. (오프라인, 온라인 시장)
11	1	나눔	(인성이 자라는 나무) 친구에게 고마움을 표현해요.
	2	나눔	(경제교육) 우리 이웃을 도와주는 기관들
	3	존중	(장애이해교육) 흰 지팡이
	4	절제	전기를 아껴써요.
12	1	나눔	(인성이 자라는 나무) 친구에게 미안함을 표현해요.
	2	나눔	(경제교육) 기부 - 플리마켓을 열어요.
	3	협력	(경제교육) 쓰레기를 줄여요.
	4	절제	함께 쓰는 물건을 아껴 써요.
1	2	배려	(인성이 자라는 나무) 선생님과 친구의 말을 끝까지 들어요.
	3	나눔	(장애이해교육) 동화 - 함께 보여 내 얼굴
	4	절제	어른들과 함께 식사해요.
2	2	청결	(인성이 자라는 나무) 옷을 바르게 입어요.
	3	존중	스스로 해요.2

출처: 행복한울타리유치원

[만 3세 ○○반 인성교육 연간교육계획안]

월	생활주제	인성덕목	주	활동내용	월	생활주제	인성덕목	주	활동내용
3월	어린이집 과 친구	질서_순서 순서를 지켜요.	1주	행복수업	9월	우리 나라	감사_효 가족에게 감사해요	1주	행복수업
			2주	DIY 인성 미술				2주	DIY 인성 미술
			3주	웃음 수업				3주	웃음 수업
			4주	예술 세라피				4주	예술 세라피
4월	봄/동식물 과 자연	협력_약속 같이 해요.	1주	행복수업	10월	가을과 얼매	성실하겠 습니다. 부지런히 생활해요	1주	행복수업
			2주	DIY 인성 미술				2주	DIY 인성 미술
			3주	웃음 수업				3주	웃음 수업
			4주	예술 세라피				4주	예술 세라피
5월	나와 가족	효_예절 예절을 지켜요.	1주	행복수업	11월	환경과 생활	정직하겠 습니다. 솔직하게 말해요	1주	행복수업
			2주	DIY 인성 미술				2주	DIY 인성 미술
			3주	웃음 수업				3주	웃음 수업
			4주	예술 세라피				4주	예술 세라피
6월	우리 동네/ 건강과 안전	나눔_사랑 사랑을 나누어요	1주	행복수업	12월	겨울과 놀이	신중하겠습 니다. 친구에게 신중해요.	1주	행복수업
			2주	DIY 인성 미술				2주	DIY 인성 미술
			3주	웃음 수업				3주	웃음 수업
			4주	예술 세라피				4주	예술 세라피
7월	여름	존중_소중함 친구를 사랑해요	1주	행복수업	1월	생활 도구	경청하겠습 니다. 이야기에 경청해요	1주	인성 달력 덕목 복습
			2주	DIY 인성 미술				2주	
			3주	웃음 수업				3주	
			4주	예술 세라피				4주	경청(가족활동)
8월	교통 기관	배려_양보 양보하며 배려해요	1주	행복수업	2월	형님이 되어요	용기를 내겠 습니다. 용기를 내요.	1주	행복수업
			2주	DIY 인성 미술				2주	DIY 인성 미술
			3주	웃음 수업				3주	웃음 수업
			4주	예술 세라피				4주	예술 세라피

출처: 국공립한누리어린이집

4. 교사의 인성교육

아동을 돌보며 부모보다 더 많은 시간을 함께 하는 교사에게도 인성교육이 필요하다. 존중, 배려, 나눔, 협력, 소통, 공감, 책임감, 정직, 약속, 질서 등을 솔선수범해야 하고 이러한 실천을 할 수 있도록 몸에 배어 있어야 한다. 교사의 인성이 교육의 질을 결정한다. 교사의 모습을 닮아가는 아동들의 인성을 올바르게 이끌기 위해서는 교사 스스로 자신의 삶을 반성하고 이를 다듬어가기 위해 노력하는 모습을 보여야 한다.

> 인성이 갖추어진 교사는 아이의 마음을 아프게 하지 않는다. 무엇이 아이의 마음을 아프게 하는지 잘 알고 있다. 아이가 어떤 말에 상처받는지 알아서 그 말을 피하고, 어떤 말에 힘을 얻는지 알아서 그 말을 얹어준다. "밥을 늦게 먹으니 내 속이 터지는구나."라고 말하지 않는다. "괜찮아. 걱정하지 말고 천천히 먹어도 돼."라고 말한다. 그래서 안도감을 느낀 아이는 다른 사람에게도 그 공감의 힘을 발휘할 수 있다.
>
> 최명희의 『교사다움』 중에서

교사와 부모의 협력적 관계는 아동과 부모에게 최적의 도움을 제공할 수 있으므로 꼭 필요하다. 교사와 부모는 모든 아동의 본보기가 될 수 있으며, 아동에게 문제가 나타날 경우 부모의 협력이 치료에도 커다란 힘이 될 수 있다. 교사는 부모의 책임감, 중요한 역할, 아이에 대한 배려가 필요하다는 것을 상담 및 부모교육 등을 통해 전달할 수 있어야 한다. 부모에게 중요한 정보를 제공하기도 하고, 문제해결을 위해 부모의 도움이 필요하면 요청하기도 한다. 이러한 과정에서 부모의 노력과 협력이 자녀 발달에 가장 중요한 요소임을 인식하도록 돕는다. 교사는 상담을 통해 부모의 마음을 읽어주고, 친밀감이 형성되면 적극적 경청과 수용적 태도를 보여준다. 부모의 생각과 의견에 공감하기도 하고, 아동에 대해 함께 이해하고 교류해주어야 아동의 발달과 교육에 긍정적인 역할을 할 수 있다.

생각 키우기

1. 아동생활지도의 필요성에 대해 생각해 봅시다.

2. 아동생활지도의 기본원리에 대해 생각해 봅시다.

3. 아동인성교육에서 다루어야 할 인성덕목과 실천방법에 대해 생각해 봅시다.

Chapter 02

국가수준 교육과정 이해

인생은 겸손에 대한 오랜 수업이다.

- 제임스 M. 배리 -

02

이 장에서는 국가수준 교육과정을 통해 영유아생활지도와 관련된 내용을 살펴본다. "제4차 표준보육과정(0~2세)", "2019 개정 누리과정(3~5세)" 국가수준 교육과정에 제시된 신체운동·건강 영역 및 사회관계 영역의 구체적인 내용을 살펴본다.

1. 표준보육과정

제4차 어린이집 표준보육과정을 이해하고 생활지도를 실천할 수 있는 교육내용을 살펴본다.

2. 2019 개정 누리과정

2019 개정 누리과정을 이해하고 생활지도를 실천할 수 있는 교육내용을 살펴본다.

3. 연간, 월간, 일일 교육계획안 반영

교육계획안에 반영하여 생활지도의 체계성과 지속성을 실천하기 위한 교육방법에 대해 살펴본다.

4. 개정 누리과정의 변화와 교사의 역할

누리과정에서의 중요한 요소는 교사의 역할이므로 놀이를 지원하고, 기록하고 함께 성장하기 위한 방법에 대해 살펴본다.

5. 놀이과정과 생활지도

생활 속 놀이과정을 이해하고 하루일과에 기초한 생활지도 방법에 대해 살펴본다.

1. 표준보육과정

1) 표준보육과정의 성격

제4차 어린이집 표준보육과정(이하, '표준보육과정'이라 함)은 0~5세 영유아를 위한 국가수준의 보육과정이며 0~1세 보육과정, 2세 보육과정, 2019 개정 누리과정으로 구성한다.

가. 국가 수준의 공통성과 지역, 기관 및 개인 수준의 다양성을 동시에 추구한다.

나. 영유아의 전인적 발달과 행복을 추구한다.

다. 영유아 중심과 놀이 중심을 추구한다.

라. 영유아의 자율성과 창의성 신장을 추구한다.

마. 영유아, 교사, 원장, 부모 및 지역사회가 함께 실현해 가는 것을 추구한다.

2) 표준보육과정의 구성 방향

표준보육과정이 추구하는 인간상은 다음과 같다.

가. 건강한 사람

나. 자주적인 사람

다. 창의적인 사람

라. 감성이 풍부한 사람

마. 더불어 사는 사람

표준보육과정의 목적은 영유아가 놀이를 통해 심신의 건강과 조화로운 발달을 이루고, 바른 인성과 민주 시민의 기초를 형성하는 데에 있다.

이를 실현하기 위한 목표는 다음과 같다.

1) 자신의 소중함을 알고, 건강하고 안전한 환경에서 즐겁게 생활한다.

2) 자신의 일을 스스로 하고자 한다.

3) 호기심을 가지고 탐색하며 상상력을 기른다.

4) 일상에서 아름다움에 관심을 가지고 감성을 기른다.

5) 사람과 자연을 존중하고 소통하는 데 관심을 가진다.

(1) 0~1세 표준보육과정 생활지도 관련 영역별 목표 및 내용

Ⅰ. 기본생활

1. 목표

건강하고 안전한 일상생활을 경험한다.

1) 건강한 일상생활을 경험한다.

2) 안전한 일상생활을 경험한다.

2. 내용

내용범주	내용
건강하게 생활하기	• 도움을 받아 몸을 깨끗이 한다. • 음식을 즐겁게 먹는다. • 하루 일과를 편안하게 경험한다. • 배변 의사를 표현한다.
안전하게 생활하기	• 안전한 상황에서 놀이하고 생활한다. • 안전한 상황에서 교통수단을 이용해 본다. • 위험하다는 말에 주의한다.

Ⅱ. 신체운동

1. 목표

감각으로 탐색하고 신체활동을 즐긴다.

1) 감각 탐색을 즐긴다.

2) 신체활동을 즐겁게 경험한다.

2. 내용

내용범주	내용
감각과 신체 인식하기	• 감각적 자극에 반응한다. • 감각으로 주변을 탐색한다. • 신체를 탐색한다.
신체활동 즐기기	• 대소근육을 조절한다. • 기본 운동을 시도한다. • 실내외 신체활동을 즐긴다.

III. 사회관계

1. 목표

나를 인식하고, 친숙한 사람과 관계를 맺는다.

1) 나를 고유한 존재로 안다.

2) 안정적인 애착을 형성하고, 또래, 교사와 함께 지낸다.

2. 내용

내용범주	내용
나를 알고 존중하기	• 나를 인식한다. • 나의 욕구와 감정을 나타낸다. • 나와 친숙한 것을 안다.
더불어 생활하기	• 안정적인 애착을 형성한다. • 또래에게 관심을 가진다. • 다른 사람의 감정과 행동에 관심을 가진다. • 반에서 편안하게 지낸다.

(2) 2세 표준보육과정 생활지도 관련 영역별 목표 및 내용

Ⅰ. 기본생활

1. 목표

건강하고 안전한 생활습관의 기초를 형성한다.

1) 건강한 생활습관의 기초를 형성한다.

2) 안전한 생활습관의 기초를 형성한다.

2. 내용

내용범주	내용
건강하게 생활하기	• 자신의 몸을 깨끗이 해 본다. • 음식에 관심을 가지고 즐겁게 먹는다. • 하루 일과를 즐겁게 경험한다. • 건강한 배변 습관을 갖는다.
안전하게 생활하기	• 일상에서 안전하게 놀이하고 생활한다. • 교통수단을 안전하게 이용해 본다. • 위험한 상황에 대처하는 방법을 경험한다.

II. 신체운동

1. 목표

감각을 활용하고, 신체활동을 즐긴다.

1) 감각을 활용하고, 신체를 인식한다.

2) 신체활동을 즐긴다.

2. 내용

내용범주	내용
감각과 신체 인식하기	• 감각 능력을 활용한다. • 신체를 인식하고 움직인다.
신체활동 즐기기	• 대소근육을 조절한다. • 기본 운동을 즐긴다. • 실내외 신체활동을 즐긴다.

III. 사회관계

1. 목표

나를 알고, 다른 사람과 더불어 생활하는 경험을 한다.

1) 나를 알고 긍정적으로 여긴다.

2) 다른 사람과 즐겁게 지내기 위한 태도를 기른다.

2. 내용

내용범주	내용
나를 알고 존중하기	• 나와 다른 사람을 구별한다. • 나의 감정을 표현한다. • 내가 좋아하는 것을 한다.
더불어 생활하기	• 가족에게 관심을 가진다. • 또래와 함께 놀이한다. • 다른 사람의 감정과 행동에 반응한다. • 반에서의 규칙과 약속을 알고 지킨다.

(3) 표준보육과정과 생활지도

제4차 표준보육과정의 목적은 영유아가 놀이를 통해 심신의 건강과 조화로운 발달을 이루고, 바른 인성과 민주 시민의 기초를 형성하는 데에 있다(보건복지부, 2020). 보육과정의 내용으로는 기본생활, 신체운동, 사회관계, 의사소통, 자연탐구, 예술경험의 6개 영역으로 구성하고 있으며, 이 중 영유아생활지도와 관련된 내용은 기본생활, 사회관계 영역에서 살펴볼 수 있다.

① 기본생활

기본생활은 건강하고 안전한 일상생활을 경험시키기 위한 영역이다. 기본생활 내용범주는 "건강하게 생활하기", "안전하게 생활하기"로 구성되어 있으며, 모두 영유아생활지도와 관련되어 있다.

표 2-1 기본생활 연령별 내용범주

내용범주	내용	
	0-1세	2세
건강하게 생활하기	• 도움을 받아 몸을 깨끗이 한다. • 음식을 즐겁게 먹는다. • 하루 일과를 편안하게 경험한다. • 배변 의사를 표현한다.	• 자신의 몸을 깨끗이 해 본다. • 음식에 관심을 가지고 즐겁게 먹는다. • 하루 일과를 즐겁게 경험한다. • 건강한 배변 습관을 갖는다.
안전하게 생활하기	• 안전한 상황에서 놀이하고 생활한다. • 안전한 상황에서 교통수단을 이용해 본다. • 위험하다는 말에 주의한다.	• 일상에서 안전하게 놀이하고 생활한다. • 교통수단을 안전하게 이용해 본다. • 위험한 상황에 대처하는 방법을 경험한다.

② 신체운동

신체운동은 감각으로 탐색하고 신체활동을 즐기도록 하는 영역이다. 신체운동 내용범주는 "감각과 신체 인식하기", "신체활동 즐기기"로 구성되어 있으며, 모두 영유아생활지도와 관련되어 있다.

표 2-2 신체운동 연령별 내용범주

내용범주	내용	
	0-1세	2세
감각과 신체 인식하기	• 감각적 자극에 반응한다. • 감각으로 주변을 탐색한다. • 신체를 탐색한다.	• 감각 능력을 활용한다. • 신체를 인식하고 움직인다.
신체활동 즐기기	• 대소근육을 조절한다. • 기본 운동을 시도한다. • 실내외 신체활동을 즐긴다	• 대소근육을 조절한다. • 기본 운동을 즐긴다. • 실내외 신체활동을 즐긴다.

③ 사회관계

사회관계는 자신에 대해 존중감을 키우고, 자신과 다른 사람의 정서를 인식하고, 이를 사회적 관계에서 적절히 조절하여 활용할 수 있도록 하며, 가족, 또래, 지역사회와 긍정적인 관계를 형성하고, 유능한 사회 구성원으로 기능하게 하기 위해서 필요한 사회적 지식을 획득하도록 하는 영역이다. 사회관계 내용범주는 "나를 알고 존중하기", "더불어 생활하기"로 구성되어 있으며, 모두 영유아생활지도와 관련되어 있다.

표 2-3 사회관계 연령별 내용범주

내용범주	내용	
	0-1세	2세
나를 알고 존중하기	• 나를 인식한다. • 나의 욕구와 감정을 나타낸다. • 나와 친숙한 것을 안다.	• 나와 다른 사람을 구별한다. • 나의 감정을 표현한다. • 내가 좋아하는 것을 한다.
더불어 생활하기	• 안정적인 애착을 형성한다. • 또래에게 관심을 가진다. • 다른 사람의 감정과 행동에 관심을 가진다. • 반에서 편안하게 지낸다.	• 가족에게 관심을 가진다. • 또래와 함께 놀이한다. • 다른 사람의 감정과 행동에 반응한다. • 반에서의 규칙과 약속을 알고 지킨다.

2. 2019 개정 누리과정

1) 누리과정의 성격

누리과정은 3~5세 유아를 위한 국가 수준의 공통 교육과정이다.

가. 국가 수준의 공통성과 지역, 기관 및 개인 수준의 다양성을 동시에 추구한다.

나. 유아의 전인적 발달과 행복을 추구한다.

다. 유아 중심과 놀이 중심을 추구한다.

라. 유아의 자율성과 창의성 신장을 추구한다.

마. 유아, 교사, 원장(감), 학부모 및 지역사회가 함께 실현해가는 것을 추구한다.

2) 누리과정의 구성 방향

(1) 추구하는 인간상

누리과정이 추구하는 인간상은 다음과 같다.

가. 건강한 사람

나. 자주적인 사람

다. 창의적인 사람

라. 감성이 있는 사람

마. 더불어 사는 사람

(2) 목적과 목표

누리과정의 목적은 유아가 놀이를 통해 심신의 건강과 조화로운 발달을 이루고 인성을 바르게 하며 민주 시민의 기초를 형성하는 데에 있다.

이를 실현하기 위한 목표는 다음과 같다.

가. 자신의 소중함을 알고, 건강하고 안전한 생활 습관을 기른다.

나. 자신의 일을 스스로 해결하는 기초능력을 기른다.

다. 호기심과 탐구심을 가지고 상상력과 창의력을 기른다.

라. 일상에서 아름다움을 느끼고 문화적 감수성을 기른다.

마. 사람과 자연을 존중하고 배려하며 소통하는 태도를 기른다.

(3) 생활지도 관련 영역별 목표 및 내용

1. 신체운동 · 건강

가. 목표

실내외에서 신체활동을 즐기고, 건강하고 안전한 생활을 한다.

1) 신체활동에 즐겁게 참여한다.

2) 건강한 생활습관을 기른다.

3) 안전한 생활습관을 기른다.

나. 신체운동·건강 내용

내용범주	내 용
신체활동 즐기기	신체를 인식하고 움직인다.
	신체 움직임을 조절한다.
	기초적인 이동운동, 제자리 운동, 도구를 이용한 운동을 한다.
	실내외 신체활동에 자발적으로 참여한다.
건강하게 생활하기	자신의 몸과 주변을 깨끗이 한다.
	몸에 좋은 음식에 관심을 가지고 바른 태도로 즐겁게 먹는다.
	하루 일과에서 적당한 휴식을 취한다.
	질병을 예방하는 방법을 알고 실천한다.
안전하게 생활하기	일상에서 안전하게 놀이하고 생활한다.
	TV, 컴퓨터, 스마트폰 등을 바르게 사용한다.
	교통안전 규칙을 지킨다.
	안전사고, 화재, 재난, 학대, 유괴 등에 대처하는 방법을 알고 행동한다.

2. 사회관계

가. 목표

자신을 존중하고 더불어 생활하는 태도를 가진다.

1) 자신을 이해하고 존중한다.

2) 다른 사람과 사이좋게 지낸다.

3) 우리가 사는 사회와 다양한 문화에 관심을 가진다.

나. 사회관계 내용

내용범주	내 용
나를 알고 존중하기	나를 알고 소중히 여긴다.
	나의 감정을 알고 상황에 맞게 표현한다.
	내가 할 수 있는 것을 스스로 한다.
더불어 생활하기	가족의 의미를 알고 화목하게 지낸다.
	친구와 서로 도우며 사이좋게 지낸다.
	친구와의 갈등을 긍정적인 방법으로 해결한다.
	서로 다른 감정, 생각, 행동을 존중한다.
	친구와 어른께 예의바르게 행동한다.
	약속과 규칙의 필요성을 알고 지킨다.
사회에 관심 가지기	내가 살고 있는 곳에 대해 궁금한 것을 알아본다.
	우리나라에 대해 자부심을 가진다.
	다양한 문화에 관심을 가진다.

(4) 2019 개정 누리과정과 생활지도

2019 개정 누리과정에서는 유아에게 알맞은 교육환경을 제공하여 유아를 교육하고 심신의 조화로운 발달을 돕는 것을 그 목적으로 제시하였다.

누리과정은 신체운동·건강, 의사소통, 사회관계, 자연탐구, 예술경험 5개 영역으로 구성되어 있으며, 이 중 영유아생활지도와 관련된 내용은 신체운동·건강과 사회관계에서 살펴볼 수 있다(교육부, 2020).

① 신체운동·건강

신체운동·건강은 실내외에서 신체활동을 즐기고, 건강하고 안전한 생활을 하기 위한 영역이다. 신체운동·건강 영역내용은 "신체활동 즐기기", "건강하게 생활하기", "안전하게 생활하기"로 구성되어 있으며, 이 중 "건강하게 생활하기"와 "안전하게 생활하기" 내용이 영유아생활지도와 관련되어 있다.

표 2-4 신체운동·건강 내용

<table>
<tr><th></th><th colspan="5">3-5세 연령별 누리과정(2015)</th><th colspan="2">개정 누리과정(2019)</th></tr>
<tr><td>목표</td><td colspan="5">기본 운동 능력과 건강하고 안전한 생활 습관을 기른다.
1. 감각 능력을 기르고, 자신의 신체를 긍정적으로 인식한다.
2. 신체를 조절하고 기본 운동 능력을 기른다.
3. 신체 활동에 즐겁게 참여한다.
4. 건강한 생활 습관을 기른다.
5. 안전한 생활 습관을 기른다.</td><td colspan="2">실내외에서 신체활동을 즐기고, 건강하고 안전한 생활을 한다.
1. 신체활동에 즐겁게 참여한다.
2. 건강한 생활습관을 기른다.
3. 안전한 생활습관을 기른다.</td></tr>
<tr><td rowspan="9">내용</td><td rowspan="2">내용 범주</td><td rowspan="2">내용</td><td colspan="3">세부내용</td><td rowspan="2">내용 범주</td><td rowspan="2">내용</td></tr>
<tr><td>3세</td><td>4세</td><td>5세</td></tr>
<tr><td rowspan="4">신체 인식하기</td><td rowspan="2">감각능력 기르고 활용하기</td><td>감각적 차이를 경험한다.</td><td>감각적 차이를 구분한다.</td><td>감각으로 대상이나 사물의 특성과 차이를 구분한다.</td><td rowspan="5">신체 활동 즐기기</td><td>신체를 인식하고 움직인다.</td></tr>
<tr><td>감각기관을 인식하고, 활용해본다.</td><td>여러 감각기관을 협응하여 활용한다.</td><td>여러 감각기관을 협응하여 활용한다.</td><td>신체 움직임을 조절한다.</td></tr>
<tr><td rowspan="2">신체를 인식하고 움직이기</td><td>신체 각 부분의 명칭을 알고, 움직임에 관심을 갖는다.</td><td>신체 각 부분의 특성을 이해하고 활용하여 움직인다.</td><td>신체 각 부분의 특성을 이해하고 활용하여 움직인다.</td><td rowspan="2">기초적인 이동 운동, 제자리 운동, 도구를 이용한 운동을 한다.</td></tr>
<tr><td>자신의 신체를 긍정적으로 인식하고 움직인다.</td><td>자신의 신체를 긍정적으로 인식하고 움직인다.</td><td>자신의 신체를 긍정적으로 인식하고 움직인다.</td></tr>
<tr><td rowspan="4">신체 조절과 기본 운동하기</td><td rowspan="4">신체 조절하기</td><td>신체균형을 유지해 본다.</td><td>다양한 자세와 움직임에서 신체균형을 유지한다.</td><td>다양한 자세와 움직임에서 신체균형을 유지한다.</td><td>실내외 신체활동에 자발적으로 참여한다.</td></tr>
<tr><td>공간, 힘, 시간 등의 움직임 요소를 경험한다.</td><td>공간, 힘, 시간 등의 움직임 요소를 활용하여 움직인다.</td><td>공간, 힘, 시간 등의 움직임 요소를 활용하여 움직인다.</td><td rowspan="3"></td><td rowspan="3"></td></tr>
<tr><td>신체 각 부분의 움직임을 조절한다.</td><td>신체 각 부분을 협응하여 움직임을 조절한다.</td><td>신체 각 부분을 협응하여 움직임을 조절한다.</td></tr>
<tr><td>눈과 손을 협응하여 소근육을 조절해본다.</td><td>눈과 손을 협응하여 소근육을 조절해본다.</td><td>눈과 손을 협응하여 소근육을 조절해본다.</td></tr>
</table>

				도구를 활용하여 여러 가지 조작운동을 한다.		
	기본 운동하기	걷기, 달리기 등 이동 운동을 한다.	걷기, 달리기, 뛰기 등 다양한 이동운동을 한다.	걷기, 달리기, 뛰기 등 다양한 이동운동을 한다.		
		제자리에서 몸을 움직여본다.	제자리에서 몸을 다양하게 움직여본다.	제자리에서 몸을 다양하게 움직여본다.		
신체활동에 참여하기	자발적으로 신체활동에 참여하기	신체활동에 자발적으로 참여한다.	신체활동에 자발적이고 지속적으로 참여한다.	신체활동에 자발적이고 지속적으로 참여한다.		
		다른 사람과 함께 하는 신체활동에 참여한다.	다른 사람과 함께 하는 신체활동에 참여한다.	다른 사람과 함께 하는 신체활동에 참여한다.		
			자신과 다른 사람의 운동능력의 차이에 관심을 갖는다.	자신과 다른 사람의 운동능력의 차이를 이해한다.		
	바깥에서 신체활동하기	규칙적으로 바깥에서 신체활동을 한다.	규칙적으로 바깥에서 신체활동을 한다.	규칙적으로 바깥에서 신체활동을 한다.		
	기구를 이용하여 신체활동하기	여러 가지 기구를 이용하여 신체활동을 한다.	여러 가지 기구를 이용하여 신체활동을 한다.	여러 가지 기구를 이용하여 신체활동을 한다.		
건강하게 생활하기	몸과 주변을 깨끗이 하기	손과 이를 깨끗이 하는 방법을 알고 실천한다.	손과 이를 깨끗이 하는 방법을 알고 실천한다.	스스로 몸을 깨끗이 하는 습관을 기른다.	건강하게 생활하기	자신의 몸과 주변을 깨끗이 한다.
		주변을 깨끗이 한다.	주변을 깨끗이 하는 습관을 기른다.	주변을 깨끗이 하는 습관을 기른다.		
	바른 식생활하기	음식을 골고루 먹는다.	음식을 골고루 먹는다.	적당량의 음식을 골고루 먹는다.		몸에 좋은 음식에 관심을 가지고 바른 태도로 즐겁게 먹는다.
		몸에 좋은 음식에 관심을 갖는다.	몸에 좋은 음식을 알아본다.	몸에 좋은 음식을 선택할 수 있다.		
		바른 태도로 식사한다.	음식을 소중히 여기고 식사예절을 지킨다.	음식을 소중히 여기고 식사예절을 지킨다.		

	건강한 일상생활 하기	규칙적으로 잠을 자고, 적당한 휴식을 취한다.	규칙적으로 잠을 자고, 적당한 휴식을 취한다.	규칙적으로 잠을 자고, 적당한 휴식을 취한다.		하루 일과에서 적당한 휴식을 취한다.
		하루 일과에 즐겁게 참여한다.	하루 일과에 즐겁게 참여한다.	하루 일과에 즐겁게 참여한다.		
		스스로 화장실에서 배변한다.	바른 배변 습관을 가진다.	규칙적인 배변 습관을 가진다.		질병을 예방하는 방법을 알고 실천한다.
	질병예방 하기	질병의 위험을 알고 주의한다.	질병을 예방하는 방법을 알고 실천한다.	질병을 예방하는 방법을 알고 실천한다.		
		날씨에 맞게 옷을 입는다.	날씨와 상황에 알맞게 옷을 입는다.	날씨와 상황에 알맞게 옷을 입는다.		
안전하게 생활하기	안전하게 놀이하기	놀이기구나 놀잇감, 도구를 안전하게 사용한다.	놀이기구나 놀잇감, 도구를 안전하게 사용한다.	놀이기구나 놀잇감, 도구의 바른 사용법을 알고 안전하게 사용한다.	안전하게 생활하기	일상에서 안전하게 놀이하고 생활한다.
		안전한 놀이장소를 안다.	안전한 장소를 알고 안전하게 놀이한다.	안전한 장소를 알고 안전하게 놀이한다.		
		TV, 인터넷, 통신기기 등을 바르게 사용한다.	TV, 인터넷, 통신기기 등의 위해성을 알고, 바르게 사용한다.	TV, 인터넷, 통신기기 등의 위해성을 알고, 바르게 사용한다.		TV, 컴퓨터, 스마트폰 등을 바르게 사용한다.
	교통안전 규칙 지키기	교통안전 규칙을 안다.	교통안전 규칙을 알고 지킨다.	교통안전 규칙을 알고 지킨다.		교통안전 규칙을 지킨다.
		교통수단을 안전하게 이용한다.	교통수단을 안전하게 이용한다.	교통수단을 안전하게 이용한다.		
	비상 시 적절히 대처하기	학대, 성폭력, 실종, 유괴상황을 알고 도움을 요청한다.	학대, 성폭력, 실종, 유괴상황 시 도움을 요청하는 방법을 알고 행동한다.	학대, 성폭력, 실종, 유괴상황 시 도움을 요청하는 방법을 알고 행동한다.		
		재난 및 사고 등 비상 시 적절하게 대처하는 방법을 안다.	재난 및 사고 등 비상 시 적절하게 대처하는 방법을 알고 행동한다.	재난 및 사고 등 비상 시 적절하게 대처하는 방법을 알고 행동한다.		안전사고, 화재, 재난, 학대, 유괴 등에 대처하는 방법을 경험한다.

② 사회관계

사회관계는 유아가 자신을 이해하고 존중하며, 다른 사람과 함께 살아가는 방법을 익히고, 사회와 다양한 문화에 관심을 가지도록 돕는 영역이다. 사회관계 영역내용은 "나를 알고 존중하기", "더불어 생활하기", "사회에 관심 가지기"로 구성되어 있으며, 모두 영유아생활지도와 관련되어 있다.

표 2-5 사회관계 내용

<table>
<tr><th></th><th colspan="5">3-5세 연령별 누리과정(2015)</th><th colspan="2">개정 누리과정(2019)</th></tr>
<tr><td>목표</td><td colspan="5">자신을 존중하고 다른 사람과 더불어 생활하는 능력과 태도를 기른다.
1. 자신을 소중히 여기며 자율성을 기른다.
2. 자신과 타인의 감정을 알고, 자신의 감정을 적절하게 표현하고 조절한다.
3. 가족과 화목하게 지내며 서로 협력한다.
4. 친구, 공동체 구성원들과 서로 돕고, 예의·규칙 등 사회적 가치를 알고 지킨다.
5. 우리 동네, 우리나라, 다른 나라에 관심을 가진다.</td><td colspan="2">자신을 존중하고 더불어 생활하는 태도를 가진다.
1. 자신을 이해하고 존중한다.
2. 다른 사람과 사이좋게 지낸다.
3. 우리가 사는 사회와 다양한 문화에 관심을 가진다.</td></tr>
<tr><td rowspan="7">내용</td><th rowspan="2">내용 범주</th><th rowspan="2">내용</th><th colspan="3">세부내용</th><th rowspan="2">내용 범주</th><th rowspan="2">내용</th></tr>
<tr><th>3세</th><th>4세</th><th>5세</th></tr>
<tr><td rowspan="5">나를 알고 존중하기</td><td rowspan="3">나를 알고 소중히 여기기</td><td>나에 대해 관심을 갖는다.</td><td>나에 대해 알아본다.</td><td>나에 대해 알아본다.</td><td rowspan="5">나를 알고 존중하기</td><td rowspan="2">나를 알고 소중히 여긴다.</td></tr>
<tr><td>나와 다른 사람의 차이에 관심을 갖는다.</td><td>나와 다른 사람의 차이점을 알아본다.</td><td>나와 다른 사람의 신체적, 사회적, 문화적 차이를 존중한다.</td></tr>
<tr><td>나를 소중하게 여긴다.</td><td>나에 대해 긍정적으로 생각하고 나를 소중하게 여긴다.</td><td>나에 대해 긍정적으로 생각하고 나를 소중하게 여긴다.</td><td>나의 감정을 알고 상황에 맞게 표현한다.</td></tr>
<tr><td rowspan="2">나의 일 스스로 하기</td><td>내가 할 수 있는 일을 해본다.</td><td>내가 할 수 있는 일을 해본다.</td><td>내가 할 수 있는 일을 스스로 한다.</td><td rowspan="2">내가 할 수 있는 것을 스스로 한다.</td></tr>
<tr><td>내가 하고 싶은 일을 선택해본다.</td><td>내가 하고 싶은 일을 계획해본다.</td><td>내가 하고 싶은 일을 계획해본다.</td></tr>
</table>

나와 다른 사람의 감정 알고 조절하기	나와 다른 사람의 감정 알고 표현하기	자신에게 여러 가지 감정이 있음을 안다.	자신의 감정을 알고 표현한다.	자신의 감정을 알고 표현한다.		
		다른 사람의 감정에 관심을 갖는다.	다른 사람의 감정을 안다.	다른 사람의 감정을 알고 공감한다.		
	나의 감정 조절하기	자신의 감정을 조절해본다.	자신의 감정을 조절해본다.	자신의 감정을 상황에 맞게 조절한다.		
가족을 소중히 여기기	가족과 화목하게 지내기	가족의 소중함을 안다.	가족의 소중함을 안다.	가족의 의미와 소중함을 안다.		
				가족과 화목하게 지낸다.		
	가족과 협력하기	가족 구성원을 알아본다.	가족 구성원의 역할에 대해 알아본다.	다양한 가족구조에 대해 알아본다.		
		가족을 위하여 내가 할 수 있는 일을 알아본다.	가족을 위하여 내가 할 수 있는 일을 알아보고 실천한다.	가족은 서로 도와야 함을 알고 실천한다.	더불어 생활하기	가족의 의미를 알고 화목하게 지낸다.
다른 사람과 더불어 생활하기	친구와 사이좋게 지내기	친구와 함께 놀이한다.	친구와 협동하며 놀이한다.	친구와 협동하며 놀이한다.		친구와 서로 도우며 사이좋게 지낸다.
		나와 친구의 의견에 차이가 있음을 안다.	친구와의 갈등을 긍정적인 방법으로 해결한다.	친구와의 갈등을 긍정적인 방법으로 해결한다.		
	공동체에서 화목하게 지내기		도움이 필요할 때 다른 사람과 도움을 주고받는다.	다른 사람과 도움을 주고받고, 서로 협력한다.		친구와의 갈등을 긍정적인 방법으로 해결한다.
		교사 및 주변 사람과 화목하게 지낸다.	교사 및 주변 사람과 화목하게 지낸다.	교사 및 주변 사람과 화목하게 지낸다.		
	사회적 가치를 알고 지키기		정직하게 말하고 행동한다.	정직하게 말하고 행동한다.		서로 다른 감정, 생각, 행동을 존중한다.
		다른 사람의 소유물을 존중한다.	다른 사람의 생각, 행동을 존중한다.	다른 사람을 배려하며 행동한다.		

			친구와 어른께 예의바르게 행동한다.	친구와 어른께 예의바르게 행동한다.		친구와 어른께 예의 바르게 행동한다.
		약속과 규칙을 지켜야 함을 안다.	다른 사람과 한 약속이나 공공규칙을 지킨다.	다른 사람과 한 약속이나 공공규칙을 지킨다.		약속과 규칙의 필요성을 알고 지킨다.
			자연과 자원을 아끼는 습관을 기른다.	자연과 자원을 아끼는 습관을 기른다.		
사회에 관심 갖기	지역 사회에 관심 갖고 이해하기	우리 동네의 이름을 안다.	우리 동네에 대해 알아본다.	우리 동네에 대해 알아본다.	사회에 관심 가지기	내가 살고 있는 곳에 대해 궁금한 것을 알아본다.
		우리 동네 사람들에 관심을 갖는다.	우리 동네 사람들이 하는 일에 관심을 갖는다.	다양한 직업에 관심을 갖는다.		
			물건을 살 때 돈이 필요함을 안다.	일상생활에서 돈의 쓰임에 대해 안다.		
	우리나라에 관심 갖고 이해하기	우리나라를 상징하는 것에 관심을 가진다.	우리나라를 상징하는 것을 안다.	우리나라를 상징하는 것을 알고 예절을 지킨다.		우리나라에 대해 자부심을 가진다.
		우리나라의 전통 놀이와 풍습에 관심을 갖는다.	우리나라의 전통 놀이와 풍습에 관심을 갖는다.	우리나라의 전통, 역사, 문화에 관심을 갖는다.		
			우리나라에 대해 자부심을 갖는다.	우리나라에 대해 자부심을 갖는다.		
	세계 여러 문화에 관심 가지기		세계 여러 나라에 대해 관심을 갖는다.	세계 여러 나라에 대해 관심을 갖고, 서로 협력해야 함을 안다.		다양한 문화에 관심을 가진다.
			다양한 인종과 문화에 관심을 갖는다.	다양한 인종과 문화를 알아보고 존중한다.		

3. 연간, 월간, 일일 교육계획안 반영

1) 연간교육계획안

유아교육기관에서는 연간 영유아생활지도 계획안을 구성한다. 첫째, 연간생활계획안은 학기, 계절, 유치원 행사 등을 고려하여 교육내용이나 전체적인 교육의 흐름을 파악할 수 있도록 계획한다. 둘째, 일상생활과 접목하여 경험을 바탕으로 자연스럽게 이루어질 수 있도록 유아교육기관 및 가정, 지역사회와 함께 협력해 나가야 한다. 셋째, 생활지도 내용은 생활중심, 경험중심, 활동중심으로 다양하고 구체적으로 계획되어야 한다.

표 2-6 연간 영유아생활지도 계획안

[만 2세 연간교육계획안]

주제	월	소주제	기본생활	주제	월	소주제	기본생활
어린이 집이 좋아요 (7주)	3월	1 나는 산들바다 반이에요	[예절] 엄마와 함께 손 흔들며 인사해요		9월	4 우리 가족을 소개해요1	[예절] 두 손으로 받고 드려요
		2 엄마, 아빠와 헤어질 수 있어요	[자조] 내 서랍장을 찾아요			5 우리 가족을 소개해요2/추석	[인성] 다른 사람의 말에 대답해요
		3 우리 반 선생님과 친구들이에요	[청결] 손을 깨끗이 씻어요	동물 놀이 해요 (6주)		1 여러 가지 동물이 있어요	[예절] 음식 먹기 전 후 감사 인사를 해요
		4 재미있는 놀잇감이 있어요	[절제] 부모님을 기다려요			2 엄마동물, 아기동물	[절제] 손으로 음식을 먹지 않아요
	4월	5 내가 좋아하는 놀잇감이에요	[인성] 놀잇감을 소중히 다뤄요		10월	3 동물처럼 소리를 내어보아요	[자조] 음식을 먹고 난 후 휴지로 입을 닦아요
		6 편안하게 지내요	[인성] 선생님의 말을 귀 기울여 들어요			4 동물처럼 움직여보아요	[인성] 동물을 올바르게 대해요
		7 안전하게 놀아요	[질서] 책상 위에 올라가지 않아요			5 산들바다반이 좋아하는 동물	[청결] 동물을 만지고 손을 씻어요
봄 나들이 가요 (5주)		1 바깥놀이가 재미있어요	[청결] 바깥놀이 후 손을 씻어요			6 동물을 사랑해요	[인성] 동물을 사랑하는 마음을 가져요
	5월	2 안전하게 바깥놀이 해요	[자조] 선생님과 함께 옷을 입어요			1 알록달록 색깔나라	[인성] 눈을 보며 말해요

주제	월	소주제	기본생활	주제	월	소주제	기본생활
		3 꽃구경은 즐거워요	[절제] 꽃은 눈으로만 봐요	알록달록 가을이에요 (6주)	11월	2 재미있는 그리기 나라	[건강] 정해진 시간에 자고 깰 수 있어요
		4 벌레가 꿈틀꿈틀 해요	[질서] 줄을 서서 차례를 기다려요			3 가을이에요	[자조] 벗은 외투를 스스로 정리해요
		5 봄나들이 갈까요?	[인성] 식물을 밟지 않아요			4 가을 나들이	[예절] 차 안에서 장난치지 않아요
나는요 (5주)		1 나는 OOO이에요	[청결] 놀잇감을 입에 넣지 않아요			5 단풍이 물들어요	[자조] 혼자서 양말을 신을 수 있어요
	6월	2 내 몸을 살펴보아요	[예절] 작은 목소리로 이야기 해요		12월	6 자연물로 놀이해요	[예절] 공공장소에서 작은 소리로 말해요
		3 나는 느껴요	[절제] 내 감정을 바르게 표현해요	겨울과 모양을 즐겨요 (5주)		1 여러 가지 모양이 있어요	[질서] 줄을 서서 화장실을 사용해요
		4 내가 좋아하는 것이 있어요	[자조] 먹은 그릇을 스스로 정리해요			2 모양놀이 해요	[절제] 변기의 물은 한 번만 내려요
		5 혼자서도 잘해요	[자조] 내 가방을 스스로 정리해요			3 즐거운 성탄절이에요	[청결] 깨끗이 씻고 수건에 물기를 닦아요
재미있는 여름이에요 (6주)	7월	1 날씨가 더워졌어요	[절제] 차가운 음식을 적당히 먹어요		1월	4 추워요	[예절] 입을 가리고 기침해요
		2 비가 많이 와요	[질서] 비가 오는 길을 걸어 다녀요			5 따뜻하게 지내요	[자조] 스스로 외투를 입어요
		3 깨끗하게 씻어요	[자조] 흘린 음식물을 스스로 닦아요	나는 친구가 있어요 (7주)		1 내 친구가 좋아요	[예절] 친구를 도와줘요
		4 물놀이가 재미있어요1	[건강] 물놀이 전 준비운동을 해요			2 친구와 함께하는 놀이가 있어요1/설날	[인성] 친구에게 내 물건을 빌려줘요
	8월	5 물놀이가 재미있어요2	[청결] 물놀이 후 몸을 깨끗이 씻어요			3 친구와 함께하는 놀이가 있어요2	[질서] 내 차례를 기다려 놀이해요
		6 여행을 가요	[배려] 공공장소에서 약속을 지켜요		2월	4 우리는 5살	[절제] 스스로 놀이 규칙을 지켜요
나는 가족이 있어요 (5주)		1 엄마, 아빠가 좋아요	[인성] 엄마, 아빠께 "사랑해요"라고 말해요			5 형, 언니가 되었어요	[인성] 동생이 모르는 것을 도와주어요
		2 우리 가족을 흉내 내요1	[인성] 엄마, 아빠를 도와드려요			6 즐거웠던 우리 반이에요1	[인성] 친구에게 "미안해"라고 말해요
		3 우리 가족을 흉내 내요2	[예절] "고맙습니다"라고 인사해요			7 즐거웠던 우리 반이에요2	[협력] 친구와 함께 정리해요

출처: 국공립한누리어린이집

[만 3세 연간교육계획안]

월	주제		소주제	기본생활(인성교육)
3	어린이집과 친구	1	어린이집의 환경	[질서] 가방과 옷을 제자리에 정리해요
		2	어린이집에서의 하루	[책임] 물건을 사용한 후 정리해요
		3	어린이집에서 만난 친구	[존중] 친구의 이야기를 귀담아 들어요
		4	함께 놀이하는 어린이집	[배려] 잘못했을 때 사과해요
4	봄/동·식물과 자연1	1	봄의 날씨	[예절] 날씨에 맞는 옷을 입어요
		2	봄의 풍경	[절제] 화가 날 때 어떻게 해야 할까요?
		3	궁금한 동·식물	[책임] 식물을 보호해요
		4	동·식물과 우리 생활	[배려] 동물을 보호해요
5	동식물과 자연2/나와 가족	1	자연과 더불어 사는 우리	[청결] 쓰레기를 함부로 버리지 않아요
		2	나의 몸과 마음	[자조] 스스로 할 수 있어요
		3	소중한 나	[존중] 소중한 내 몸이에요
		4	소중한 가족	[나눔] 가족을 위해 내가 할 수 있는 일이 있어요
		5	행복한 우리 집	[효] 사랑하는 우리 가족이에요
6	우리 동네/건강과 안전1	1	우리 동네 모습	[인성] 공공장소에서 예절을 지켜요
		2	우리 동네 생활	[소통] 우리 동네를 알아요

월	주제		소주제	기본생활(인성교육)
9	교통기관2/우리나라1	1	즐거운 교통생활	[나눔] 내 마음을 나눠요
		2	추석과 놀이	[효] 어른께 예의 바르게 행동해요
		3	우리나라 사람들의 생활	[예절] 우리나라의 예절을 배워요
		4	우리나라의 놀이와 예술	[존중] 우리나라의 전통문화를 소중하게 생각해요
10	우리나라2/가을과 열매	1	우리나라의 역사와 자랑거리	[배려] 잘못했을 때 사과해요
		2	가을 풍경	[청결] 바깥놀이 후에 손을 씻어요
		3	가을의 변화	[협력] 친구를 도와줄 수 있어요
		4	풍성한 가을	[존중] 내 감정을 솔직하게 이야기해요
		5	가을 나들이/색깔	[질서] 견학 시 지켜야 할 약속
11	환경과 생활1	1	물과 우리 생활	[배려] 화장실 사용 후 물을 내려요
		2	돌, 흙과 우리 생활	[절제] 쓰레기를 분리수거해요
		3	바람, 공기와 우리 생활	[존중] 자연을 보호하고 사랑해요
		4	빛과 우리 생활	[배려] 기침을 할 때는 가리고 해요
		1	소리와 우리 생활	[질서] 알맞은 목소리로 이야기해요

월	주제	소주제		기본생활(인성교육)
		3	우리 동네 사람들	[존중] 여러 가지 직업을 소중하게 여겨요
		4	즐거운 운동과 휴식	[질서] 정해진 시간에 자고 일어나요
7	건강과 안전2/ 여름1	1	깨끗한 나와 환경	[존중] 몸을 건강하게 하는 습관을 알아요
		2	맛있는 음식과 영양	[청결] 음식을 먹기 전 손을 씻어요
		3	안전한 놀이와 생활	[소통] 긍정적으로 생각해요
		4	여름 날씨	[정직] 찬 음식을 많이 먹지 않아요
		5	여름 꽃과 과일	[배려] 음식을 먹을 때 큰소리를 내지 않아요
8	여름2/ 교통 기관1	1	물놀이해요	[책임] 물놀이 안전수칙을 지켜요
		2	여러 가지 육상 교통기관	[질서] 차를 바르게 타고 내려요
		3	고마운 육상 교통기관	[협력] 대중교통 이용 시 어른께 자리를 양보해요
		4	항공/해상 교통기관	[배려] 친구에게 화내지 않아요

월	주제	소주제		기본생활(인성교육)
12	환경과 생활2/ 겨울과 놀이1	2	겨울 날씨	[청결] 옷을 단정히 입어요
		3	겨울 풍경	[존중] 다른 사람을 기분 좋게 하는 말이 있어요
		4	사랑을 나눠요 / 성탄절	[나눔] 어려운 이웃을 도와요
1	겨울과 놀이2/ 생활 도구	1	건강한 겨울나기	[존중] 겨울철 소중한 내 몸을 지켜요
		2	눈과 눈사람	[질서] 안전하게 겨울놀이를 해요
		3	다양한 생활도구	[책임] 물건을 아껴 써요
		4	생활도구를 움직이는 힘/설날	[예] 전화 예절을 알아요
		5	생활도구로써의 미디어	[정직] TV와 스마트폰 사용 약속을 지켜요
2	형님이 되어요	1	많이 컸어요	[책임] 내 일은 스스로 해요
		2	동생들에게 알려주어요	[배려] 물건을 끝까지 사용해요
		3	형님이 될 준비를 해요	[나눔] 동생에게 나눠줘요
		4	즐거웠던 우리 반	[협력] 가족과 협동해요

출처: 국공립한누리어린이집

2) 월간교육계획안

월간교육계획안은 공통적으로 꼭 계획되어야 할 것들을 월별로 계획하는 것으로 연간교육계획안에 의해 구성한다. 그렇기 때문에 월간 영유아생활지도 계획안도 연간 영유아생활지도 계획안에 의해 구성할 수 있다. 또한 월간 영유아생활지도를 계획할 때 전문가를 초빙하여 교사와 학부모를 대상으로 특강을 받는다든지 부적응 정도가 심한 유아를 전문가에게 위탁하여 지도받게 하는 등의 내용도 월간생활지도 계획에 포함한다(안영진, 2011; 정동화, 2003).

표 2-7 월간 영유아생활지도 계획안(1, 2학기 일부)

월별	생활지도 영역	생활지도 내용	월별	생활지도 영역	생활지도 내용
3	기본생활	바르게 인사하기	9	기본생활	물건 아껴 사용하기
	사회생활	친구 사귀기		사회생활	국경일에 국기 달기
	건강생활	음식 먹기 전에 손 씻기		건강생활	날씨에 알맞은 옷 입기
	안전생활	승·하차 시 차례 지키기		안전생활	교통신호 지키기
	환경생활	쓰레기통에 버리기		환경생활	음식 남기지 않기
4	기본생활	고운 말 바른 말 쓰기	10	기본생활	거짓말 않기
	사회생활	친구와 사이좋게 지내기		사회생활	공공장소 질서 지키기
	건강생활	골고루 먹기		건강생활	규칙적인 생활
	안전생활	화장실 사용법 알기		안전생활	낯선 사람 따라가지 않기
	환경생활	나무와 꽃 함부로 꺾지 않기		환경생활	일회용품 쓰지 않기

3) 일일교육계획안

일일교육계획안은 월간교육계획 및 주간교육계획에 근거하여 영유아의 요구와 흥미에 맞게 하루의 일과를 계획한다.

하루의 일과는 등원에서부터 귀가(자유선택활동, 대·소집단활동, 실외활동, 간식, 점심)까지이며 이에 영유아생활지도는 모든 활동시간에 이루어진다고 할 수 있다. 그 외에도 휴식 및 낮잠, 정리정돈에서도 이루어질 수 있다. 이에 일일 영유아생활지도 계획안은 따로 구성하기보다는 하루일과 안에서 행할 수 있도록 해야 한다.

표 2-8 일일 영유아생활지도 계획안

생활주제	건강한 몸과 마음		
주제	건강한 몸		
목표	• 스스로 이를 깨끗이 닦는 습관을 기른다. • 손과 몸을 깨끗이 한다. • 음식물의 필요성을 알고 골고루 먹는다. • 질병의 위험성을 알고 주의한다.		
일일 시간표	• 8:30~9:10 등원 및 인사 나누기 • 9:10~10:05 자유선택활동 • 10:05~10:25 정리정돈 및 화장실 다녀오기 • 10:25~10:55 이야기 나누기 • 10:55~11:10 간식 및 휴식 • 11:10~11:50 자연탐구 • 11:50~13:00 점심식사 • 13:00~13:40 실외활동 • 13:40~14:00 평가 및 귀가		
시간/활동명	활동내용	생활지도 목표	생활지도 내용
8:30~9:10	〈등원하기〉 • 인사를 하기 • 교사 - 유아의 상태를 확인하기 • 유아 - 신발, 가방, 옷 바르게 정리하기 • 하루일과에 즐겁게 참여하기	• 웃어른께 바르게 인사를 한다. • 자기 물건을 바르게 정리한다.	기본생활 건강생활 사회생활
9:10~10:05	〈자유선택활동〉 (역할영역 - 병원놀이, 언어영역 - 병균이의 여행, 물·모래영역 - 설거지하기) • 친구와 사이좋게 놀기	• 질병은 전염됨을 알고 몸을 청결히 하는 습관을 기른다. • 깨끗하게 설거지 하는 방법을 안다.	건강생활 사회생활
10:05~10:25	〈정리정돈 및 화장실 다녀오기〉 • 사용하던 교구 정리하기 • 질서 지켜 화장실 사용하기 • 화장실 사용 후 손 씻기	• 스스로 정리정돈을 할 수 있다. • 물을 꼭 잠근다. • 수건 정리를 바르게 한다.	기본생활 건강생활

시간/활동명	활동내용	생활지도 목표	생활지도 내용
10:25~10:55	〈대집단활동〉 (이야기 나누기-음식의 필요성) • 선생님 말씀 잘 듣기	• 음식의 필요성에 대해 이해한다.	건강생활 사회생활
10:55~11:10	〈간식 및 휴식〉 • 먹을 수 있는 양만 먹기 • 먹고 난 후 정리하기	• 자기 스스로 손을 깨끗이 씻는다. • 간식을 먹고 난 뒤 주변을 깨끗이 정리한다.	기본생활 건강생활
11:10~11:50	〈탐구-내 손가락 지문〉	• 손가락의 지문에 관심을 가지고 관찰해본다. • 손가락의 지문은 모두 다르다는 것을 안다.	
11:50~13:00	〈점심식사 및 양치〉 • 바르게 앉아서 먹기 • 먹고 난 후 정리하기 • 점심 먹고 이 닦기	• 질서를 지킨다. • 손을 깨끗이 씻는다. • 음식을 골고루 먹는다. • 자기 수변을 정리정돈한다.	기본생활 건강생활
13:00~13:40	〈실외활동〉 • 외출 시 옷, 신발 바르게 입고 신기 • 놀이기구 이용 시 차례 지키기 • 놀이를 마친 후 손 씻기	• 몸을 다양하게 움직인다. • 차례를 지켜서 놀이기구를 이용한다.	기본생활 사회생활 건강생활
13:40~14:00	〈평가 및 귀가〉 • 선생님께 바르게 인사하기 • 친구들과 인사하기 • 가방, 옷 혼자 챙겨 입기	• 오늘 하루 활동에 대한 평가를 한다. • 바르게 인사한다. • 안전하게 귀가한다.	기본생활 사회생활

[만 3세 ㅇㅇ반 하루일과표]

시간	주요 일과	활동 내용
7:30~9:00	기본 통합보육 및 등원	• 유아를 맞이한 뒤 소지품(외투, 가방 등)을 정리한다. • 유아의 특이사항(투약, 건강 상태, 체온 체크 등)을 확인한다. • 유아가 놀잇감을 가지고 자유롭게 놀이한다.
9:00~12:20	오전간식 오전 실내·외 자유놀이활동 및 바깥놀이	• 유아 스스로 선택하여 원하는 영역(쌓기, 역할, 수·조작, 과학, 언어, 미술, 음률, 신체)에서 준비되어 있는 다양한 놀이를 한다. • 유아들의 필요에 의하여 교사 지원이 필요한 대·소집단 놀이를 실행한다. (이야기 나누기, 새 노래, 동화 듣기 등) • 유아들과 함께 시간을 정하여 원하는 시간에 바깥놀이를 다녀온다. • 신체표현, 게임 등의 대근육 활동 또는 주변기관 방문하기, 계절 변화에 따른 자연현상 탐색하기, 자연 체험, 텃밭 가꾸기 등 다양한 바깥놀이 활동을 한다.
12:20~12:30	화장실 다녀오기 및 손 씻기	• 놀잇감을 제자리에 정돈하고 화장실에 다녀온다. • 깨끗이 손을 씻고 즐거운 마음으로 점심 준비를 한다.
12:30~13:20	점심 식사 및 양치하기	• 바른 식습관으로 식사를 한다. • 식사를 마치고 자신의 자리를 깨끗이 정돈한 뒤 스스로 이를 닦는다. • 유아의 흥미를 자극하는 특별활동 수업을 하여 놀이 중 유아의 특기를 개발하고 즐겁게 참여한다. • 특별활동에 참여하지 않는 유아는 대체활동을 계획하여 실행한다.
13:20~13:30	조용한 놀이	• 낮잠을 잘 수 있는 환경 조성을 위해 조용한 놀이가 이루어진다. • 개별 침구를 스스로 준비해 본다.
13:30~14:50	낮잠 및 휴식 시간	• 유아들이 조용하고 편안한 분위기에서 잠을 잘 수 있는 음악이나 동화를 틀어주어 분위기를 조성하고, 잠자는 시간이 규칙적으로 이루어질 수 있도록 한다.
14:50~15:00	매트 정리 및 화장실 다녀오기	• 기분 좋게 일어날 수 있도록 도와주며, 이부자리를 정리한다. • 화장실을 다녀온 후 손을 씻는다.
〈화, 목〉 15:00~15:20 〈수, 금〉 15:00~15:30	* 화, 목: 영어활동 * 수: 체육활동 * 금: 키즈잡스	• 유아의 흥미를 자극하는 특별활동수업을 하여 놀이 중 유아의 특기를 개발하고 즐겁게 참여한다. • 특별활동에 참여하지 않는 유아는 대체활동을 계획하여 실행한다.

시간	주요 일과	활동 내용
〈월〉 15:00~17:00 〈화, 목〉 15:20~17:00 〈수, 금〉 15:30~17:00	오후 간식 및 자유놀이활동 후 기본보육 귀가	• 즐거운 마음으로 간식을 먹는다. • 바르게 앉아서 간식을 먹고 자기 자리를 스스로 정리 정돈한다. • 오후 자유놀이활동은 과도한 자극을 줄이고 오전에 계획된 활동을 반복하거나 오전활동의 연계활동이 이루어지고, 보육실 외 다른 공간으로 이동(텃밭 혹은 바깥놀이터)하여 활동할 수 있다. • 부모와 함께 유아가 하루 지낸 이야기를 나누고, 소지품을 챙긴 후 인사를 나누고 귀가한다.
17:00~19:30	연장보육반 통합보육 /자유놀이활동 및 귀기	• 통합보육공간으로 이동하여 자유 놀이를 하며 부모님이 오시는 대로 귀가한다.

출처: 국공립한우리어린이집

4) 영유아생활지도의 내용

영유아생활지도는 민주시민의식과 자질을 길러주는 내용으로 기본생활, 사회생활, 건강생활, 안전생활, 환경생활 등으로 구성할 수 있다.

(1) 기본생활지도

① 기본생활지도 정의

유아기에 형성된 기본생활습관은 쉽게 변하지 않는 발달 특성을 가지고 있어 처음부터 어떻게 지도하느냐에 따라 달라진다. 이는 가소성이 풍부한 유아기에 기본생활지도를 하는 것이 영유아의 습관 형성에 가장 용이할 뿐만 아니라 효율적이고 경제적이기 때문이다(김지은 외, 2007 재인용). "세 살 버릇 여든까지 간다"라는 속담이 있듯이 기본생활지도는 개인의 모든 것을 기본으로 강조하는 규범이자 가치관으로서 스스로 내면화되고 습관화되어야 할 것이다(김준규 외, 2010).

따라서 영유아의 기본생활지도는 발달 시기상 영유아가 한 개인으로서 스스로 바람직한 수준에 도달하도록 도와야 하며, 좋은 습관이 형성할 수 있도록 지속적으로 지도해야 할 것이다(김준규 외, 2010; 안영진, 2011; 정동화, 2003).

② 기본생활지도 내용

영유아의 기본생활지도의 내용은 청결, 예절, 절제, 질서, 협동으로 나누어 살펴볼 수 있다.

표 2-9 기본생활지도 세부 내용

항목	내용	세부 내용
청결	몸을 깨끗이	자신의 몸 깨끗이(이 닦기, 손·발 씻기, 세수하기, 목욕하기, 손·발톱 깎기, 머리 손질하기, 속옷 매일 갈아입기)
		계절에 맞는 옷 입기
		화장실 사용법 바로 알기
	주변을 깨끗이	음식을 소중히 여기고 깨끗이 먹기
		쓰레기 버리지 않기
		주변 정리하기
예절	가정에서의 예절	어른께 공손히 인사하기
		존댓말 사용하기
		외출 시 부모님께 허락받기
	집단에서의 예절	형제·자매와 사이좋게 지내기
		상황에 맞는 적절한 언어 사용하기
		바른 말 고운 말 쓰기
	국가에서의 예절	애국가를 부를 때 경건한 자세로 부르기
		국기를 함부로 사용하지 않기
절제	절약하기	사용이 가능한 물건 교환하기(아나바다 운동)
		재활용하기
		저축하기
	감정 조절하기	떼쓰지 않기
		양보하기
질서	차례 지키기	복도, 계단 이용 시 한 방향으로 다니기
		한 줄 서기
	약속 및 규칙 지키기	시간 약속 지키기
		놀이 규칙 지키기
협동	함께 쓰기	서로가 조금씩 양보하기
	함께 나누기	장난감 나누기
		자기가 좋아하는 것 나누기

(2) 사회생활지도

① 사회생활지도 정의

인간은 태어나면서부터 사회 속에서 더불어 살아가는 사회적 동물이다. 사회에서 스스로의 생활을 영위해 나가려면 자신의 생활을 스스로 실행해 나가는 자조기술이 있어야 다른 사람과 조화를 이루어 원만한 생활이 이루어지게 되고 사회적인 적응이 가능하다(정동화, 2003). 영유아가 자신과 다른 사람의 정서를 올바르게 이해할 수 있어야 하며, 다양한 사회관계에서 정서 이해 능력을 적절히 활용할 수 있어야 한다. 또한 자기존중감 형성을 격려함으로써 스스로 서로의 소중함을 알고 자신의 일을 계획하고 실천할 수 있는 능력을 기른다.

따라서 영유아 사회생활에서는 사회적 규범과 행동의 내면화, 도덕적 가치관 형성, 의사전달의 합리적 방법, 공동체 생활에서의 대인관계, 원만한 대인관계를 위한 협동과 봉사 등의 활동을 중심으로 지도해야 한다(김준규 외, 2010).

② 사회생활지도 내용

영유아 사회생활지도 내용은 가정생활, 집단생활, 사회적 기술로 나누어 살펴볼 수 있다.

- 가정생활
  - 자신에 대해 긍정적으로 생각하고 자신의 소중함 알기
  - 가족의 소중함 알기
  - 형제와 사이좋게 지내기
  - 자기가 할 수 있는 일 알기
- 집단생활
  - 친구와 사이좋게 지내기
  - 약속 지키기
  - 자신과 다른 사람의 닮은 점, 차이점 알기
  - 공공규칙 알고 이해하기
- 사회적 기술
  - 양보하기

- 문제해결과정에서 적절한 정서 활용하기
- 또래와의 갈등에서 다양한 방법으로 해결하기

(3) 건강생활지도

① 건강생활지도 정의

행복한 인간의 최우선적인 조건은 건강이라고 할 수 있다. 건강이란 병들지 않은 신체적 상태만을 말하는 것이 아니라 일상생활을 즐기며 살 수 있는 신체와 정신의 완전한 상태를 의미한다(안영진, 2001).

영유아기는 신체발달이 급격히 성장하는 시기이다. 이 시기는 면역체계가 약해 많은 질병에 노출되어 건강을 해치는 경우가 있다. 그렇기 때문에 신체적·정서적으로 건강한 생활을 하기 위해서는 건강 상태를 수시로 점검하여 질병을 예방하도록 한다.

따라서 영유아 건강생활지도는 일상생활을 통해 생활 태도 및 습관을 기를 수 있도록 지도해야 한다.

② 건강생활지도 내용

영유아 건강생활지도 내용은 건강관리, 영양관리로 나누어 살펴볼 수 있다.

- 건강관리
  - 날씨에 알맞은 옷 입기
  - 손 깨끗이 씻기
  - 일찍 자고 일찍 일어나기
  - 건강에 관심 가지기
  - 휴식 취하기
- 영양관리
  - 우리 몸에 필요한 영양분 알기
  - 몸에 필요한 영양분 섭취하기
  - 즐겁게 식사하기
  - 안전한 음식 먹기
  - 올바른 태도로 식사하기

(4) 안전생활지도

① 안전생활지도 정의

안전생활지도는 사고나 재해로부터 자신을 보호하는 행동 또는 능력, 태도를 육성하는 것을 말한다. 특히 영유아는 각종 사고나 위험에 노출되어 있으므로 안전에 많은 관심을 갖고 위험에 대한 인식이나 대처능력을 지도한다.

영유아는 발달 특성상 주변의 사물이나 환경에 대한 호기심이 많고 탐구하려는 충동이 강한 반면, 신체기능 미성숙으로 인해 크고 작은 사고가 빈번히 일어난다. 또한 성인과는 달리 영유아의 사고는 치명적인 장애 및 사망에 쉽게 이를 수 있기 때문에 더 주의를 기울여야 한다. 그러나 예측 가능한 범위 안에서 일어나는 것이 아닌 우발적인 사고로 일어나기 때문에 더 주의해야 한다(김지은 외, 2007).

따라서 영유아 안전생활지도는 문제 상황에 처하게 될 때 적절하게 대처할 수 있는 능력을 갖추고 지속적으로 교육하여 안전수칙을 지킬 수 있도록 한다.

② 안전생활지도 내용

영유아 안전생활지도 내용은 유아교육기관에서의 안전, 가정에서의 안전으로 나누어 살펴볼 수 있다.

- 유아교육기관에서의 안전
  - 놀이 규칙 지키기
  - 놀잇감 안전하게 다루기
  - 망가진 놀잇감 사용하지 않기
  - 시설물 안전하게 사용하기
  - 타인을 배려하여 안전하기 놀이하기
- 가정에서의 안전
  - 아무것이나 먹지 않기
  - 베란다나 창문 밑에서 놀지 않기
  - 엘리베이터 바르게 사용하기
  - 가전제품 함부로 사용하지 않기

[유치원 안전교육 연간계획안]

월	주	영역	소주제
3	1	직업안전	원에서 일하시는 분들
	2	생활안전	원에서 지켜요.
	3	응급처치	손 씻기는 병을 예방해요.
		교통안전	차 안에서 지켜야 할 약속
	4	폭력예방 및 신변보호	안전한 느낌, 안전하지 않은 느낌이 있어요.
	5	재난안전	마스크를 사용해요.(황사, 미세먼지, 코로나19) & 소방대피훈련
4	1	약물 및 사이버 중독 예방	약은 무엇일까요?
	2	생활안전	길을 잃었어요.
	3	폭력예방 및 신변보호	소중한 우리 몸
	4	교통안전	유치원 통학버스 안전송 (찾아요! 눌러요!)
5	1	생활안전	혼자 집에 가는 길
	2	폭력예방 및 신변보호	기분 나쁜 장난은 안 돼요.
	3	약물 및 사이버 중독 예방	약은 정해진 약만 먹어요.
	4	재난안전	소화기로 불을 꺼요. & 소방대피훈련
6	1	생활안전	낯선 사람과 함께 타지 않아요.
	2	교통안전	날씨에 따른 보행안전
	3	약물 및 사이버 중독 예방	친구의 약을 먹으면 안 돼요.
	4	교통안전	나를 지켜주는 보호장구
	5	생활안전	불이 몸에 붙었어요.
7	1	폭력예방 및 신변보호	싫어요. 안 돼요. 도와주세요.
	2	생활안전	즐거운 물놀이! 안전한 물놀이!
	3	약물 및 사이버 중독 예방	옛날에 먹던 약은 먹으면 안 돼요.
	4	재난안전	폭염, 태풍을 조심해요. & 소방대피훈련
8	2	폭력예방 및 신변보호	문을 열어주면 안 돼요.
		생활안전	위험한 식품첨가물
	3	약물 및 사이버 중독 예방	예방접종으로 내 몸을 지켜요.
	4	교통안전	자동차 옆에서 놀지 않아요.

월	주	영역	주제
9	1	폭력예방 및 신변보호	안전지킴이의 도움을 받아요.
	2	약물 및 사이버 중독 예방	콜록 콜록 담배는 싫어요.
	3	교통안전	횡단보도로 건너요. (아이쿠 횡단보도송)
	4	생활안전	위험함 구멍 맨홀과 환풍구
	5	재난안전	땅이 흔들려요. & 소방대피훈련
10	1	생활안전	위험!! 끼임 사고
	2	교통안전	자동차가 지나가요.
	3	약물 및 사이버 중독 예방	위험한 담배를 피해요.
		생활안전	아빠! 엄마! 술은 안 돼요. 안 돼.
	4	폭력예방 및 신변보호	좋아! 싫어! 라고 이야기해요.
	5	교통안전	안전하게 걸어요.
11	1	직업안전	일할 때 사용하는 안전도구
	2	교통안전	빵빵 자동차 신호
	3	약물 및 사이버 중독 예방	인터넷, 스마트폰 중독 예방
	4	생활안전	전자파에서 멀리 멀리
		재난안전	킁킁 가스냄새 & 소방대피훈련
12	1	폭력예방 및 신변보호	비밀, 약속, 규칙은 다 지켜야 하나요?
	2	응급처치	생명을 살리는 힘! 심폐소생술
	3	약물 및 사이버 중독 예방	인터넷, 스마트폰 약속
	4	재난안전	눈이 올 때 조심조심 & 소방대피훈련
1	2	생활안전	승강기와 에스컬레이터
	3	교통안전	교통 표지판을 알아요.
	4	약물 및 사이버 중독 예방	감기를 조심해요.
2	2	생활안전	전기는 위험할 수 있어요.
	3	폭력예방 및 신변보호	친구의 권리도 소중해요.

출처: 행복한울타리유치원

(5) 환경생활지도

① 환경생활지도 정의

환경교육이란 자연을 보호하고 사랑함으로써 인간과 자연이 조화를 이루어 생활하는 것이다. 그러나 세계적으로 경제성장과 더불어 물질적으로 풍족한 삶을 살아가다 보니 어느 순간 각종 자원의 결핍과 환경오염으로 인한 생태계의 파괴가 초래되었다. 즉, 우리의 삶을 위해 자연을 보호하지 않고 무분별하게 사용하게 된다면 결국 우리의 삶 자체를 위협할 것이다. 그렇기 때문에 환경에 대해 살펴보고 이를 실천할 수 있는 방안을 모색해야 할 것이다(공석영 외, 2000). 영유아기에 형성된 환경의 중요성에 대한 인식과 습관은 성인이 되었을 때 생활에 필요한 올바른 습관이 된다.

따라서 영유아 환경생활지도에서는 스스로가 자연환경에 흥미와 관심을 가질 수 있도록 한다.

② 환경생활지도 내용

영유아 환경생활지도 내용은 물과 공기, 흙의 소중함, 동식물 보호로 나누어 살펴볼 수 있다.

- 물과 공기, 흙의 소중함
  - 물과 공기, 흙의 소중함 알기
  - 오염 원인 알기
  - 물과 공기, 흙의 쓰임새 알기
  - 물과 공기, 흙이 우리에게 미치는 영향에 대해서 알기
- 동식물 보호
  - 여러 가지 동식물 종류 알기
  - 각각의 동식물의 특성 알기
  - 동식물을 기르고 돌보기
  - 동식물이 우리에게 주는 장단점 알기

4. 개정 누리과정의 변화와 교사의 역할

2019 개정 누리과정의 구성자료에서는 교육과정의 변화와 교사의 역할을 강조하고 있다(교육부, 보건복지부, 2019). 하루일과를 놀이, 일상생활, 활동으로 구성하며 놀이 중심의 편성을 권장하고 있다.

구분	내용
추구하는 인간상	• 건강한 사람 • 자주적인 사람 • 창의적인 사람 • 감성이 풍부한 사람 • 더불어 사는 사람
목적	• 유아가 놀이를 통해 심신의 건강과 조화로운 발달을 이루고 바른 인성과 민주 시민의 기초를 형성하는 데 있다.
목표	• 자신의 소중함을 알고, 건강하고 안전한 생활 습관을 기른다. • 자신의 일을 스스로 해결하는 기초능력을 기른다. • 호기심과 탐구심을 가지고 상상력과 창의력을 기른다. • 일상에서 아름다움을 느끼고 문화적 감수성을 기른다. • 사람과 자연을 존중하고 배려하며 소통하는 태도를 기른다.

⇑

놀이, 일상생활, 활동					
누리과정 영역	신체운동·건강	의사소통	사회관계	예술경험	자연탐구
영역별 목표	실내외에서 신체활동을 즐기고, 건강하고 안전한 생활을 한다.	일상생활에 필요한 의사소통능력과 상상력을 기른다.	자신을 존중하고 더불어 생활하는 태도를 가진다.	아름다움과 예술에 관심을 가지고 창의적 표현을 즐긴다.	탐구하는 과정을 즐기고, 자연과 더불어 살아가는 태도를 가진다.

1) 유아·놀이 중심 교육과정 이해하고 실천하기

- 교사는 누리과정 총론 및 5개 영역의 내용을 숙지하고 유아의 놀이, 일상생활, 활동과 연계하여 교육과정을 운영하는데, 특별히 놀이하며 배우는 유능한 유아에 대한 이해가 우선되어야 한다.
- 누리과정 개정의 중점 중 하나는 놀이 중심 교육과정 운영이다. 따라서 누리과정을 잘 이해하고 실행한다는 것은 일과에서 놀이시간을 충분히 제공하고 유아들의 흥미와 무관한 활동을 교사가 계획해서 실시하지 않는다는 것을 의미한다.
- 유아·놀이 중심이 강조된다고 하더라도 교사가 계획한 활동이나 법적으로 요구되는 활동(예: 안전교육)을 실시하되 유아가 주도적으로 즐겁게 참여하는 활동으로 진행하는 것이 중요하다. 이를 위해서는 유아의 놀이나 일상생활을 잘 관찰하고 이와 연계할 수 있는 활동을 실시하는 것이 필요하다.

2) 놀이를 통한 유아의 배움을 지원하기

- 유아의 놀이를 잘 관찰하고 지원하기 위해서 교사는 교육과정 구성의 파트너로서 유아의 놀이를 주의 깊게 바라보고 유아가 경험하는 기쁨과 슬픔, 좌절과 감동을 함께 느끼고 공유할 수 있어야 한다.
- 유아의 놀이를 잘 관찰하기 위해서 교사는 유아를 이해하려고 민감성을 갖추려고 노력하는 동시에 유아가 놀이를 통해 경험하는 것, 스스로 배우는 것이 무엇인지 이해하려고 노력할 필요가 있다. 이때 유아들이 구성하고 만들어내는 총체적 의미를 충분히 읽어내기 위해 노력해야 한다.
- 유아의 놀이를 지원하기 위해 교사는 놀이에 직접 참여하지 않고도 격려, 미소, 공감의 표정을 보이거나 칭찬과 격려의 말을 건네는 정서적 지원을 제공할 수 있다. 또한 놀이를 관찰하다가 배움이 일어나도록 질문이나 제안을 건네 보는 등의 상호작용에 기반한 언어적 지원, 공간 구성을 바꾸어 주거나 새로운 자료를 제공하는 등의 환경적 지원을 할 수 있다.

- 환경적 지원을 할 때는 심미적·창의적 감수성을 키워줄 수 있도록 공간과 자료를 제공해주는 것이 중요하다.

3) 놀이와 배움을 기록하고 평가하기

- 유아의 배움을 잘 기록하고 평가하기 위해서 교사는 결과가 아닌 과정에 주목해야 한다.
- 개정 누리과정은 과도한 부담이 되는 평가의 형식을 탈피하고자 하였으므로 기록 및 평가에 있어서 틀에 맞춘 과도한 문서화를 요구하지 않으며 형식과 분량에 있어 기관별·학급별로 자율성을 부여한다.
- 진행된 주제 및 놀이나 활동에 따라 누리과정 5개 영역 중 일부 영역이나 인간상이 두드러질 수 있으므로 평가를 함에 있어서 단편적인 놀이 에피소드나 활동보다는 전개된 놀이와 일상생활, 활동에 대한 누적된 기록을 총체적으로 고려해야 한다.

4) 함께 배우며 성장하기

- 유아·놀이 중심 교육과정을 실행하기 위해 교사는 자신과 유아의 역량을 신뢰하고, 유아의 자율성을 보장하는 학급의 문화를 만들어야 한다. 이를 위해서 교사는 주기적으로 자신의 교육 철학과 개정 누리과정에 대한 이해를 점검하고 배움을 이어가야 한다.
- 놀이를 지원하는 과정에서 교사는 각 유아와 놀이의 특성을 고려하여 놀이를 언제, 어떻게 지원해야 할지에 대한 끊임없는 고민에 직면하게 된다. 적절한 상호작용의 순간을 놓치기도 하고 도움을 주려다 오히려 교사 주도가 되는 경험을 하기도 한다. 이렇게 정답이 없는 자율적인 교육과정을 운영하면서 교사는 한편으로 자신의 전문성을 인정받는 것 같아 보람도 느끼지만, 다른 한편으로 자신이 잘하고 있는지에 대한 불안감을 느낄 수도 있다. 그러나 이러한 고민과 불안감은

교사가 지속적으로 배움을 추구하게 만드는 원동력이 될 수도 있다.

- 개정 누리과정에서 강조하는 교육과정 운영의 자율성은 교사 개개인이 알아서 모든 것을 하라는 의미가 아니다. 오히려 교사들이 서로의 전문성을 인정하고 고민과 의견을 나누며 함께 배우고 성장하는 학습공동체를 자율적으로 구성하여 정서적이고 실천적인 지원이 이루어질 것을 기대한다. 교사의 계속적 성장과 배움이 일어나기 위해서는 유치원과 어린이집 기관 차원에서, 그리고 나아가 시·도 및 국가 차원의 전폭적인 지원이 필요하다.

5. 놀이과정과 생활지도

1) 생활 속 놀이과정

놀이의 지속성은 놀이를 어떻게 계획했는지 그리고 놀이를 어떻게 평가하는지에 따라 유지되거나 마무리될 수 있다. 교사가 놀이를 계획하고 준비한 것을 유아가 놀이 실행과 평가에 참여하는 것에 그치지 않고 계획부터 유아의 생각과 의견이 반영되고 주도적으로 이끌어갈 수 있는 기회를 제공해야 한다. 실제적인 놀이의 진행도 단계와 절차가 필요하며 흥미와 지속성을 위해 놀잇감 및 놀이대상, 놀이시간, 놀이공간 등의 놀이 환경에 대한 교사의 배려도 중요하다. 이처럼 유아들과 놀이의 계획성과 평가 속에 즐거움이 여운으로 남아 있어야 놀이의 지속성이 유지될 수 있다.

(1) 놀이 계획하기

놀이는 무엇을 가지고 어떻게 놀이를 진행할 것인가를 미리 생각해보고 예측하는 것이다. 놀이를 시작하기 전에 주제와 내용, 놀이방법 등에 대해 이야기 나눈다. 놀이에 대한 이해를 돕고 놀이순서, 놀이방법, 놀이계획을 생각하도록 돕는다. 정해진 놀이방법을 설명하기도 하지만 새로운 놀이방법을 사고하도록 돕는다. 물론 의사결정은 놀이를 사고한 유아들이 스스로 놀이를 준비하도록 한다.

(2) 놀이 준비하기

놀이를 준비하는 것은 놀이 환경을 점검하는 것이다. 놀잇감, 공간, 시간에 대한 충분한 여건을 만들어주었는가, 유아들이 스스로 찾아서 놀이 환경을 만들어 갈 수 있도록 배려하였는가를 고민해 볼 필요가 있다. 충분한 놀잇감을 제공하고 있는지, 놀이공간을 열어주고 있는지, 놀이시간을 조절해주고 있는지를 판단하여 유아들이 놀이를 할 때 고려할 수 있도록 준비해주어야 한다.

(3) 놀이 실행하기

놀이를 실행하면서 무엇보다 중요한 것은 관찰이다. 관찰과 기록을 통해 유아들의 상호작용과 놀이방법, 놀이 변화, 놀이를 진행하는 유아들의 다양한 감정까지 담을 수 있는 기록의 장치들이 필요하다. 교사가 모든 것을 관찰하고 기록하기에 부족하므로 관찰자로서 또 다른 인적자원과 미디어 기록 장치 등이 필요하다.

(4) 놀이 평가하기

놀이를 마치면 놀이에 대한 흥미, 변화된 감정을 서로 공유하는 과정도 중요하다. 또래끼리 서로의 생각이 다음 놀이를 계획할 때 동기부여가 될 수 있기 때문이다. 또한 새로운 놀이계획, 놀이 수준을 변화시키기 위해서는 유아들이 스스로 놀이를 평가할 수 있어야 한다. 그 기준은 놀이계획, 놀이준비, 놀이방법 등에 대한 점검이며, 그 결과가 다음 놀이로 연계되어야 한다.

[만 5세반 ○○반 놀이 운영 계획]

구분	예상되는 놀이 키워드	키워드를 통한 예상 놀이 방향
봄 (3~5월)	[형님이 된 우리 반] [새로운 규칙] [새로운 놀이]	3월엔 7살이 되어 경험하는 향기반이 6살 향기반과의 차이가 무엇이 있는지 알아보고, 새로운 규칙을 통한 새로운 놀이를 경험해 볼 수 있을 것 같습니다. 이후 4월 계절의 변화를 느끼며 봄에 볼 수 있는 환경을 통해 자연스럽게 놀이가 변화될 것 같습니다. 이후 5월은 기념일이 많은 달로, 어린이날을 통해 나의 특별함에 대해 알고, 여러 기념일을 경험하며 가족으로 확장되어 놀이가 이뤄질 수 있을 것 같습니다.
	[봄 날씨] [봄 생물] [봄 소풍]	
	[어린이날] [어버이날] [가족]	
여름 (6~8월)	[감정] [여름 날씨] [바다]	5월의 활동 연장되어 진행되다 더운 날씨가 시작되면 자연스럽게 여름에 대한 놀이가 이뤄질 수 있을 것으로 예상됩니다. 이후, 가족과의 휴가 기간을 통해 여름에 즐길 수 있는 다양한 놀이를 알고, 더운 여름을 건강하게 보내는 방법에 대해 터득하며 놀이로 표현해 볼 수 있을 것 같습니다. 이후 7, 8월은 올림픽이 개최되므로 여러 미디어를 통해 유아의 관심이 자극되어 놀이로 표현될 수 있을 것 같습니다.
	[물놀이] [건강·휴식] [휴가]	
	[도쿄 올림픽] [올림픽 종목 운동]	
가을 (9~11월)	[세계 여러 나라] [우리나라] [추석]	8월의 놀이가 연장 및 확장되어 세계 여러 나라에 대한 관심을 놀이로 표현할 수 있고, 이후 우리나라로 관심을 이어 나가 추석(명절)에 대한 놀이를 경험할 수 있을 것으로 예상됩니다. 추석의 놀이가 확장되어 추수 및 변화하는 가을 날씨, 풍경을 놀이로 표현하며 자연물을 이용한 놀이가 많이 발생할 것으로 예상됩니다.
	[가을 날씨] [단풍] [가을 소풍] [낙엽]	
	[추수] [곡식·열매] [바자회]	
겨울 (12~22년 2월)	[김장] [겨울 준비] [눈·얼음] [성탄절]	특성화활동과 연계하여 김장을 담궈 보는 경험을 통하여 자연스럽게 겨울을 준비하며 겨울의 특성을 놀이로 표현할 것으로 예상됩니다. 이후, 성탄절과 새해라는 특수한 상황을 경험하며 놀이로 표현하고 해가 바뀌어 변한 나의 특징에 대해 놀이로 표현하면서 학교에 대한 관심을 갖고 놀이로 표현할 수 있을 것 같습니다.
	[새해] [다짐·소원] [8살] [십이간지]	
	[설] [추억·회상] [졸업·초등학교]	

출처: 국공립 한우리어린이집

2) 하루일과에 기초한 생활지도

영유아가 가정보다는 교육기관에서의 생활의 비중이 높아지고 있다. 각 연령에 따라 적절한 일과 및 프로그램이 운영되며 이에 맞추어 적절한 생활지도가 이루어져야 한다. 개별 또는 집단에서의 일과 운영과 발생할 수 있는 생활지도 상황을 살펴보고 교사가 점검해야 할 생활지도방법을 알아보고자 한다.

표 2-10 영아 하루일과에 기초한 생활지도

일과운영	영아 관찰행동	생활지도
등원 및 자유놀이	• 부모와 떨어지지 않으려고 울거나 떼쓴다.	• 부모와 헤어지기 싫어하는 감정을 이해해주고 다시 만날 수 있음을 알려준다. 선생님이 부모 역할을 대신해 놀아주고 보호해줌을 인지시킨다.
	• 교실 밖으로 나가려고 한다.	• 놀잇감으로 흥미를 유발하거나 교사와의 안정적인 래포 형성을 점검한다.
대·소집단 활동	• 교구를 섞어 놓거나 정리정돈을 하지 않는다.	• 교구를 충분히 가지고 놀고, 게임이나 놀이 형태로 정리정돈 하도록 돕는다.
	• 놀잇감을 차지하기 위해 갈등상황이 일어난다.	• 놀잇감의 양이 충분한지 점검하고, 새로운 놀잇감에 관심을 가지도록 유도한다.
중·간식지도	• 스스로 간식을 먹지 않는다.	• 간식에 관심을 가지도록 재료, 요리과정을 이야기로 들려준다. 올바른 식기사용과 바른 태도를 지도한다.
	• 음식을 일부러 떨어뜨리거나 섞는다.	• 눈과 손의 협응력을 점검하고 돕는다. 음식을 의도적으로 버리는 행동은 스스로 정리하고 음식을 다시 제공한다.
실외놀이	• 집단에서 개별 행동으로 줄을 서지 않거나 교사 시야 밖으로 나간다.	• 주기적으로 활동 전에 주의사항을 안내한다. 개별 행동을 하는 영아를 교사 가까이 두고 이동하거나 영아용 인솔밴드를 활용한다.
낮잠 및 휴식	• 손가락 빨기 행동이 자주 나타난다.	• 교사가 빠는 손을 잡아주거나 친구를 토닥여 주는 행동으로 유도한다.
통합보육 및 귀가	• 집으로 귀가하지 않으려고 한다.	• 내일 등원해서 할 수 있는 놀이를 기대할 수 있게 반응해준다.

영유아들은 개별 활동도 이루어지지만 또래 간의 상호작용에 즐거움을 느끼므로 집단놀이에 많이 참여한다. 실내외 자유놀이와 대·소집단활동을 중심으로 관찰행동과 생활지도방법을 살펴보고자 한다.

표 2-11 유아 하루일과에 기초한 생활지도

일과운영시간	유아 관찰행동	생활지도
이야기 나누기	• 이야기에 집중하지 않고 장난치거나 친구를 귀찮게 한다.	• 집중할 수 있도록 의견을 물어봐서 참여하게 한다. 바르게 앉는 친구를 칭찬하거나 유아 간의 간격이나 앉은 위치 등을 조절한다.
	• 주제와 관련 없는 이야기를 한다.	• 활동 후 교사와 대화할 기회를 준다고 약속하거나 자주 일어날 때는 적절히 무시한다.
대·소집단활동	• 미술활동 시 시도하지 않고 못한다고 하거나 활동을 빨리 끝내려고 한다.	• 흥미로운 재료나 표현기법을 소개하거나 작품을 완성하는 과정과 성취감에 대해 관심을 가지도록 도와준다.
	• 음악이나 신체활동 시 참여하지 않거나 흥분하여 과잉 행동을 보인다.	• 혼자보다는 함께 참여할 수 있는 방법을 시도하거나 자기조절과 또래와의 협력을 경험하게 한다.
	• 게임 시 이기려고 반칙을 하거나 지는 상황을 받아들이지 못한다.	• 게임을 시작하기 전에 규칙을 잘 안내하고, 게임을 마친 후 평가를 통해 칭찬, 격려해준다. 승부보다는 협력을 통해 이루어지는 게임을 소개한다.
개별활동	• 그림을 그리거나 책을 읽을 때 교사나 친구가 보는 것을 불편해한다.	• 자신의 행동에 자신감을 가지도록 격려하고 관심, 놀림 등에 민감한지 또래와의 관계 등을 점검한다.
	• 친구의 행동이나 표현을 따라한다.	• 친구의 기분을 헤아려보고, 친구와 다른 생각과 표현을 격려한다.

3) 놀이와 안전

놀이 속에서 흥미와 자율성도 중요하지만 안전이 보장되어야 한다. 놀이를 시작하기 전에 놀이의 환경을 점검하며 사고를 예방할 수 있어야 한다. 안전사고는 인적 요인, 기계적 요인, 환경적 요인으로 구분되며 이 중 88%가 인적 요인으로 놀이 속에서의 다양한 요인으로 인해 발생할 수 있다(Heinrich, 1980; Miller, 1995; 이기숙 외, 2020 재인용). 영유아기는 발달이 진행되는 시기이므로 안전한 놀이공간의 제공과 안전에 관한 주기적인 교육이 안전사고를 예방할 수 있다. 교육기관뿐만 아니라 가정, 지역사회 등 국가의 법적 규제 등을 통해 교육이 이루어지고, 정기적인 운영 점검을 통해 안전 불감증을 제거해야 한다.

영유아기의 발달적 특성에 따라 발생할 수 있는 안전사고는 다음과 같다. 영아기는 질식사고, 이물질 흡입사고, 중독사고, 추락 및 충돌사고, 화상, 영아돌연사증후군 등이 일어날 수 있으며 위험 상황에 의사표현이나 대처능력이 미약하기 때문에 예방적 조치가 중요하다. 주보호자가 항상 함께 있어 주변을 안전한 환경으로 만들어주고, 위험 상황이 발생할 경우 빠르게 대처하는 것이 중요하다. 영아들이 접촉할 수 있는 다양한 것들이 유해물질이나 유해환경으로 건강을 해칠 수 있는 요소가 아닌지 항상 점검할 필요가 있다.

걸음마기는 운동능력과 인지능력의 발달로 다양한 놀이 상황을 요구한다. 추락 및 충돌, 질식, 화상, 놀잇감 및 놀이시설 사고 등이 일어날 수 있다. 놀이공간, 움직이는 사물 등 놀이 모방과 탐색에 의한 적극적인 태도가 안전사고의 원인이 될 수 있다. 손끼임 방지대와 같은 물리적인 환경의 안전조치나 약품, 날카로운 것과 같은 위험한 물건에 대한 안전교육, 안전한 이용방법 등에 대한 교육이 중요한 시기이다.

유아기는 사회적 놀이가 주된 놀이로 이루어지며 놀이주제나 갈등으로 인한 공격성이 안전문제로 나타날 수 있다. 추락 및 충돌, 약물 및 화상, 놀이사고 등이 일어날 수 있다. 놀잇감과 놀이공간의 안전성을 더욱 민감하게 점검해야 하며 발달에 적합한 사고예방교육이 주기적으로 이루어져야 한다. 상황 중심의 모의안전교육, 역할놀이를 통한 훈련교육, 행동 중심의 실물교육, 가정 및 지역사회 연계교육 등을 통해 안전지식 및 방법을 생활화해야 한다(이기숙 외, 2020).

표 2-12 연령별 안전사고 현황

단위: 건, (%)

구분		2016년	2017년	2018년	2019년	2020년
취학전	영아기 (0세)	2,219 (9.8)	2,340 (9.1)	1,986 (8.2)	2,167 (8.7)	1,720 (9.3)
	걸음마기 (1~3세)	11,081 (49.2)	12,186 (47.4)	11,678 (48.5)	11,495 (46.0)	7,933 (42.9)
	유아기 (4~6세)	4,924 (21.8)	5,907 (23.0)	5,586 (23.2)	5,669 (22.7)	4,438 (24.0)
	소계	18,224 (80.8)	20,433 (79.5)	19,250 (79.9)	19,331 (77.4)	14,091 (76.2)
학령기 (7~14세)		4,321 (19.2)	5,266 (20.5)	4,847 (20.1)	5,640 (22.6)	4,403 (23.8)
합계		22,545 (100.0)	25,699 (100.0)	24,097 (100.0)	24,971 (100.0)	18,494 (100.0)

출처: 한국소비자원(2021). 2020년 어린이 안전사고 동향 분석. 한국소비자원 위해정보국 위해정보팀.

생각 키우기

1. 유아교육현장에서 효율적으로 실행될 수 있는 기본생활습관 지도방법에 대해 생각해 봅시다.

2. 놀이 속에서 문제행동이 일어나는 이유에 대해 생각해 봅시다.

3. 놀이의 지속성을 위한 계획하기, 준비하기, 실행하기, 평가하기의 절차와 놀이 환경 점검에 대해 생각해 봅시다.

4. "2019 개정 누리과정" 5개 영역 중 "신체운동·건강영역"에서 "건강하게 생활하기" 내용을 지도하기 위한 영유아생활지도 방법에 대해 생각해 봅시다.

5. 영유아생활지도가 바르게 형성될 수 있도록 가족, 기관, 지역사회의 방향성에 대해 생각해 봅시다.

Chapter 03

아동에 대한 이해

행복한 삶의 비밀은 올바른 관계를 형성하고
그것에 올바른 가치를 매기는 것이다.

- 노먼 토머스 -

03

이 장에서는 아동 스스로 타인에 대한 올바른 이해를 바탕으로 대인관계를 잘 맺고, 상황에 알맞게 행동하는 사람으로 성장하기 위해 아동기 발달 특성과 이론적 배경, 사회정서 발달 및 환경을 살펴본다.

1. 아동발달에 대한 이해

발달은 개체가 선천적으로 갖고 있는 유전요인과 환경과의 상호작용을 통해 이루어진다. 아동발달의 기본 지침과 아동발달의 원리를 살펴본다.

2. 아동발달에 대한 이론적 접근

발달이론에 대한 기본적인 이해와 발달을 돕는 접근방법에 대해 살펴본다.

3. 아동의 사회화와 환경

사회화에 대한 기본적인 접근이론과 생태학적 환경체계와 요소에 따른 접근방법을 살펴본다.

4. 아동발달과 생활지도

아동의 발달특징을 이해하고, 발달시기에 적절한 생활지도에 대해 살펴본다.

5. 아동 문제행동의 이해

아동의 부적응 행동에 대한 이해와 접근방법을 살펴본다.

1. 아동발달에 대한 이해

1) 아동발달의 기본 지침

1926년에 창설된 미국의 전국아동교육협회(NAEYC: National Association for the Education of Young Children)는 0~8세 아동들을 대상으로 해서 교육실천의 기본 견해라는 지침을 DAP(Developmental Appropriate Practice: 발달에 어울리는 실천)했으며 1996년에 승인된 「NAEYC의 기본 견해」에서 "발달에 어울리는 실천의 기초가 되는 아동들의 발달과 학습의 원리"로 다음과 같은 12항목을 제시하고 있다(Bredekamp, 1987; NAEYC).

첫째, 아동발날의 영역(신체·사회성·감정·인지의 영역)은 서로 밀접하게 관련되어 있다. 한 영역의 발달은 다른 영역의 발달에 영향을 받고 또 영향을 준다.

둘째, 발달은 이미 획득한 것 위에 새로운 능력, 지식을 구축해 가면서 상대적으로 순서를 따라 일어난다.

셋째, 발달은 개개 아동 능력이 영역 간에 불균형을 이루며 아동 각자에 의해 다른 속도로 진행한다.

넷째, 아동기의 경험은 각 개인의 아동발달에 누적적인 효과를 주거나 지연시키는 영향을 가지고 있다. 어떤 형태의 발달과 학습에는 최적의 시기가 존재한다.

다섯째, 발달은 예측할 수 있는 방향에서 점차 복잡화, 조직화, 내면화로 진행된다.

여섯째, 발달과 학습은 다양한 사회·문화 상황 속에서 영향을 받으면서 일어난다.

일곱째, 아동은 활동적인 학습자이고, 문화적으로 전해지는 지식과 함께 신체적·사회적인 경험에 의존하며 자기 주위의 세계에 관해서 자기 자신의 이해를 구축해 가는 학습자이다.

여덟째, 발달과 학습은 생물학적 성숙과 환경의 상호작용의 결과에서 생긴다. 환경은 아동이 생활하고 있는 물리적 세계와 사회적 세계의 양쪽을 포함한다.

아홉째, 놀이는 아동발달을 비추어 내는 것임과 동시에 아동의 사회적 감성, 지성의 발달을 위해 중요한 매개 수단이다.

열째, 발달은 아동이 현재까지 습득한 수준보다 조금 앞선 것에 대해 도전을 경험할 때뿐만 아니라, 새롭게 획득한 과제를 아동이 실천할 기회를 가질 때 촉진된다.

열한째, 아동은 다른 양식으로 알고, 배우는 등 여러 방식으로 알고 있는 것을 표현한다.

열두째, 아동은 안전한 가운데 보호를 받으며 신체적 욕구가 충족되고, 심리적으로 안도감을 가질 수 있는 지역사회의 환경에서 가장 잘 발달하고 배워 간다.

2) 아동발달의 원리

발달은 개체가 선천적으로 갖고 있는 유전과 환경과의 상호작용을 통해 이루어진다. 부모로부터 물려받은 유전인자는 환경의 영향을 받아 그 잠재력을 발휘할 수 있으며 환경 또한 유전인자가 제한하는 범위 내에서만 발달에 영향을 미친다. 예를 들어 유전적으로 키가 작은 소양을 지니고 태어난 아동에게 적절한 영양분을 공급하고 운동 기회를 제공하면 영양분이 결핍된 환경에서 양육되는 아동보다는 키가 더 자랄 것이다. 그러나 아무리 환경 조건을 개선한다 해도 키가 클 유전인자를 가진 아동처럼 성장하기는 어려울 것이다. 아동발달에 관한 연구 결과에 의하면 발달과정에는 일련의 원리가 적용된다(김재은, 1984; 이옥형, 1997).

발달은 유전과 환경의 역동적인 상호작용을 통해 이루어짐을 알 수 있고 아동의 발달 간의 원리를 살펴보면 다음과 같다.

첫째, 발달은 총체적으로 이루어진다.

아동의 발달은 신체·인지·정서·사회성 발달이 각기 분리되어 이루어지는 것이 아니라 서로 연결되어 총체적으로 진행된다. 아동은 전인적으로 성장하기 때문이다. 예를 들어 아동의 신체발달은 정서발달이나 사회성 발달과 밀접하게 연관이 되어 체격이 왜소한 아동은 친구 관계가 원만하지 못할 수도 있으며 그 결과로 자신감, 자아존중감이 손상될 수도 있다.

둘째, 발달은 일정한 순서에 따라 이루어진다.

발달은 일정한 순서로 진행되어 신체·운동 발달의 경우, 머리 부분에서 하체 부분으로, 중심 부분에서 외곽 부분으로, 그리고 전체 운동에서 특수 운동으로 발달한다.

그 밖에 언어발달은 생후 3개월에 옹알이를 시작한 후 한 단어, 두 단어, 세 단어를 말하는 등 일정한 순서로 발달한다. 피아제(Piaget)에 의하면 인지발달도 감각운동기, 전조작기, 구체적 조작기, 형식적 조작기의 순서로 발달한다.

셋째, 발달은 계속적으로 이루어지나 그 속도는 일정하지 않다.

인간은 수정되면서부터 죽을 때까지 계속적으로 변화, 발달하는데 발달 속도는 일정하지 않다. 예를 들어, 신장은 출생 후 1년간 급격히 발달하지만 아동기에는 발달 속도가 다소 느려지고 청년기에는 다시 급속한 발달을 이룬다. 이와 같이 신장은 생후 1년간에 가장 급속한 발달을 이루지만 상상력은 4~5세에, 추리력은 청년기에 급격히 성장하는 등 특정 영역의 발날 속도가 다르다.

넷째, 발달에는 개인차가 있다.

인간의 발달 순서는 일정하지만 각 개인의 발달 특성과 발달 속도는 다르다. 즉 각 개인에 따라 창의성이 발달된 아동, 언어발달이 돋보이는 아동, 운동능력이 발달한 아동, 사교성이 잘 발달된 아동 등 개인차가 크다. 또한 발달 속도에 있어서도 개인차를 보여서 발달이 빠르게 진행되는 아동, 느리게 발달되는 아동이 있고 초기에 빠른 발달을 보이는 아동이 있는가 하면 후반기에 성장 속도가 가속화되는 아동도 있다.

다섯째, 발달에는 누적성의 원리가 적용된다.

아동기 발달은 기존의 발달을 근거로 이루어져서 초기 발달은 후기 발달에 영향을 준다. 발달의 과거, 현재, 미래가 서로 연결되어 있는 것이다. 아동의 독립심은 신뢰감이 형성된 후에 발달 가능하며, 그림 그리기는 긁적거리기를 한 후에 가능하고, 말하기는 옹알이를 한 후에 할 수 있다. 따라서 아동기에 결핍된 경험은 이후의 발달에 막대한 지장을 준다.

여섯째, 발달에는 결정적 시기(critical period)가 있다.

아동기를 통해 어느 시기에나 발달이 이루어지는 것은 아니다. 가장 최적의 발달을 이룰 수 있는 결정적 시기가 있다. 동물 생태학자 로렌츠(Lorenz)는 발달의 결정적 시기를 각인(imprinting) 현상을 통해 최초로 증명하였다. 즉, 로렌츠의 관찰 결과에 의하면 갓 부화된 새끼 오리는 13시간 이내에 처음 본 물체를 따라다니는 반응을 보였으며, 이 특정 시간이 지나서는 어떤 대상에 대해서도 각인 현상을 보이지 않았다.

이러한 결정적 시기는 아동의 발달에도 적용된다. 예컨대 대인관계 발달에 필수적인 신뢰감 형성은 생후 1년간 어머니와의 친밀한 관계를 통해 이루어지는데 이 시기에 신뢰감이 적절히 형성되지 않으면 사회 전반에 대한 불신감을 갖게 되는 등의 심각한 결손을 가져오게 된다.

2. 아동발달에 대한 이론적 접근

1) 성숙주의적 접근

성숙주의이론은 심리학적으로 홀(Hall)과 게젤(Gesell)의 이론에 근거를 두고 인간발달은 예정된 패턴대로 전개된다는 입장이다. 게젤은 인간의 성장과 발달은 생득적인 요인에 의해 좌우된다는 결정론적 입장을 취하고 있다. 성숙주의이론에서는 각 연령별 행동규준을 만들어 놓고 이 규준에 맞추어서 아동을 평가한다. 사회화 과정을 자녀의 양육 실제와 관련지어 미리 만들어 놓은 연령에 따른 사회적으로 중요한 행동의 규준을 부모에게 알려주고 양육의 방법을 자문해 주는 것을 주된 임무로 삼는다(김영옥, 2015).

아동의 행동발달은 각 발달단계를 거쳐 가는 동안 항상 미성숙하고 바람직하지 않은 것을 보다 성숙하고 바람직한 것으로 바꾸어 나간다. 이러한 미성숙한 반응과 성숙한 반응의 상태는 행동의 불균형과 균형의 상태로 설명된다. 게젤의 이론에 따르면 아동의 행동발달에서 바람직하지 않은 단계는 계통발생적 유전으로 인해 불가피한 것이다. 따라서 부모가 간섭하지 않고 자발적으로 그들이 자연스럽게 각 발달단계를 지나가게 허용하는 것이 최상의 길이라고 주장한다. 그러므로 부모는 허용과 인내를, 아동은 자아통제와 자기훈육을 하면 불균형의 상태에서 균형의 상태로 행동을 수정할 수 있게 된다는 것이다.

2) 정신분석학적 접근

정신분석이론은 주로 고착, 퇴행, 금지 등의 측면에서 설명하고 있다. 이러한 전제하에 인간의 발달에 대해 심리성적 발달단계를 가정하고 부모의 자녀양육방법에 따른 성격 형성의 차이에 대해 언급하고 있다. 또한 동일시 과정을 통해 아동이 일반적으로 가치 있게 생각하는 도덕성을 내면화하게 되고 타인의 행동을 모방함으로써 사회화를 이루어 나가는 것으로 보고 있다.

정신분석이론은 두 가지 기본 가정을 제시하였는데, 인간은 자아만족과 쾌락을 추구하고 선천적 본능과 에너지를 갖고 있다는 점과 발달은 단계에 따라 이루어진다고 보는 점이다. 성격이 일련의 단계를 거치면서 발달되는 것으로 보기 때문에 성격특성에 있어 초기 경험의 중요성을 강조하고 그 중에서도 아동기는 성숙된 성격형성의 토대가 되는 결정적 시기로 보고 있다. 이러한 성격은 원초아, 자아, 초자아라는 체계로 구성되어 개인의 행동이 이 세 체계 간의 상호작용을 통해 나타난다고 하였다. 특히 초자아의 발달 및 동일시 기제의 발달은 아동이 도덕성을 발달시키고 타인의 가치관이나 태도를 내면화하게 되는, 즉 아동의 사회화를 이해하는 데 필수적인 개념이라고 할 수 있다. 그러나 자아가 약해서 체계 간의 조절기능을 충분히 수행하지 못하는 경우에는 성격의 장애가 유발되기도 한다.

프로이트는 인간 행동에서 본능의 역할을 강조하고 있는데 성적 본능의 에너지를 리비도라 하였고 이것이 집중적으로 모이는 신체 부위를 성감대라고 하였다. 이러한 리비도의 집중 부위에 따라 발달단계를 다섯 가지로 구분하였고, 각 단계마다 아동이 추구하는 만족을 충분히 얻어야 다음 단계로의 이행이 순조롭게 진행된다고 하였다. 만일 과소충족이나 과잉충족이 이루어지면 다음 단계로의 이행을 저해하는 고착행동이 나타나며, 그 결과 각 단계마다 특징적인 성격 유형이 형성된다는 것이다(서봉연, 이순형, 1989).

프로이트의 심리성적 발달이론을 더욱 확대시켜 성인기 이후의 단계를 새로이 추가하여 발달의 전 생애를 포괄하고 있는 것이 에릭슨의 이론이다. 그는 인간의 발달이 일련의 공통적인 단계를 따라 이루어진다고 보고 점성적 원리에 의해 지배되는 여덟 단계의 발달단계마다 겪게 되는 심리사회적인 위기를 개인이 타인과의 관계 속에서 어떻게 해결해 나가느냐에 따라 성격이 결정된다고 보았다. 다시 말해 각 발달단계를 통한 단계마다의 문제해결의 성공과 실패의 결과가 개인이 습득하는 기본적인 가치, 태도를 이루는 데 기본적인 근거가 된다는 것이다. 에릭슨은 인간의 각 발달단계에 사회화 요인들이 미치는 영향을 이해하고자 하였으며 각 단계에서 잘 적응하고 위기를 적절하게 해결해야 한다고 하였다.

3) 행동주의적 접근

행동주의이론에서는 인간의 행동이 다른 사람들의 행동을 관찰하고 이를 모방함으로써 새로 학습될 수 있다고 설명한다. 유기체의 학습은 직접적인 행동이나 경험뿐만 아니라 관찰이나 모방을 통한 간접적인 경험 속에서 일어나는 인지과정을 통해서도 일어난다는 것을 강조하고 있다. 즉, 직접적인 경험과 함께 기대요인도 학습에 매우 중요한 요소가 된다. 즉, 사회적 상황에서 아동은 다른 사람의 행동을 단순히 모방하고 관찰하는 것만으로도 그러한 행동을 학습할 수 있다는 것이다. 이러한 학습은 관찰자와 모델이 있고 일상적인 사회적 상황에서 이루어지며 사회적 상호작용을 포함하고 있기 때문에 이를 사회적 학습이라고 한다. 즉, 인간의 학습은 어떤 의미에서 대부분 사회적 과정을 포함하고 있으므로 사회적 학습이라고 할 수 있다.

사회학습이론은 기본적으로는 행동주의이론에 토대를 두고 있으나 감정, 영상, 기대, 무의식 같은 직접적으로 관찰할 수 없는 개념들을 사회학습 이론가들이 연구하면서부터 행동주의에서 분리되기 시작하였다. 그 후 최근의 사회학습이론은 행동주의적 관점에 정보처리과정에 대한 설명이 결합된 것으로서 강화이론과 정보처리이론이 종합되어 있다고 볼 수 있다.

최근에 와서 사회학습이론은 사람들이 어떻게 그들의 지식과 기술을 행동으로 전환시키는가의 문제에 관심을 갖게 되었는데, 여기에서 반두라(Bandura)는 자기효율성 개념을 중요시하고 있다. 즉, 어떤 행동을 성공적으로 수행할 수 있다는 확신을 스스로 가지고 있을 때 개인의 수행능력이 증가된다는 것이다. 아동의 모델 대상은 부모가 될 수도 있고 형제자매, 또래 혹은 TV 주인공이나 운동선수 등이 될 수 있는데 반두라는 모범을 촉진하는 모델의 특성으로 사회적 힘 등이 중요한 역할을 한다고 설명한다. 그의 주요 관심은 사회가 그 구성원들을 사회적으로 용인되는 방식으로 행동하도록 유도하는 사회화 과정에 있다. 그러한 접근의 일환으로서 네 가지 구체적인 행동특성, 즉 공격성, 성역할, 자기강화 그리고 친사회적 행동의 사회화에 대한 실증적 연구를 통해 사회화 과정에서 모델의 중요성을 거듭 강조하고 있다.

4) 인지주의적 접근

인지발달이론은 아동의 사고능력에 초점을 두는 이론으로 지적 성장은 유기체와 환경의 끊임없는 상호작용의 결과라고 본다. 즉, 유기체의 지적 활동이나 신체적인 활동은 환경에 적응하고 경험을 조직하는 적응의 활동인 동시에 조직화된 활동이라고 한다. 사회화 과정에서 중요한 요인은 바로 경험을 소화하는 인지구조이기 때문에 사회화 과정을 이해하기 위해서는 아동의 인지, 사고 등의 내재적 변화를 이해해야 한다는 것을 강조한다.

피아제의 관심은 주로 지능발달에 있으며, 지능을 기능적 측면과 구조적 측면으로 나누어 설명하고 있다. 기능적 측면에서의 인지발달이란 유기체가 환경과의 상호작용에서 이루어가는 순응과정으로서, 동화와 조절의 교호적인 과정으로 이루어지는데 실제 상황에서는 분리하기 어려운 하나의 전체 과정 속에 내포되어 있는 것이다. 구조적인 측면에서의 인지발달은 유기체가 환경과의 접촉에서 반복되는 행동과 경험에서 형성되는 것으로 점차 분화되고 통합되어 수많은 도식과 복합적인 고차원의 도식이 획득된다. 이와 같은 도식이나 구조는 나이가 들어감에 따라 질적인 변화가 나타나는데 피아제는 아동이 보이는 인지구조의 질적 차이에 따라 발달단계를 나눈다.

피아제는 인지발달의 요인으로 성숙, 경험, 사회적 전달, 평형화 과정의 네 가지를 들고 있다. 아동이 성숙함에 따라 인지발달을 이루는 사고조직이 점점 기민하고 능동적이 되며, 경험에는 사물을 움직여 그 반응이나 변화를 관찰함으로써 얻게 되는 물리적 지식과 사물들 사이에서 논리적 관계를 구성하는 논리·수학적 지식이 포함된다. 사회적 전달은 다른 아동에게서 학습했거나 부모와 교사 또는 책에 의해 전달된 정보나 규범을 말한다. 위 세 가지 요소를 통합하고 규제하며 발전적 평형 상태를 유지하는 것이 평형화 과정이며, 주위 사물의 새롭고 상이한 특징에 대해 계속 확대, 발전되어 간다.

피아제의 각 발달단계에서 보이는 인지구조는 그 단계에 고유한 것으로 보고 이는 점진적으로 얻어진다기보다 특정한 단계에 이르러서 비로소 획득된다고 주장한다. 또한 각 단계를 지나는 시기에는 개인차가 있을 수 있으나 그 순서는 불변적이며 환경이나 유전의 영향과 관계없이 모든 문화권에서 보편적이라고 주장한다.

3. 아동의 사회화와 환경

1) 사회화의 이론

사회화는 일생 동안 진행되는 과정이다(Goslin, 1969; Mead, 1976). 사회학적인 관점에서 유능한 사회의 성원, 사회적 역할의 수행, 사회적 존재, 그리고 사회적 참여 등과 관련시켜 사회화의 개념을 규정하는 경향이 있다. 사회학적인 정의를 소개하면 "인간들이 일정한 사회 안에서 유능한 여러 집단의 성원이 될 수 있도록 하는 지식, 기능, 그리고 성질을 획득하는 과정"으로 본다.

교육사회학적인 관점에서의 사회화란 "일정한 사회가 이상적이라고 생각하는 인간상의 형성을 위해서 그 사회에서의 지배적인 규범, 가치, 그리고 행동양식 등을 미숙한 세대에게 학습시키고 그들이 장차 사회집단 생활에의 참여와 맡게 될 역할의 수행을 적절하게 할 수 있도록 인도하는 과정"이다.

즉 사회화란 "어떤 사람이 주어진 사회나 사회적 집단의 관행을 배움으로써 그 속에서 살 수 있게 되는 과정"을 의미한다.

사회화에 대한 이론은 정신분석이론, 성숙주의이론, 사회학습이론, 인지발달이론 등 다양하게 설명되고 있다.

(1) 정신분석이론

① 성격형성의 기초

프로이트(Freud)의 정신분석학적 입장에서는 인간의 성격형성의 기초가 만 5세 이전에 확립된다고 하였다. 이들에 따르면 초등학교 이전의 경험, 특히 이유식, 대소변 훈련, 부모의 양육 태도에 따른 경험은 그 아동의 성격형성에 결정적인 영향을 미칠 수 있다고 한다. 이 같은 경험과 관련하여 부모가 애정을 가지고 일관성 있게 수용적으로 대처하면 아동은 원만한 성격을 형성할 수 있지만, 반대로 부모가 강압적이고 아동의 요구에 무관심하면 아동은 강박적이고 공격적인 성격을 가질 수 있다는 것이다(김용숙, 2005).

정신분석학적 입장은 아동교육의 중요성 외에 아동을 위한 교육의 방향을 결정하는 데도 상당한 시사를 주었다. 즉, 아동을 위한 교육에서 어려움을 완화시켜 주고 해소시켜 주는 일이 수반되어야 한다는 점이다. 그 후 아동교육 과정에 아동의 자발적인 표현활동과 놀이를 중요한 교육활동으로 포함시킴으로써 아동이 자신의 내적 감정을 자연스럽게 밖으로 드러내어 정화할 수 있는 통로를 마련해 주어 왔다. 이러한 활동으로는 그림 그리기, 만들기, 점토나 적목 등으로 구성하기, 모래놀이, 물놀이, 음률활동 등이 있다.

② 성격이론과 아동발달

아동의 생활을 살펴볼 때 가끔은 아동도 다른 모든 동물 유기체와 마찬가지로 위협적인 환경 속에 있다는 것을 기억하는 것이 도움이 된다. 생존은 이러한 환경에 있는 아동들에게는 기본적인 것이며, 자신을 유지하거나 생존하기 위한 아동의 욕구는 신체적 행동을 학습하고 심리적 성장을 형성시키는 데 가장 우세한 힘이 된다(이재연 외, 1990). 이에 의하면 사실, 아동의 정체감 혹은 '자아(self)'의 발달은 생존 과정에서 가장 중요한 위치를 차지한다. 아동의 이해와 아동발달에 크게 공헌한 세 명의 이론가로 프로이트(Freud), 에릭슨(Erikson), 매슬로우(Maslow)를 들 수 있다.

프로이트 학파의 이론가들도 사회학습이론가들처럼 인간이 어떻게 부모나 다른 모델들의 특성을 모방하는가에 관심을 두었다.

프로이트 학파는 다른 사람들의 행동을 '모방(imitation)'하는 것과 다른 사람의 속성을 자기의 것으로 통합하는 '동일시(identification)'의 개념으로 사회화를 설명하고 있다.

프로이트는 성격의 발달적인 면과 전체적인 인간발달에서 아동 초기의 역할을 강조한 최초의 이론가였다. 간략하게 소개하자면, 프로이트는 성격이 원초아(id), 자아(ego), 초자아(super ego)로 이루어졌다고 가정하였다. 프로이트에 의하면 원초아(id)는 태어날 때 물려받은 모든 심리적인 것을 포함하고 있다. 또한 그것은 생활에 대한 아동의 충동이나 열망에 영향을 미친다. 즉, 긴장의 해소를 통하여 기본적인 욕구를 만족시킴으로써 생존하기 위하여 행동하도록 아동에게 동기를 불러일으켜 준다. 원초아(id)는 '쾌락원칙(pleasure principle)'을 취하는데, 즉 개인의 욕구를 '만족시키기(please)' 위해서 작용한다. 자아(ego)는 쾌락을 추구하는 원초아와 도덕적인 초자아 사이의 균형을 유지시키려고 애쓰는 객관적이고 현실적인 사고의 의사결정자로 알려졌다. 초자아(super ego)는 원초아의 충동적인 행동을 억제하며, 자아(ego)가 좀 더 도덕적인 행동을 하도록 자아를 설득한다.

프로이트가 제시한 성격의 세 부분은 만 5세 정도에 완성되고, 이들은 끊임없이 계속 상호작용하며, 실제적으로 행동의 '점검과 균형(checks and balances)' 체제를 제공해 준다고 가정하였다. 또한 프로이트는 이 세 가지 성격 부분들이 생리적 성장과정, 좌절, 갈등 그리고 위협의 환경에서 오는 네 가지 구별되는 긴장요인에 반응하여 영향받는 것으로 설명하였다. 예를 들어, 출생 후 몇 달 동안 모유를 먹은 아기들은 이유를 할 때 긴장하게 되며, 만일 엄마 젖이 성장에 따라 증가하고 있는 영양상의 욕구를 만족시킬 만큼 충분하게 분비되지 않는다면 영아들은 좌절을 맛보게 된다. 프로이트는 만 5세까지 아동은 가능한 모든 형태의 갈등을 경험한다고 믿었으나, 아동이 나이가 들면 들수록 부딪치게 될 긴장의 근원은 점점 더 많아지게 된다. 물론 이 상황들에서 아동은 생의 초기부터 그것들에 대처해 나가는 것을 배우기 시작한다. 프로이트는 이러한 대처 전략을 방어기제라 불렀다(이재연 외, 1990).

• **고착(fixation)**

지나친 불안으로 어느 발달단계에서 다음 단계로 이동하지 못한 아동들은 고착하게 된다. 예를 들어, 엄마나 교사에게 지나치게 매달리며, 일을 수행함에 있어 끊임없는 안도감을 요구하는 아동은 의존적 수준에 고착되어 있어서 독립적인 행동을 학습하지 못하게 된다.

• **퇴행(regression)**

충격적인 경험을 한 아동은 이전의 초기 발달단계로 되돌아간다. 예를 들어, 동생이 생겼을 때 학령기 아동은 엄지손가락을 빨고, 잠자리에 오줌을 싸거나 다른 아동기적 행동을 보일 수도 있다.

다른 방어기제로는 동일시(identification), 전위(displacement), 억압(repression), 투사(projection), 반동형성(reaction formation), 그리고 승화(sublimation)가 있다.

프로이트처럼 에릭슨도 정신분석이론의 영향을 받았다. 이 훈련은 전 생애에 걸쳐 8단계로 나타나 있다. 〈표 3-1〉에서 보듯이 처음 4단계는 프로이트의 발달단계 시기와 대략 일치한다.

표 3-1 에릭슨의 여덟 가지 심리사회적 발달단계

해당 연령	심리사회적 위기	특성	중요 사회적 대상	프로이트의 단계
출생~1세	기본 신뢰 대 불신	어머니(또는 돌보는 사람)에 대한 신뢰를 배운다. 어머니가 영아를 돌보는 데 거부적이거나 일관성이 부족하면 영아는 세상과 사람에 대해 불신하기 쉽다.	어머니 또는 돌보는 사람	구강기
1~3세	자율성 대 수치와 회의	유아는 스스로 먹고 배설하며 옷을 입는 등의 행동을 통해 자율성을 학습한다. 이러한 자율적 반응행동에 실패할 때 유아는 자기 능력을 의심하며 수치스럽게 여긴다.	부모	항문기
3~6세	주도성 대 죄책감	유아는 계획을 세우고 목표를 설정하며 그것을 달성하고자 노력하는 주도성을 가진다. 주도적 행동이 부모나 가족 중 다른 성원의 것과 상충될 때 죄책감을 느끼며 둘 간의 균형을 이루려고 노력한다.	가족, 특히 부모	남근기

해당 연령	심리사회적 위기	특성	중요 사회적 대상	프로이트의 단계
6~12세	근면성 대 열등감	초등학교 생활을 통해 아동은 주요한 사회적·지적·신체적 기술을 익힌다. 자기와 또래 아동을 비교한다. 충분히 근면하다면 자신감을 갖게 되지만 그렇지 못할 때는 열등감을 갖는다.	교사와 또래 아동	잠복기
12~20세	정체감 대 역할혼미	아동기와 성인기 사이의 교차점이다. 청소년은 "나는 누구인가"를 알아내려 골몰하여 기본적인 사회적·작업적 정체감을 형성한다. 그렇지 못할 때는 역할혼미를 느껴 생의 후기를 부정하거나 영웅에 대해 무조건적 동일시나 충성을 한다.	또래 친구	초기 성기기
20~24세	친밀감 대 고립감	친밀한 우정·동료애·사랑을 형성한다. 그렇지 못할 때는 고독감·고립감을 느낀다.	애인, 배우자, 친한 친구	성기기
40~65세 (성인기)	생산성 대 침체감	성인은 자신의 일에서 생산적이며 자녀를 양육하거나 후세대인 젊은이들을 돌본다. 생산성의 기준은 문화에 의해 규정된다. 이러한 일을 하지 못할 때 침체되거나 자기중심적으로 되며 타인에 대한 관대함도 결여된다.	배우자, 자녀	성기기
노년기	자아통합 대 절망	지나온 생을 회고하여 의미 깊고 성공적이며 행복한 경험이었다고 인식되면 자아통합감을 얻는다. 지나온 삶이 무의미했다고 느끼면 절망감을 느끼게 된다. 가장 중요한 것은 일생 동안의 사회적 경험이다.		성기기

출처: 전예화(2003). 아동사회교육.

에릭슨은 각 발달단계마다 '심리사회적 위기(psychosocial crisis)'를 제시하여 이론화하였는데, 이것은 아동이 좀 더 높은 수준의 위기를 맞기 이전에 해결되어야 한다고 하였다. 만약 위기가 충분히 해결되지 않는다면, 아동은 그 단계에서 그리고 그 다음 단계에서도 그 위기를 해결하도록 강요받게 된다.

매슬로우(1968)는 '자아실현(self-actualization)'을 향한 인간 노력의 관점에서 생존을 논의하였다. 매슬로우는 낮은 서열의 욕구가 높은 서열의 욕구보다 더 우세한 욕구의 위계를 설명하였다. 큰 힘을 가진 낮은 서열의 욕구가 일단 충분히 만족된 다음 아동은 위계 내의 더 높은 서열의 욕구를 만족시키기 위해 위로 나아갈 수 있다. 〈그림 3-1〉은 욕구 체계의 위계를 도식적인 표로 나타낸 것이다.

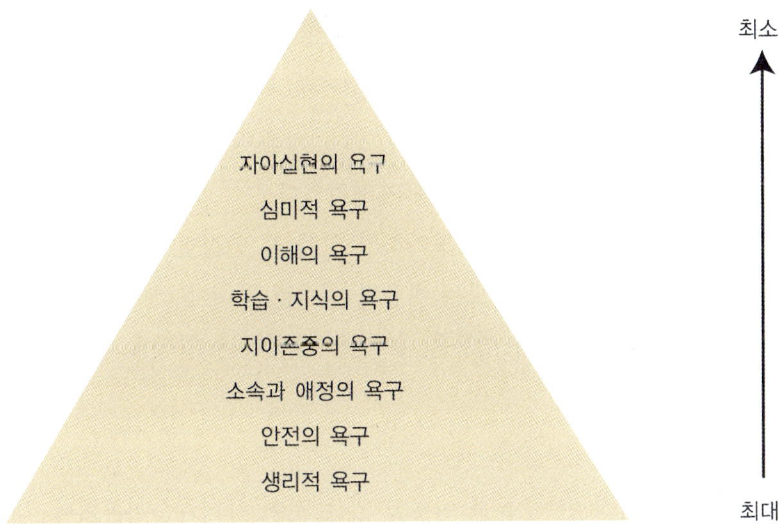

그림 3-1 매슬로우의 욕구위계

첫 번째 수준인 가장 우세한 욕구는 배고픔, 갈증, 그리고 사춘기에 이른 청소년에 있어서의 성욕과 같은 생리적 욕구(physiological needs)이다. 제대로 먹지 못한 아동은 기대한 수준의 정보를 받아들이지 못하며, 각 학년에서 기대하는 성취기준을 유지할 수 없다는 것은 널리 알려진 일이다.

두 번째 수준인 안전의 욕구는 가정에서 적절하게 보호받고, 환경 내에서 안전함을 느끼는 것을 포함한다. 쥐나 도둑과 같은 신체적인 위험 때문에 밤에 잠을 못 자는 아동 혹은 다른 아동이나 부모의 학대로 해를 입는 아동의 경우가 종종 있다. 일단 아동의 생리적 욕구와 안전의 욕구가 충분히 만족되면 그 다음에는 소속과 애정의 욕구가 대단히 우세해진다. 이처럼 매슬로우는 인간이 성장과 자아실현을 추구하려는 강한 동기를 갖고 있다고 주장하였다. 이 동기의 방향은 궁극적으로 자아실현의 추구이다(김태련, 김유진, 1983).

(2) 성숙주의이론

성숙주의이론의 대표적인 학자는 루소(Rousseau)이다. 성숙주의에서 인간의 발달은 철학적으로 계열적 발달단계에 따라 이루어진다고 하였다. 심리학적으로 인간발달이 예정된 패턴대로 전개되어 나간다는 다윈(Darwin), 홀(Hall), 게젤(Gesell)의 이론에 근거하고 있다(이은화, 김영옥, 1993). 그중 게젤은 인간의 성장과 모든 발달은 전적으로 생득적 요인에 의한다는 결정론을 주장한 바 있다. 게젤은 소아과 의사로서 아동의 성장주기를 연구하였으며 표준행동목록을 제시하였다.

성숙주의이론은 아동의 사회화를 평가하기 위해 각 연령별 행동의 규준을 정하여 평가의 준거로 적용하고 있다. 부모는 허용과 인내를 하여야 하며 아동의 경우는 자아통제와 자기훈육을 함으로써 행동을 수정할 수 있다는 입장을 주장한다.

(3) 사회학습이론

사회화 연구에서 가장 큰 주류를 이루고 있는 것이 사회학습이론이다. 적절한 자극 또는 강화를 통해 인간의 행동을 변화시킬 수 있다고 보고 있다. 모델링, 모방, 간접강화, 관찰학습 등이 주된 사회화의 방법이다. 특히 반두라(Bandura)는 그의 관찰학습이론을 통해 인간의 행동은 자기가 직접강화를 받지 않더라도 다른 사람의 행동을 관찰함으로써 보다 빨리 배울 수 있다고 주장하였다. 예를 들어, 학급현장에서 다른 친구의 어떤 행동에 대해 교사가 칭찬하는 것을 관찰한 아동이 그 행동을 배우게 되는 경우, 그 외에도 다른 사람의 말을 들음으로써 또는 글을 읽음으로써 얼마든지 강화받을 수 있다고 본다(조순옥 외, 2010).

사회화 과정에 대한 반두라의 연구는 '공격성'과 '성역할', '자기강화', '친사회적 행동'의 개념으로 설명하고 있다.

① 공격성

공격성은 조작적 조건형성에 의해 형성된다. 예컨대, 텔레비전 프로그램을 보면서 싸움을 하거나 사회적으로 부적절한 공격성을 보이는 장면에서 부모가 의식적 혹은 무의식적으로 반응하는 것에 강화를 받을 수 있다.

② 성역할

아동들은 관찰을 통해 남성성과 여성성의 두 가지 역할에 대해 학습한다. 그러나 자신의 성에 적합한 행동만을 수행하게 되는데 그것은 그렇게 강화를 받아 왔기 때문이다.

③ 자기강화

사회화의 과정 중에서 외적인 보상이나 벌에 의한 것이 아니라 자신의 내적인 규준에 의해 스스로에게 보상과 벌을 주는 경우를 의미한다.

④ 친사회적 행동

다른 사람의 친사회적 행동을 보고 친사회적인 행동을 배우게 되는 것을 의미한다.

예를 들면, 친구가 자리 양보하는 것을 보고 동생에게 자기 자리를 양보하는 행동이 나타나는 경우를 말한다. 즉, 돕기(helping), 나누기(sharing), 협동(cooperating), 동정(sympathizing), 관용(generosity), 위로(comforting), 격려(encouraging), 기부(giving) 등의 대인관계에서 남을 이롭게 하는 행동들로 범주화된다.

(4) 인지발달이론

칸트(Kant), 듀이(Dewey), 헌트(Hunt), 블룸(Bloom), 피아제(Piaget), 비고스키(Vygotsky)에 의해 전개된 이론으로 유전적인 것과 환경적인 요소들 사이에 상호작용 결과로 본다. 이들은 모두 구성주의자로 불린다. 즉 지식은 동화(assimilation)와 조절(accommodation)의 반복적이고 연속적인 과정의 결과로 획득된다는 입장을 지지하는 학자들을 구성주의자라고 부르고 있다(장혜순, 2006).

① 구성주의

구성주의의 관심은 지식의 본질이 무엇이며 우리가 어떻게 그 지식을 알게 되는가에 있다. 구성주의는 다양한 해석을 허용할 만큼 폭넓으나 우리의 행위를 인도할 수 있으며 복잡하고 추상적인 현상을 설명할 수 있는 어떤 관점을 허용하는, 충분하게 정의된, 세상을 바라보는 한 방식이다.

구성주의는 지식을 인지하는 주체가 자신의 경험의 장에 근거하여 해석하고 의미를 부여하는, 즉 구성하는 것으로 본다. 따라서 지식은 매우 다양하며 복잡하고, 그러한 지식에는 다양한 가치관이 존재할 수 있다. 구성주의는 개개인의 학습자가 세상을 조망하는 시간이 다양하다는 전제에서 출발한다.

지식이 구성된다고 전제할 경우 지식 구성의 주요 요인이 어디에 있느냐에 따라 그 의미가 구별된다. 즉 개인의 인지적 작용에 두느냐 혹은 사회적 상호작용에 두느냐에 따라 '인지적 구성주의'와 '사회적 구성주의'로 구분할 수 있다.

인지적 구성주의는 피아제의 인지적 발달이론에 근거하여 지식 구성의 주요 요인을 개개인의 내면적 인지작용으로 보고 있으며, 반면에 사회적 구성주의는 비고스키의 사회적 인지발달이론에 근거하여 지식 구성의 주요 요인은 인지적 작용과 사회적 관계의 역동적이고 밀접한 상호작용으로 본다(장혜순, 2006).

② 구성주의 관점에서 본 아동교육 프로그램

구성주의자들은 인간의 성장·발달에서 유전적인 면과 환경적인 면을 동시에 강조하고 개별적인 행동이 주변 환경과의 능동적인 상호작용을 통해 내적인 인지구조에 양적·질적 변화가 이루어져 전인적이고 통합적인 발달을 이루어간다고 주장한다.

이기숙(2002)은 구성주의자들이 선호하는 아동교육 프로그램의 조건을 다음과 같이 제시하고 있다.

첫째, 아동들은 단순히 학문적인 것만이 아닌 다양한 종류의 경험을 할 수 있어야 한다. 아동에게는 추상적인 사고과정의 기초가 되는 구체적인 자료와 직접적인 활동을 할 수 있는 경험을 주어야 한다.

둘째, 아동이 어떤 과제를 독자적으로 계획하고 수행할 수 있도록 충분한 시간과 자유선택활동 시간이 제공되어야 한다.

셋째, 자신의 관점을 합리화시키거나 수정할 수 있도록 다양한 또래집단에서 사회적 상호작용이 이루어져야 한다.

넷째, 교사의 역할은 단순히 학습 환경을 제공하는 것에 그칠 것이 아니라 활동에 따라서 개별적 또는 소그룹의 집단구성도 할 수 있어야 한다. 그러나 장시간 교사 주도 활동만을 해서는 안 된다.

다섯째, 교사는 아동에게 회상, 종합, 평가, 시범, 실험 등을 해볼 수 있게 해야 한다.

여섯째, 물리적·사회적 세계를 보다 잘 개념화하는 것에 계속 초점을 두어야 한다.

구성주의 접근법에 의한 프로그램은 아동의 주체적 활동을 강조하기 때문에 교사가 준비하는 교육과정 지원이 아동의 호기심을 자극하여 능동적으로 활동할 수 있게 해주는 환경의 조성이다(김용숙, 2005).

2) 발달과 환경

오늘날의 발달심리학은 '발달'을 어느 면에서는 진보되고 있는 면도 있고 지체되고 있는 양상으로 보이기도 하며, 아동에 따라서 발달의 경로가 다른 것, 개성으로서의 개인차가 있는 것으로 보고 있다. 이러한 '발달'을 가정이나 교실에서 대인관계나 물체나 도구나 사회의 문맥 등과의 관계 속에서 어떻게 이해할 것인가 하는 것이 발달심리학과 교육실천을 연결짓는 과제이다. 일반적인 '발달단계'에 맞추어서 생각하는 것만이 아니고 현실의 교육 속에서 눈앞에 있는 아동 자신이 변해 가는 과정을 이해하는 것이 필요한 일이다.

인간의 발달과 학습에서의 환경에 관해서 이전에는 자극-반응(S-R) 모형과 상호작용 모형의 두 가지 모형으로 대부분 생각해 왔다. 그중 자극-반응 모형은 행동주의 심리학의 입장에서 환경이 아동에게 자극을 주어 이것에 대한 반응이 아동의 학습을 촉진시키는 요소라고 생각해 왔다.

근래에는 아동의 발달에 관계하는 환경은 구성주의의 학습이론에 따른 상호작용 모형으로 받아들이고 있다. 상호작용 모형에서는 아동이 환경에 수동적·기계적으로 반응할 뿐만 아니라 환경에 주체적으로 관계하여 대상의 의미를 만들어 내는 존재로서 이해되고 있다. 이 경우의 환경은 아동이 무엇인가를 발견해서 과제를 찾아낼 가능성을 포함하고 있어서 그들이 신체나 도구의 활용이나 친구와의 협동을 통해서 과제의 해결에 도전하는 장으로서 이해되는 것이다. 상호작용 모형의 입장에서 환경을 생각하면, 아이들이 과제를 해결하기 위해 사고와 행위를 전개해 가면서 친구나 교육자와 환경을 바꾸어 가기 시작하는 것이다. 다시 말하면 아동이 곤란이나 갈등을 해결하려고 눈에 익은 물건이나 도구, 기술, 사고를 결부시켜, 대상의 새로운 기능이나 의미를 낳으려고 하는 것이다. 이 과정에서 환경은 물체나 사람의 배치, 공간의 구조, 시간의 조직 등에 관해서 아이들이나 교육자에 의해서 자유롭고 유연하게 다시 만들어지게 된다(김용숙, 2005).

(1) 유아교육기관에서 아동발달의 모습

유아교육기관에 온 아동들은 신체가 현저하게 발육해서 운동기능이 급속히 발달하거나 스스로 하고 싶은 의식을 강하게 갖는 반면 어른에게 아직도 의존하고 싶은 마음도 강하고 주위 사람의 말이나 태도를 모방하거나 구체적인 경험을 바탕으로 상상을 펴서 사물을 받아들인다. 아동이 물체, 사람, 사상(事象)과 어떻게 관계를 맺어 가는가 하는 여러 가지 모습을 발달의 측면으로서 본다면 아동들의 개성이나 특징, 가정이나 교육기관, 지역의 실정, 입학시기, 재학기간 등의 차이에서 어떤 아동에게도 동일한 발달의 모습이 나타난다고 볼 수 없다. 다음은 실제 유아교육기관에서 아동들의 모습을 몇 가지 예를 들어 설명한다.

첫째, 자기의 놀이나 교육자와의 관계를 통해서 친근감을 갖는 모습

새로운 생활이나 생소한 것들에 대한 긴장과 불안에서 교육자와 함께 있으려고 한다. 가정에서 정들인 장난감이나 도구로 놀거나, 몸을 움직여 고정 놀이시설이나 공을 사용하는 놀이를 좋아한다.

둘째, 물체나 사람에게 관심을 보이며, 생활방식이나 결정을 알고 놀이를 넓혀 가는 모습

새로운 소재나 놀이에 흥미를 가지며, 다른 아동에 대한 관심도 강해져서 놀이 가

운데 대화도 많이 한다. 교사의 말, 행동에도 민감해서 기관 생활의 방식도 이해하면서 주변의 일은 스스로 하려고 한다.

셋째, 친구와 상상(image)을 서로 전하며 함께 생활하는 즐거움을 아는 모습

언제나 한편이 되는 규칙이 있는 놀이에도 참가하게 되는데, 각각의 자기 주장도 강하게 나타난다. 지적 호기심이 높아져서 주변에도 흥미를 가지고 관계를 맺는다.

넷째, 또래관계를 심화시키면서 자기의 힘을 발휘하는 모습

또래들과 의논해서 자기들끼리 놀이를 전개하거나 집단(group)게임을 좋아하기도 한다. 놀이를 경험하면서 내용을 풍부히 하고 상상을 발휘해서 여러 가지 표현활동을 즐긴다.

다섯째, 아동들끼리 목적을 가지고 기관 생활을 심화시키는 모습

통찰을 가지고 활동을 전개하고 목적을 가지고 친구와 협력해서 활동해 간다. 신변의 일에도 관심을 가지고 그것을 놀이에 끼워 넣거나 도구나 놀이기구를 활동에 따라서 짜 맞추어서 사용하려고 한다. 필요에 따라 교사의 지시에 따르는 집단행동을 하게 된다(김용숙, 2005).

(2) 아동 환경에 관한 네 개의 체계

브론펜브레너(Bronfenbrenner, 1917)는 '인간발달의 생태학'을 연구하기 위해 인간을 둘러싼 환경을 하나의 체계를 가진 생태계로 보고 환경을 네 개의 체계로 정리하였다. 유치원이나 어린이집에 있는 아동을 중심으로 네 개의 체계로 보고 아동 환경에서 문화나 인간관계가 겹치는 것을 생각하여 본다.

첫째, 마이크로시스템(microsystem)은 가정이나 유치원에서 아동들과 또래·교사·가정과의 관계, 교육내용이나 교육방법, 가정이나 유치원의 존재 양식 등 아동이 직접 경험하는 활동, 상황, 역할, 인간관계 등을 말한다.

둘째, 메조시스템(mesosystem)에서 「메조-meso-」는 '중간'이라는 의미로, 마이크로시스템 간의 상호관계를 생각한다. 교사와 부모·지역·타원(他院)의 교사와의 관계, 부모의 직장·이웃의 교우관계, 형(누나)이 다니는 학교·학급과의 관계 등을 들 수 있다.

셋째, 엑소시스템(exosystem)에서 「엑소-exo-」는 '외부'라는 의미로, 아동은 직접 관계하지 않더라도 그의 발달에 영향을 미치는 사회적으로 정해진 제도나 결정, 시민의 연결 등을 말한다. 아동이나 교육에 관한 행정제도, 육아지원, 교사의 양성·연수제도 등이 있다.

넷째, 막크로시스템(macrosystem)은 어느 문화에 있어서의 신념의 체계나 행동의 일관성을 뒷받침하는 원리가 첫째에서 셋째에 이르기까지 아동에게 영향을 주는 관계를 뜻한다. 아동·교육·육아에 관한 신념, 심성, 사상, 이데올로기 등이 포함된다.

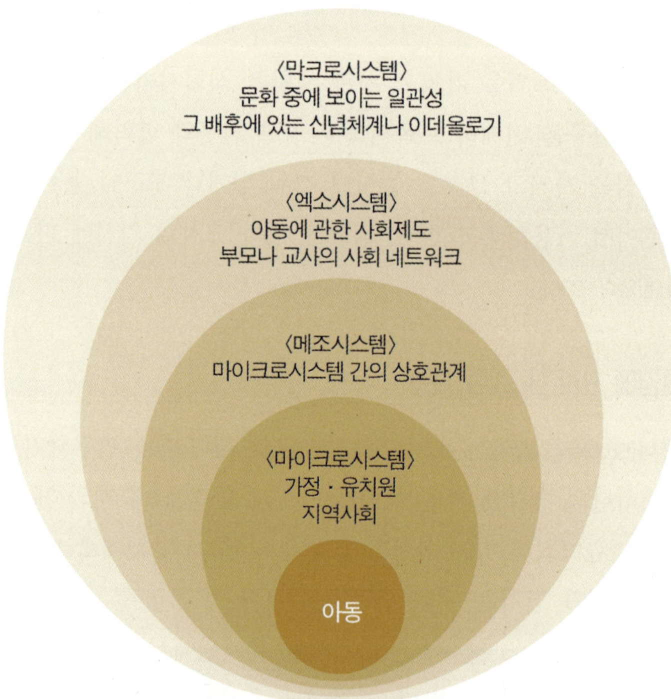

그림 3-2 아동을 둘러싼 생태학적인 환경

아동을 둘러싼 생태학적 환경을 나타내는 〈그림 3-2〉를 살펴보면 역사적으로 내려오는 신앙, 풍습, 제도, 학문, 신념, 사상, 기술, 관계, 행위 등을 받치고 있는 의미의 체계를 '문화'라고 할 수 있다. 위의 네 개 체계의 상호관계에서 아동들은 문화적인 의미가 쌓여 가는 공간에 살고 부모나 교사, 또래와 직접 연계되는 관계 그 바깥쪽에 전개되는 인간관계의 그물 속에 살고 있는 것을 알 수 있다(김용숙, 2005).

4. 아동발달과 생활지도

1) 영아발달과 생활지도

(1) 자조기술

영아기 동안 외부환경과 상호작용하며 의식주와 관련하여 자신을 보호하고 기본적인 욕구를 얻는 데 필요한 기술을 익힌다. 스스로 음식을 먹고, 옷을 입으며 대소변을 가리는 기술들을 부모나 주양육자를 통해 배우게 된다. 이에 영아의 기질과 같은 내적 동기나 부모와의 상호작용의 질은 개인차를 보인다. 이러한 영아기 자조행동은 아동기의 자율성과 독립성에도 중요한 영향을 미친다. 영아기의 눈과 손의 협응력, 대·소근육 운동 발달과 같은 신체운동능력의 발달은 스스로 다양한 놀이를 가능하게 한다. 영아의 건강과 안전을 위해 부모의 세심한 관찰과 보살핌이 중요한 시기이다. 부모는 수면습관, 이유식 및 식습관지도, 대소변훈련, 치아관리, 스트레스 관리 등을 통해 일관성 있고, 올바른 양육태도를 보여주어야 신체적·인지적·사회정서적 발달에도 긍정적인 영향을 미칠 수 있다.

(2) 사회화

사회화란 개인이 자기가 속해 있는 사회집단에 적합하다고 생각되는 행동양식을 습득하는 과정을 말한다. 영아기부터 주양육자와의 상호작용을 토대로 반응을 탐색하고 학습하여 자기표현으로 이어지면서 사회적 기술을 익힌다. 이를 사회적 참조라고도 말한다. 영아의 정서적 행동과 관련된 애착, 기질, 사회적 참조는 서로 상관성을 보이며 정서이해발달을 통해 정서조절이 이루어진다(Cole & Others, 2009). 사회화 과정 중 사회적 참조는 특정 상황에서 어떤 행동을 취해야 하는지 결정하기 위해 다른 사람으로부터 정서적 단서를 얻는 것이다(de Rosnay & Others, 2006). 영아가 낯선 사람을 만났을 때 엄마를 바라보며 두려움을 나타내야 하는지 미소를 띠고 있는지와 같은 모호한 상황을 정확하게 해석하고 자신의 행동을 결정한다. 즉, 영아가 불확실한 상황에 대한 자신의 이해를 형성하기 위하여 다른 사람이 그 상황에 대해 해석한 것을 이용하는 것이다(Thompson, 2006). 사회적 참조의 특성은 영아기에 주로 나타나며 사고와 행동을 수정하는 사회적 영향의 기제로서 중요한 역할을 한다. 사회적 참조에서는 정서적 의사소통이 중요하다. 사회적 참조는 만 2세경이 되면 더 발달하여 엄마가 좋아하는지, 화를 내는지를 확인하기 위해 엄마의 얼굴을 이진 시기보다 더 많이 보는 것으로 나타났다(Walden, 1991). 이러한 영아들의 사회적 인지기술은 모방을 통해 발달되며 양육자와의 애착을 이해하는 데 영향을 미친다.

(3) 정서와 애착

신생아도 기쁨, 슬픔과 같은 기본 정서를 가지고 태어난다. 영아는 점차 분화된 정서를 보이며 다른 사람의 정서를 인식하고 이해하는 능력도 발달한다. 정서란 자극에 직면하여 발생하거나 자극에 수반되는 여러 가지 생리적 변화(혈압, 맥박수, 호흡의 변화)라든가 눈에 보이는 행동(미소, 찡그림) 등을 포함한다(정옥분, 2009). 기쁨, 슬픔, 공포 등이 정서를 대표한다. 정서는 미소나 울음 등의 표현은 자신의 정서를 보호자에게 표현하여 욕구를 충족시키는 데 활용한다. 또한 영아기의 정서는 특정 자극에 대해 행동을 하도록 동기를 부여하기도 한다(Lamb, 1988). 영아의 낯가림이나 분리불안 현상은 정서의 분화를 통해 발달이 이루어짐을 보여주는 좋은 예이다.

영아기의 정서발달을 일차정서와 이차정서로 세분화하기도 한다(Izard & Malatesta, 1987). 행복, 분노, 놀람, 공포, 혐오, 슬픔, 기쁨 등은 기본 정서에 속한다. 영아는 첫돌이 지나서는 수치, 부러움, 죄책감, 자부심 같은 복합 정서를 보인다. 이차정서는 영아의 자기인식, 자신의 신체를 가리키거나 언어표현이 가능한 자기지향 행동을 규준으로 자신의 행동을 평가하는 능력을 요구한다(Lewis et al., 1992). 영아기의 정서는 자기표현도 가능하지만 다른 사람의 정서를 인식하는 것도 생후 6개월 이후부터 가능하다. 영아가 익숙하지 못하거나 모호한 상황에서 그 상황을 해석하는 데 도움을 얻으려는 듯 주양육자를 바라보는 현상을 사회적 참조라고 한다. 영아가 가족과의 상호작용을 통해 나타나는 정서는 울음과 미소이며 새로운 사람과의 사회관계를 통해 낯가림, 분리불안을 경험하기도 한다.

영아는 외부에 의해 정서적 조절이 이루어지지만 만 2세 전후에는 주양육자의 정서조절의 경험을 바탕으로 점차 스스로 정서를 조절할 수 있다(문혁준 외, 2014). 정서조절이란 어떠한 목적을 이루기 위해 자신의 정서 반응을 감독하고, 평가하고, 수정하는 외적·내적 과정이다(Thompson, 1998). 24개월된 영아는 공포 상황에서는 공포를 일으키는 자극을 회피하기도 하고 밀어 버리거나 언어로 표현하여 문제를 해결하려는 전략을 많이 사용하며, 분노 상황에서는 주변의 다른 사물로 주의를 돌리거나 발을 구르고 책상을 치는 것과 같은 긴장을 줄이려는 전략을 사용하는 것으로 나타났다. 이러한 부정적 정서를 유발하는 상황에서 나타나는 행동을 바탕으로 영아가 주로 사용하는 정서조절 전략을 살펴보면 〈표 3-2〉와 같다(곽금주 외, 2005).

표 3-2 영아기 정서조절 전략

전략	정서조절 행동	예시
짜증내기	도움을 구하거나 상황을 변화시키려는 노력 없이 혼자서 짜증을 내는 행동	칭얼거리거나 울먹이며 책상을 손이나 발로 차는 행동
참조 구하기	어머니의 얼굴 표정을 살피거나 어머니의 반응을 이끌어 내고자 시도하는 행동	어머니와의 눈맞춤 시도 행동
주의전환	주어진 자극 상황으로 향했던 주의를 철회하고 다른 곳으로 주의를 전환시키는 행동	다른 사물 쪽으로 시선을 돌리는 행동
회피	주어진 상황을 피하고자 하는 행동	그 자리에서 벗어나고자 몸을 비틀어 돌리거나 자리를 이탈하는 행동
문제해결	주어진 상황을 중단시키거나 변화시키고자 하는 적극적인 시도 행동	어머니에게 장난감을 달라고 요구하는 행동
자기 안정	도움을 구하거나 상황을 변화시키려는 노력 없이 스스로 안정을 취하고자 하는 행동	손가락 빨기, 손 꼬기, 머리카락 꼬기

애착이란 영아가 주양육자와의 관계에서 형성되는 정서적 상호 유대이다. 주로 엄마나 주양육자로부터 보호를 받으며 정서적 안정을 찾는다. 애착은 부모와 영아들에게 필요한 자극을 주고 또 영아들이 울거나 신호를 보낼 때 신속하게 반응해주는 과정이 중요하다. 애착을 형성하는 데 주양육자와의 접촉 시간과 양보다는 질이 중요하며 적절한 자극과 반응을 잘 해주는 사람과 애착이 형성된다.

3개월 된 영아의 울음에 엄마가 빨리 반응해 주었던 영아들을 그 이후 울음이 줄어들었다(Bell & Ainthworth, 1972). 이는 영아와 주양육자 간의 유대감을 발달시키는 중요한 요임을 알 수 있으며 부모의 긍정적이고 즉각적인 반응은 영아가 안정애착을 형성하고 신뢰감을 발달시키는 데 도움을 제공할 수 있다는 것이다. 또한 보울비(Bowlby, 1969)는 영아가 생존의 위협을 받을 때 주양육자로부터 보호를 받아야만 하고 그 동기에서 형성된 생존보호 반응이 진화되어 애착기제로 발달된다고 하였다(김영옥, 2014). 보울비는 애착형성과정을 4단계로 구분하여 그 특징을 설명하였다.

① 1단계: 인간에 대한 무분별한 반응성(출생~3개월)

출생 후 2~3개월경까지 아기가 보이는 다양한 반응은 비선택적이며 대부분의 사람에게 비슷하게 반응한다. 이 시기에 영아가 나타내는 여러 행동들, 즉 울음과 미소 이외에도 시각적 고정, 눈으로 따라가기, 빨기, 파악행동 등은 성인의 관심을 자극하여 어머니 또는 보호자와의 애착행동을 유발하고 유지시키는 중요한 기제가 된다.

② 2단계: 낯익은 사람에게 초점 맞추기(3~6개월)

약 3개월 초부터는 아기의 반사행동들이 사라지고 사회적 반응들이 좀 더 선택적으로 시작된다. 아기는 차츰 낯익은 사람을 보고서야 미소를 지으며 옹알이도 대상에 따라서 선택적으로 이루어진다. 즉, 이 단계에서는 영아가 자신의 필요와 욕구에 가장 잘 응해 주는 대상에게 강한 애착을 형성하게 된다.

③ 3단계: 능동적 접근 추구(6개월~3세)

흔히 아동이 처음 애착이 형성되었다고 보는 단계이다. 아동은 이 단계 이르면 다른 사람보다 부모를 더 좋아하게 되고 부모와 격리되면 불안을 뚜렷이 나타낸다. 그러나 7개월경에는 기어다닐 수 있기 때문에 떠나려는 부모를 능동적으로 뒤따라가거나 매달리고 새로운 방식으로 소리쳐 부르는 등 다양한 적극적 접촉행동이 뚜렷해진다. 이 단계 동안 애착은 점점 강해지고 다른 대상에 대해서 배타적으로 된다. 애착의 대상인 어머니와 떨어질 때 심하게 우는 것은 격리불안의 표출이다. 애착의 배타성은 7~8개월경에 가장 명백하게 나타나는데, 이때 아동은 낯선 사람에 대해 두려움을 보이기 시작한다. 따라서 정상가정에서 자란 아동은 대부분 7개월경에 주양육자, 즉 어머니에게 애착을 형성하기 시작하며 12개월경에는 대부분의 아동이 확고한 애착을 형성하게 된다.

④ 4단계: 동반자 행동(3세~아동기 말)

전 단계의 아동들은 오로지 애착대상과 가깝게 있으려는 데만 관심을 기울이고 부모의 계획이나 목표는 생각하지 않는다. 그러나 3세 이후의 아동들은 부모의 행동에 대한 의도를 어느 정도 이해하여 부모가 없는 동안 부모의 행동을 상상할 수 있다. 따라서 아동은 부모가 떠나려는 것을 인정하게 되며 이때부터 아동은 동반자와 같은 관계로 행동하기 시작한다. 보울비는 이러한 애착이 청년기나 노년기에도 생존에 중요한 역할을 한다고 보았다.

(4) 기질

기질은 개인의 행동방식이며 정서적으로 반응하는 특정한 방법이다. 많은 연구자들이 기질을 설명하고 그 특성에 따라 분류해 왔다. 체스와 토마스(Chess & Thomas, 1991)의 종단연구에서는 순한 아동 40%, 까다로운 아동 15%, 느린 아동 10%로 분류되었다. 순한 기질의 아동은 원만한 생활을 유지하지만 까다로운 기질의 아동은 질 낮은 보육의 경우 더 많은 문제를 보였고, 질 높은 보육의 경우 문제행동이 줄어든다는 것을 밝히고 있다(Pluess & Belsky, 2009). 또한 로트바르트와 베이츠(Rothbart & Bates, 2006)는 기질의 구조를 밝히며 기질의 요인으로 외향성, 부정적인 정서, 의도적 통제, 즉 자기조절을 설명하였다. 로트바르트(Rothbart, 2004)는 기존에 대한 초기 이론들은 우리 행동의 동기유발이 되는 긍정적이고 부정적인 정서와 각성의 수준을 강조한다고 보았다. 그러나 최근 의도적인 통제를 강조하면서 인간은 스트레스를 받는 상황을 좀 더 인지적이고 융통성 있게 다룰 수 있다고 주장한다.

Chess와 Thomas(1991)의 분류

- 순한 아이 : 일반적으로 긍정적이고 일상의 규칙적인 틀에 맞추어 행동하며 새로운 경험에 쉽게 적응한다.
- 까다로운 아이 : 부정적으로 반응하고 자주 운다. 일상생활이 불규칙적이며 변화를 받아들이는 데 느리다.
- 느린 아이 : 행동 수준이 낮고 때때로 부정적이며 기분에 대한 강도가 낮다.

Rothbart와 Bates(2006)의 분류

- 외향성 : 긍정적인 기대, 충동성, 활동의 수준, 감각 추구와 같은 특성을 포함한다.
- 부정 정서 : 공포, 분노, 슬픔, 불안정을 포함하며, 쉽게 스트레스를 받거나 자주 초조해하며 잘 운다.
- 의도적 통제 : 관심 있는 것에 초점을 두었다가 바꾸기, 절제, 지각적인 민감성, 낮은 강도의 즐거움을 포함한다. 통제하려고 노력하는 영아는 지나치게 각성되지 않도록 유지하는 능력을 보여주며, 스스로 위로하는 방법을 가지고 있었다. 그러나 통제하려고 노력하지 않는 영아는 자신의 흥분을 통제하지 못하며 쉽게 동요되고 지나치게 감정적이었다.

2) 아동발달과 생활지도

(1) 자율성

아동은 자신의 욕구를 충족시켜주는 사람에게 신뢰감을 형성한다. 주양육자로부터 안전, 보호, 사랑을 통해 지속적인 돌봄을 받고, 대인관계에서의 긍정적인 상호작용은 아동이 세상에 대한 신뢰감을 갖게 된다. 그러나 양육자가 방임하거나 학대를 경험하게 하면 불신감을 갖게 된다. 이러한 신뢰감을 바탕으로 아동은 환경에 대한 탐색을 시도한다. 주변을 탐색할 기회도 제공되며 아동이 스스로 놀이에 참여하도록 선택권이 허용되어야 한다. 즉, 놀이를 통해 상호작용하는 과정에서 아동의 자율성과 주도성이 보장되어야 한다. 놀이는 아동들에게 사회적 상호작용을 할 수 있게 한다. 아동은 놀이를 통해 불안과 갈등을 조절할 수 있고, 인지발달을 위한 좋은 맥락을 제공하기도 한다. 놀이는 아동의 신체, 언어, 인지, 사회정서를 발달시킨다. 놀이는 인지적, 사회적 측면을 모두 강조하며 아동들은 자신의 방식으로 자기표현을 하며 놀이를 진행하기 때문에 놀이성과 놀이선호도에 따라 개인차를 보일 수 있다. 개별적인 특성에 따라 인지적, 사회적 놀이형태가 차이를 보일 수 있으며 또래와의 상호작용도 다른 방식으로 표출될 수 있다. 놀이의 유형은 감각운동놀이, 연습놀이, 가상놀이, 사회놀이, 구성놀이, 게임으로 구분할 수 있다.

(2) 사회정서

사회정서는 아동기의 의사결정력, 리더십, 공감능력 등을 포괄하며 이러한 발달능력들을 지원하기 위한 기본이 되며 중요하다.

① 우정

아동기에 접어들면 점차 가족에서 벗어나 또래집단과의 관계를 중요시한다. 이러한 교우관계는 아동의 사회성 발달, 지적 발달과 학습능력에 미치는 영향이 크다. 또래 속에서 새로운 지식과 정보를 제공받으며 자아중심적 사고과정을 탈피하게 하여 점차 타인을 존중하는 것을 배운다. 우정은 친구 간의 애정적 유대관계로서 서로 좋아하고 함께 있기를 원하며 동시에 함께 놀이를 하고 물건을 서로 나누어 갖는다. 우정 형성의 필수 요소는 자신의 느낌이나 관심, 혹은 다른 개인적 정보를 함께 나눌 수 있도록 자기 노출을 하는 것이다.

② 정서지능

정서지능이란 자신과 타인의 정서를 점검하고, 그것들의 차이를 변별하며 생각하고, 행동하는 데 이런 정보를 이용할 줄 아는 능력이다(Salovey & Mayer, 1997). 이러한 정서지능을 골먼(Golman, 1995)은 자신의 정서인식, 자신의 정서조절, 자신을 동기화하기, 다른 사람에 대한 공감, 대인관계 다루기로 구분하였고, 샐러비와 메이어(Salovey & Mayer, 1997)는 정서의 평가와 표현, 정서의 조절, 정서의 활용으로 구분하였다.

이러한 아동의 정서지능은 정서이해를 바탕으로 발달한다. 2~4세경에는 자신의 정서를 표현하기 위한 어휘가 증가하며 4~5세경에는 같은 상황에서 서로 다른 정서가 유발될 수 있음을 이해하게 된다(Denham, Bassett, & Wyatt, 2007; Cole & Others, 2009). 원만한 사회관계를 유지하기 위해 자신의 정서를 조절할 줄 안다. 아동들이 스스로 정서를 조절하는 데 부모는 중요한 요인이다. 특히 화, 좌절, 슬픔과 같은 부정적인 정서를 서로 다르게 다루는 데 차이를 보인다. 정서코칭형의 부모는 자녀의 정서를 살피고, 부정적 정서도 명명해보고 효과적으로 다루는 방법을 상호작용을 통해 코치한다. 자녀에게 칭찬, 스캐폴딩, 개방적인 태도를 보인다. 반면 정서무시형 부모는 자녀의 부정적 정서를 부인하고, 무시하거나 바꾸어 주려고 한다. 정서조절능력은 또래와의 상호작용에도 중요한 요인이다(Tompson, Meyer, & Jochem, 2008). 긍정적인 정서를 보여주고, 화를 조절하는 전략들을 실행하는 아동이 원만한 또래관계를 보여준다.

(3) 성격

성격이란 개인의 기분, 태도, 의견 등을 포괄하여 개인적 특징을 나타내는 행동특성으로 타인과의 상호작용을 통해 드러난다. 성격에 대한 연구들에서는 5요인(Big Five) 성격모형을 지지하며 성격 특성의 구성 체계로 유용하게 활용하고 있다. 코스타와 맥크레이(Costar & McCrae, 1985)는 성격 5요인의 특성을 제안하였고, 그 후 자기보고 형식과 관찰자 평가를 모두 사용할 수 있는 도구로 NEO-PI-R(1992)을 개발하여 그 유용성과 보편성을 밝혀내었다. 성격도 아동이 각각의 환경에 적응하고 반응할 때 5요인이 서로 다르게 작용할 수 있다. 개인은 성실성, 정서적 안정성, 호감성, 외향성, 개방성을 성격의 기본 요소로 지니고 있다. 모든 일에 계획성과 문제해결에 대한 대안을 세우며 정해진 규칙을 잘 따르는 성실성, 일상에서의 적응력과 부정적 정서를 조절하고 안정화시키는 정서적 안정성, 배려심이 높고 또래와 상호협력적인 대인관계기술을 나타내는 호감성이 있다. 또한 친구들과 사교적이며 주도적인 태도로 자기주장을 표현할 줄 아는 외향성, 지적 호기심이 높아 변화에 민감하고 상상력을 동원해 다양하게 표현하는 개방성도 개인의 주된 특성으로 볼 수 있다. 아동의 성격은 아동의 놀이성, 또래 상호작용, 적응 등에도 밀접한 관련을 가지고 있다(김수정, 2009; 최인숙, 천은영, 2005). 이러한 성격은 아동이 성장하면서 연령과 다양한 문화, 발달변이의 영향을 받지만 아동기와 청소년기를 거쳐 성인기로 성장하면서 자존감, 사회적 유능성, 학업성취도, 문제행동(이선희, 최영임, 2011; John, Caspi, Robins, Moffitt & Stouthamer-Loeber, 1994; Lamb, Chuang, Wessels, Broberg & Hwang, 2002) 등에도 중요한 영향을 미친다.

(4) 자기표현력

자기표현력이란 긍정적이거나 부정적인 감정을 타인에게 지나친 불안 없이 표현하고, 상대방에게도 이와 같이 할 수 있도록 허용하는 것이다(Whitehead, 1994). 즉, 자신의 권리, 욕구, 감정, 정서를 인식하고, 이를 타인에게 피해를 주지 않으며 효과적으로 전달하는 능력이라 할 수 있다. 눈을 맞추고 다양한 표정과 몸동작을 보여주며, 적절한 목소리와 중요한 내용을 전달하는 것들이 이에 포함된다. 자기표현력은 효과적인 의사소통과 밀접한 관련이 있으며(Bishop, 1996), 적절한 어휘나 내용을 전달하는데 그치지 않고 억양, 어조, 몸짓, 신체표현의 영향을 받는다. 또한 아동이 또래와의 상호작용 속에서 자신의 생각과 의견을 타인에게 잘 전달할 수 있도록 가르침으로써 대인관계기술과 사회성을 발달시킬 수 있다(박민지, 2017). 이러한 자기표현은 학습을 통해 여러 행동을 배우며 향상될 수 있다. 아동에게 자신의 욕구, 권리, 감정 등에 대한 생각을 자유롭게 표현할 수 있는 기회를 제공하고, 자기표현의 기술과 행동을 익힐 수 있는 바람직한 방법을 배우도록 하는 것이 중요하다.

(5) 문제해결력

문제해결이란 주어진 상황을 문제해결의 목표 상황으로 전환해 가는 인지과정이다(Mayer, 1999). 아동이 문제 상황에 직면하여 이를 해결하기 위해 사고하는 일련의 과정을 의미한다. 아동이 스스로 문제해결과정을 경험하는 것은 해결전략을 탐색하는 기회를 제공하고, 다양한 해결방법을 사고할 수 있는 계기가 된다. 문제해결과정은 문제를 발견하여 확인하고 진술하는 단계, 문제해결에 대한 아이디어를 제안하여 적용하는 단계, 문제해결에 대한 결론을 짓는 단계로 구분할 수 있다(안경숙, 1992). 이러한 경험으로 습득한 지식, 기술, 태도는 새로운 문제에 적용 수단으로 활용할 수 있다. 아동의 문제해결력은 아동 주도적인 교수학습이 효과적이다. 즉, 아동 스스로 문제를 발견하고 일련의 해결과정을 거치면서 아동의 주도성, 모험심, 독립심, 창의성이 길러질 수 있다. 또한 타인과의 상호작용을 통해 다양한 기회와 사고를 경험할 수 있으므로 집단활동을 통해 효과적으로 향상된다.

(6) 적응

아동이 접하게 되는 최초의 가정 외 환경은 유아교육기관이며 이곳에서 아동은 가족과 헤어지는 분리 경험을 하고 교사와 또래, 물리적 환경 등과 낯선 관계를 경험하게 된다. 따라서 아동이 기관에 적응을 잘 한다는 것은 새롭게 속하게 된 기관 환경과의 조화와 균형을 이루면서 적극적이고 창조적으로 자신의 행동을 변화시켜 나감을 의미한다(김수정, 곽금주, 2012; de Hann, Dekovic, van den Akker, Stoltz & Prinzie, 2013; Jewsuwan, Luster & Kostelnik, 1993). 급속한 발달적 변화를 경험하는 아동기에 낯선 경험과 규칙 적응의 과정에서 아동은 긴장과 불안, 좌절을 경험하면서 신체적, 심리적, 행동적으로 갈등을 경험하기도 한다. 애셔와 로즈(Asher & Rose, 1997)는 유아교육기관에서 적응상의 문제점을 경험하는 아동은 전체 아동의 10~15%에 이른다고 보고하여 유아교육기관 적응은 자연스러운 과정이기는 하지만 다른 한편으로는 어렵고 힘든 경험임을 강조하였다.

이러한 적응의 문제는 영아의 사회정서발달, 인지발달, 의사소통발달과 밀접한 관계가 있으며(임영심, 박은주, 문수백, 2012), 영아기나 아동기에 끝나는 문제가 아니라 이후 초등학교 생활에도 영향을 미치고(송진숙, 2004; Brody, Murry, Kim & Brown, 2002; Ladd & Troop-Gordon, 2003), 나아가 사회생활에도 지속적으로 영향을 미치므로 아동발달 및 교수계획에 매우 중요하다고 할 수 있다. 즉, 적응을 잘 하는 아동은 유치원이나 어린이집 환경에 잘 맞추어 갈 뿐만 아니라 일과에 능동적으로 참여하지만, 부적응 아동은 유아교육기관뿐만 아니라 이후 학교생활과 사회생활에도 지속적으로 부정적인 영향을 미칠 수 있으므로 아동에게 기관적응의 문제는 발달단계상 특히 더 중요한 문제로 부각된다.

이러한 맥락에서 아동들의 초기 기관적응의 특성을 체계적으로 파악하기 위해서 직간접적으로 적응에 영향을 미치는 관련 변인에 대한 연구가 필요하다. 아동의 기관적응에 영향을 미치는 변인을 분석한 선행연구들은 문화 및 환경 배경, 대인관계 경험, 부모의 양육태도, 교사-아동관계의 질 등 외적 변인들뿐만 아니라, 아동의 기질(송진숙, 2004; 임말자, 최경순, 2003), 자아개념(김수정, 곽금주, 2012; 이용주, 오선영, 2014), 자아존중감(박희숙, 이승은, 2007) 같은 심리적 변인들이 직접 관련이 있다고 보고하였다. 짐머만(Zimmerman, 1998), 레이버(Raver, 2002)는 자기조절능력도 학업성취 및 적응에 중요한 영향을 미친다고 하였다. 던컨 등(Duncan et al., 2007)과 황윤세(2011)는 자기조절능력이 아동으로 하여금 산만하거나 중단하지 않고 과제에 집중하게 함으로써 학업에 강점을 제공한다고 주장하였다. 기질, 자아개념, 자아존중감, 자기조절능력이 아동의 기관적응에 영향을 미치는 중요한 변인이다.

5. 아동 문제행동의 이해

1) 부적응 행동의 정의 및 원인

부적응(maladjustment)이란 그 사회에서 요구하는 행동을 취하는 것을 어려워하거나 반항, 회피, 거부하는 것을 의미한다(현정환, 2006). 부적응 행동은 한 문화권에서 비슷한 연령단계의 사람들이 취하는 일반적인 행동이나 사고에서 부정적인 방향으로 크게 벗어난 행동 및 사고가 빈번하며 계속적으로 나타남으로써 심신의 안정에 장애를 주거나 타인과 집단에게 부정적으로 지각되어 피해를 줄 수 있는 행동들이 속한다(지성애, 홍혜경, 2005). 예를 들어 산만함, 원만하지 못한 또래상호작용, 손가락 빨기, 자위, 함묵 등이 포함될 수 있다.

부적응 행동은 대부분 사회정서적인 문제로부터 발생하며 개인 특성, 가족력, 교육기관에서의 생활 특성의 영향을 받기도 한다(Pianta, La Paro, Payne, Cox & Bradlry, 2002). 이러한 부적응 행동은 일시적일 수도 있고 장기적일 수도 있다. 외부적 환경 자극이나 스트레스 등으로 일시적인 행동을 보였다가 자연스럽게 회복될 수도 있으나 부적응 행동이 지속되거나 연관된 행동이 계속적으로 보이면 치료적 접근이 필요하다.

2) 부적응 행동의 특징

(1) 공격행동

공격성이란 관찰 가능한 행동뿐 아니라 지각된 의도, 행동결과, 행위자의 역할과 지위, 사회적 가치 등의 여러 가지 요인에 의해 사회적 공격으로 판단되는 상해적 행동이다(Bandura, 1973). 공격성은 공격유발 대상에게 직접 신체적 상해나 고통을 주려고 의도하거나 물건을 손상시키는 모든 반응을 의미하고, 언어적 공격성은 언어를 매개로 상대에게 심리적, 사회적으로 해를 끼치는 외현적 공격성(Crick & Grotpeter, 1995)을 의미한다. 공격성의 하위요인은 대인 공격성, 대물 공격성, 언어적 공격성으로 구분된다. 대인 공격성은 상대에게 신체적인 상해나 고통을 주고 신체를 이용하여 위협하거나 물건 등으로 신체적 상해를 가하는 행동을 말한다. 대물 공격성은 비생명적인 물건이나 물체에 대한 공격적 행동을 말한다. 언어적 공격성은 언어를 매개로 타인에게 심리·사회적으로 해를 끼치는 모든 반응을 말한다.

(2) 산만함과 과잉행동

주의력결핍 과잉행동장애(Attention Deficit Hyperactivity Disorder)는 충동을 억제하지 못하고 부주의한 행동을 자주 하거나 과잉행동·공격성 등이 주요 증상으로 나타나는 소아정신과 질환이다. 가장 주목받는 원인은 뇌신경전달물질의 분비 이상이며 이외에 임신 중 과도한 스트레스나 유전적인 요소, 부모의 양육방식이 원인으로 꼽히고 있다. ADHD는 조기진단과 치료가 중요하다. 방치하면 46%가 성인이 되어서도 나타날 수 있지만 조기치료의 경우 70~80%가 호전될 수 있다. ADHD는 학습, 정서 및 대인관계 문제에도 커다란 영향을 미칠 수 있으며 치료방법으로는 약물치료, 부모교육, 놀이치료, 사회성 훈련 기술 등의 다양한 접근이 필요하다.

표 3-3 ADHD 체크리스트

문항	0	1	2	3
학교 수업이나 일, 혹은 다른 활동을 할 때, 주의집중을 하지 않고 부주의해서 실수를 많이 한다.				
가만히 앉아 있지 못하고 손발을 계속 움직이며 몸을 꿈틀거린다.				
과제나 놀이를 할 때 지속적으로 주의집중하는 데 어려움이 있다.				
수업시간이나 가만히 앉아 있어야 할 상황에 일어나 돌아다닌다.				
다른 사람이 말할 때 귀담아 듣지 않는다.				
상황에 맞지 않게 과도하게 뛰어다니거나 기어오른다.				
흔히 시키는 일을 끝내지 못하고 도중에 포기해버린다.				
조용히 하는 놀이나 오락 활동에 참여하는 데 어려움이 있다.				
과제나 활동을 체계적으로 하는 데 어려움이 있다.				
항상 끊임없이 움직이거나 마치 모터가 달려서 움직이는 것처럼 행동한다.				
공부나 숙제 등 지속적으로 정신적 노력이 필요한 일이나 활동을 피하거나 싫어하거나 하기를 꺼린다.				
말을 너무 많이 한다.				
과제나 활동을 하는 데 필요한 것들(장난감, 숙제, 연필 등)을 잃어버린다.				
질문을 끝까지 듣지 않고 대답한다.				
외부자극에 의해 쉽게 산만해진다.				
자기 차례가 올 때까지 잘 기다리지 못한다.				
일상적인 활동을 잊어버린다.(숙제를 잊어버리거나 준비물을 두고 학교에 간다.)				
다른 사람을 방해하고 간섭한다.				

출처: George Dupaul 평가척도

(3) 반항행동

반항장애는 반항적이고, 불순종적이며 도전적인 행동을 보이고 고집이 세며 거친 행동을 보인다. 권위적인 사람을 거부하며 적대적인 행동을 보인다. 그러나 사회적 규범을 위반하거나 타인의 권리를 침해하지는 않는다(김청송, 2002). 또한 DSM-5에서는 '주의력 결핍' 및 '파괴적 행동 장애' 범주에 반항장애를 ADHD, 품행장애와 함께 묶여 놓았다. 이들 장애 간에 유사성이 있는데, DSM-5는 반항장애가 아동기에 보이는 품행장애의 전 징조라고 정의하고 있으며 이 두 가지 진단을 함께 받을 수는 없다고 명시하고 있다. 만약 품행장애와 반항장애를 동시에 보이는 아동이 있다면 품행장애 진단만 내려지게 된다. 반항장애가 품행장애로 발전하는 경우도 있는데, 반항장애 아동의 25%가 품행장애와 연관된 보다 심각한 행동 양식상의 문제를 보이는 경향이 있다. 또한 ADHD로 진단된 아동 중 35~70%는 반항장애로 전이되고 30~50%는 품행장애로 이어진다. 이런 장애들이 동시에 발생할 경우 ADHD는 다른 장애보다 먼저 발생하는 경향이 있다.

(4) 정서문제

정서는 긍정적인 정서와 부정적인 정서로 구분할 수 있다. 분노의 경우 자신을 보호하기 위한 표출일 수 있으나 극단적인 형태로 반복적으로 보인다면 역기능적인 정서로 정서장애로 볼 수 있다. 보편적 진단체계인 DSM-5(Diagnostic and Statistical Manual of Mental Disorders)에는 정서적인 문제를 장애내용에 포함하고 있으며 기분장애와 불안장애로 구분하고 있다. 기분장애는 우울장애, 양극성장애를 포함하며 이는 수면문제, 주의집중력, 사회공포증 등과 관련이 있다. 불안장애는 특정공포증, 사회공포증, 외상 후 스트레스 장애 등을 포함하며 위험 상황에 대한 과대평가로 지속적인 불안을 느낄 수 있다. 이 밖에도 정서문제로 자신의 감정을 인식하거나 표현하지 못하는 정서표현불능증과 정서표현의 억압이나 왜곡으로 나타나는 내면아이의 문제도 관심을 받고 있다.

(5) 기본생활습관 문제

기본생활습관은 아동이 원만한 사회적 관계를 위해 꼭 필요한 과정이며 아동은 자기관리뿐만 아니라 타인에게 피해를 주지 않도록 해야 한다. 스스로 몸을 청결하게 유지하고, 대소변을 가릴 줄 알며 자신의 물건을 관리할 수 있어야 한다. 아동은 발달시기에 맞게 적절한 교육의 기회와 지속적인 관리를 통해 자기습관을 습득해간다. 그러나 교육의 기회가 적거나 잘못된 습득으로 어려움을 겪는 아동들이 발생한다. 편식, 과식, 까다로운 섭식습관 등이 아동에게 나타날 수 있으며 이는 적응, 사회적 관계에 부정적인 영향을 미친다. 아동이 활동이나 휴식의 리듬이 일정하지 않거나 옷입기, 물건 관리, 몸의 청결 관리 등의 자립 행동에도 문제가 발생할 수 있다.

(6) 기타

이 밖에도 반사회성의 문제행동으로 사회적 규범을 어기고 타인의 신체나 권리, 소유물에 피해를 주는 행동을 반복적으로 보이는 것이다. 아동이 장난감을 부수거나 던지는 행동, 거짓말, 도벽, 언어폭력, 상해 등으로 나타날 수 있다.

3) 부적응 행동의 접근방법

부적응 행동을 접근하기 위해서는 행동진술을 위해 지속적인 행동관찰이 요구되며, 적절한 행동수정을 위해 다각적인 측면으로 대안을 찾아 시도해야 한다. 다음과 같은 절차에 따라 정확한 진단과 올바른 접근이 아동의 부적응 행동을 감소시켜 줄 수 있다.

① 행동진술

행동진술은 아동의 특정한 행동을 확인하는 과정이다.

② 행동관찰

부적응 행동을 지도하기 위해 그 행동에 영향요인을 고려해 모든 정보를 수집하여 진단해야 한다. 특정한 부적응 행동이 언제, 어디서, 어떻게, 왜 발생하는지에 관한 정확한 진단을 위해 꼭 필요한 과정이다. 관찰자나 교사는 교실 내에서의 아동을 오랫동안 지속적으로 관찰해야 한다. 이를 통해 명확한 원인을 찾을 수 있고, 세밀한 지도방법을 논의할 수 있는 기초자료가 될 수 있다.

③ 행동수정의 중요성

부적응 행동이 변화되기 위해서는 문제의식이 중요하다. 부적절한 행동이 변화되지 않으면 어떠한 부정적인 결과를 초래할 수 있는지 예측하고 인식시켜야 한다. 부적응 행동을 소멸시키기 위해 부적 강화로 문제행동을 강화시키지 않아야 한다.

④ 대안책 고려

부적응 행동은 아동의 내부에만 원인이 있는 것이 아니다. 부모, 교육환경, 또래 등 다양한 원인을 점검할 필요가 있다. 밀집된 영역의 교구대, 교구 등을 재배치하는 것으로도 다른 친구들을 때리고자 하는 행동을 조절할 수 있다. 다양한 시각에서 최대의 대안들을 검토하고 행동을 변화시키기 위한 행동목표 진술과 단계적인 절차에 따라 부적응 행동을 감소시켜주어야 한다.

생각 키우기

1. 아동사회교육을 위한 교수에 중요한 지침이 되는 이론적 배경에 대해 생각해 봅시다.
2. 친구의 물건을 탐내는 아동에게 적합한 도덕성 발달 및 훈육방법에 대해 생각해 봅시다.
3. 유치원 교육이 아동 사회성 발달에 어떤 형태로 영향을 주는지 생각해 봅시다.
4. 영유아의 시기별 발달 특징과 적절한 생활지도에 대해 생각해 봅시다.
5. 유아교육기관에서의 부적응 행동 사례와 접근방법에 대해 생각해 봅시다.

Chapter 04

아동생활지도 평가방향

행동하는 사람 2%가
행동하지 않는 사람 98%를 지배한다.

- 지그 지글러 -

04

이 장에서는 바람직한 생활지도를 위한 교사의 역할과 문제를 가진 아동을 이해하기 위한 평가방법들을 소개하고자 한다.

1. 아동 평가의 이해

유아교육기관에서 일어나는 여러 상황들에 대한 평가는 아동의 생활 변화, 즉 전인적인 성장과 발달의 변화 수준을 점검하는 질적 평가를 기본 방향으로 한다. 아동의 평가는 아동의 전인적인 성장, 효율적인 교육과정 운영, 부모면담, 생활기록부 작성 등을 위한 기초 자료들을 살펴본다.

2. 아동 평가의 적용과 생활지도

아동이 사회적 상황에 알맞게 자신의 생각과 행동을 조절하고 가족, 또래집단, 교사, 이웃과 더불어 잘 지낼 수 있도록 교사는 유아교육기관의 일상생활 속에서 이루어지는 사회적 상호작용을 강조한 내용들을 살펴본다.

3. 아동생활지도에서의 놀이기록과 평가의 실제

아동생활지도에서의 놀이기록과 평가는 놀이 속의 관찰에서 시작된다. 아동의 발달을 돕기 위해 교사의 놀이 운영을 점검하고 놀이 환경을 개선하기 위해 놀이기록과 평가의 활용방법에 대해 살펴본다.

1. 아동 평가의 이해

1) 평가의 목적과 적용

평가의 목적은 평가의 수행방법을 결정짓는 데 중요한 변수이다(Shepard, Kagan, & Wurtz, 1998). 우리는 평가를 통해 개별 아동의 특정 시점에서의 발달 상태와 시간의 경과에 따른 진보와 변화를 결정한다. 첫째, 아동의 발달과 학습을 모니터하기 위해서이다. 둘째, 수업 계획과 결정을 안내하기 위해서이다. 셋째, 특별한 도움으로 이익을 받을 수 있는 아동을 규명하기 위해서이다. 넷째, 다른 이들과 소통하고 보고하기 위해서이다.

유아교육기관에서의 평가 시 실천상의 문제도 고려해야 한다. 교사는 교육 관련 기관에서 요구하는 어떠한 평가든 계획하고 실행해야 한다. 이러한 평가는 보통 예정된 시기에 실시하여야 한다. 예를 들어, 각 학년도의 첫 번째 달이나 마지막 달에 실시하도록 한다. 학급의 크기, 성인 대 아동 비율, 이용 가능한 교실과 근무시간 등은 평가의 질과 양에 영향을 미친다. 경력이 오래된 교사는 교수 경험을 토대로 쉽게 체계적인 평가와 수업을 통합할 수 있다. 보고서, 검사도구 결과, 성적, 포트폴리오, 기타 진보 상황을 보여주는 보고서 등을 검토하여 어떤 목표가 다른 목표보다 더 강조되었는지를 찾아내고 각 평가항목들의 연관성을 검토해보아야 한다.

2) 아동 평가의 접근방법

(1) 관찰법

관찰이란 연구자가 관심을 가지고 있는 대상이나 현상에 대한 정보를 입수하기 위해 특정의 상황에서 나타나는 인간의 행동 양상을 살펴보는 것을 말한다(Johnson & Christensen, 2004). 관찰연구에서는 관찰자가 보고 듣는 연구대상의 행동이나 태도를 기록하여 정보를 수집한다. 무엇을 관찰할 것인가, 누구를 관찰 대상으로 삼을 것인가, 관찰 시기는 언제가 적절한가, 어디서 관찰할 것인가, 어떤 방법으로 관찰할 것인가를 고려해야 효율적인 관찰이 가능하다. 관찰법에는 자연 관찰과 실험실 관찰이 있다. 이때 관찰자가 연구대상과 직접적으로 접촉하거나 의사소통을 할 수도 있고, 기계적인 도구나 전자적 도구(비디오 카메라로 녹화된 행동)를 이용해 연구대상을 간접적으로 살펴볼 수도 있다. 어떤 도구를 사용하든 관찰은 사람들이 실제로 하는 행동에 대한 정보를 입수하는 데 있어 매우 중요한 자료수집방법이 된다.

(2) 면접법과 질문지법

아동 평가의 접근방법 중 아동, 부모, 교사에게 직접적으로 자료를 얻을 수 있는 방법이 면접법이다. 면접법은 정보를 얻고자 조사를 실시하는 구조적 면접법과 진단이나 치료 등 임상적 목적으로 상담을 실시하는 비구조적 면접법으로 구분할 수 있다(정옥분, 2009). 면접자는 전문성을 갖추어야 하고 검사 대상에게 심리적 안정감을 찾게 하여 많은 정보와 진정한 반응을 유도할 수 있어야 한다.

질문지법은 구조적 면접법과 유사하지만 검사 대상이 질문을 읽고 자신이 직접 표기하는 것이다. 질문지법은 검사도구의 타당화를 거치고 단시간에 많은 대상을 연구할 수 있다는 장점이 있다. 이에 대한 반응과 답변이 왜곡되지 않게 하기 위해서는 검사에 대한 안내와 교육이 중요한 과정이다.

(3) 심리검사

보통 표준화 검사라고 일컫는 데 검사 대상으로 하여금 검사 내용에 따른 질문에 답하는 형태로 실시된다. 표준화 검사는 개인의 점수가 집단 내 다른 사람들의 점수와 비교하여 상대적인 평가를 실시할 때 활용한다. 또한 측정 신뢰도에 있어 인성검사나 지능검사는 비교적 안정성이 있으나 측정 상황이나 피검사자의 심리, 사회문화적 차이 등에 의해 변화되거나 오류가 있을 수 있음을 감안해야 한다.

3) 평가자로서의 교사 지침서

(1) 평가 척도의 활용

평가는 아동에 대한 정보를 얻고자 다양한 방법으로 기록한다. 이러한 평가방법들은 각각 장단점이 있다. 체크리스트는 관찰을 토대로 아동의 행동 유무를 기록하므로 단시간에 성향을 파악할 수 있지만 사고과정과 같은 정확성과 세밀한 정보를 얻는 데 한계가 있다. 그러므로 아동의 정확한 진단과 평가를 위해서는 지속적인 관찰, 일화기록, 면담 등의 과정이 병행되어야 한다. 표준화 검사나 다양한 검사도구로 측정하여 다각적인 측면에서 바라보아야 하며 평가결과는 교수 학습방법 및 아동과의 상호작용에 대해 적절한 결정을 내리기 위해 활용되어야 한다. 아동 교육프로그램이 교육적 중재와 발달적 중재를 증진시킬 수 있도록 하기 위한 것이다. 또한 아동의 개별적인 행동이 우려되어 정확한 진단이 필요할 때 사용되어야 한다.

(2) 지속적인 평가

아동에 대한 평가가 상시적이고 주기적으로 이루어진다면 충분한 수집 자료를 얻을 수 있고 이를 토대로 발달을 지원할 수 있다. 초기평가는 학기 시작에 적응, 능력, 태도, 성향, 이해, 기술 등 아동의 기본 정보를 통해 이해할 수 있다. 중간평가는 교실에서 아동의 발달 변화를 진단하기 위해 필요한 시점에 실행할 수 있다. 기말평가는 특정 교사와 함께 한 집단의 마무리 시점에서 이루어질 수 있다. 교실에서의 아동과의 활동과정이 측정하기 위한 표본이 될 수 있으며 수학적 사고, 미술활동에서의 표상능력은 지속적인 관찰을 통해 드러날 수 있다.

(3) 평가자의 윤리적 책임

교사는 발달에 적합하고 효과적인 아동생활지도를 위해 전문적이고 윤리적인 책임을 인식해야 한다(지성애, 홍혜경, 2007). 첫째, 전문적인 교사는 상황을 평가하기 위해 전문적 지식을 기초로 실제 일어난 상황을 심도 있게 이해하고 이를 진단기술로 활용해야 한다. 둘째, 전문적인 교사는 아동들에게 일어난 상황의 문제해결을 위한 다양한 접근방법을 시도한다. 갈등의 원인을 찾고 문제행동 이외에 다르게 행동할 수 있는 대안행동을 고려하도록 한다. 셋째, 전문적인 교사는 문제 상황을 통해 아동이 학습할 수 있도록 돕는 데 집중한다. 이러한 전문성을 갖추고 있는 교사는 아동들과의 질적인 상호작용을 개선하기 위해 노력하는 태도를 보이며 효율적인 지도방법을 모색한다.

2. 아동 평가의 적용과 생활지도

아동 평가방법으로 표준화 검사와 관찰(평정척도법, 체크리스트, 일화기록법, 질문지법, 사건표집법, 시간표집법, 면접법, 포트폴리오) 수행평가 등의 방법들이 활용될 수 있다(조순옥 외, 2010).

1) 표준화 검사

표준화 검사는 검사를 통하여 학습 결과를 측정하는 평가방법으로 가장 많이 사용되고 있다. 국내에서는 한국행동과학연구소의 허영·이영석·황인황·정계숙·김사호(1978)에 의해 개발된 '사회정서 발달 평정척도', 김학수·이윤수(1968)의 '생활지도진단검사', 중앙적성연구소(1969)의 '행동진단검사', 김승국(1990)의 '적응 행동검사' 및 김승국·김옥기(1985)의 '사회성숙도 검사' 등이 있다(전예화 외, 2003).

2) 관찰

관찰(observation)은 자연스럽고 다양한 상황에서 아동들의 사회적 기술, 태도, 가치 등을 파악하고 사회학습이 목표를 성취했는가를 보는 방법이다. 관찰법은 평가의 대상을 주의 깊게 지각하고 기록하는 것으로 다른 방법에서는 얻기 어려운 실질적인 정보를 수집할 수 있으며, 다른 방법으로 수집된 정보를 보완하는 기능을 한다. 관찰할 때는 무엇을 왜 관찰하는지 목표를 분명하게 설정하고 관찰한 내용을 객관적으로 기록하며, 기록된 것을 추론과 평가의 과정을 거쳐서 편집하고 기록물에 대한 반성적 사고를 하여 교수-학습 활동에 반영하는 단계를 거친다(박찬옥 외, 2010).

아동을 관찰하는 체계적인 방법에는 평정척도법, 체크리스트, 일화기록법, 질문지법, 사건표집법, 시간표집법, 면접법, 포트폴리오 등이 있다.

(1) 평정척도법

평정척도법은 관찰된 행동의 유무뿐만 아니라 특정 행동의 질적인 특성이나 출현빈도의 정도를 가장 낮은 수준에서 가장 높은 수준의 연속성이 있는 단계로 평정하는 것이다. 평정척도는 연속성이 있는 어떤 행동의 차원 또는 영역에 대해서 아동의 행동을 관찰한 후 일정한 위치에 평정하도록 하는 것으로 수량화된 점수를 부과하여 작성된다. 따라서 관찰과 동시에 작성할 수 없으며 관찰을 충분히 한 후에 그 결과를 요약하는 수단으로 사용된다(한국보육진흥원, 2011).

• 평정척도의 종류

가. 기술평정척도

- 행동의 한 차원을 연속성 있는 몇 개의 범주로 나누어 기술하고 관찰자로부터 대상의 행동을 가장 잘 나타내는 진술문을 택하게 하는 방법이다.

나. 숫자평정척도

- 각 척도치에 숫자를 부여함으로써 연구하는 방법이다.

다. 도식평정척도

- 관찰자의 판단을 돕기 위해 기술적인 유목에 선을 첨가시킨 형태를 말한다.

• 관찰 지침

첫째, 관찰자가 객관적으로 관찰한 결과를 토대로 종합적으로 판단해야 하므로 관찰자의 전문성이 요구된다. 특히 평정자 오류를 줄이는 노력이 필요하다.

둘째, 평정자 오류의 일반적 경향에는 중심화 오류, 인상의 오류, 논리 오류, 기준의 오류, 근접의 오류, 대비의 오류 등이 있으며, 이러한 경향성을 미리 관찰자가 인지하는 것이 중요하고 객관성 점검을 위하여 동일한 아동을 두 명의 관찰자가 평정하고 그 결과를 비교해 보고 관찰자 간의 기준을 맞추어 볼 수도 있다(한국보육진흥원, 2011).

표 4-1 평정척도법(숫자평정척도) 관찰양식의 예

관찰기록표 (만 3세용)					
이름	(남, 여)	학급명		관찰자	
생년월일		관찰일시	년 월 일		

유아의 행동과 가장 일치하는 정도에 동그라미 하세요.

문항	아주 못함	못함	보통	잘함	아주 잘함
1. 자기 물건을 스스로 정리한다.					
2. 줄을 서서 기다릴 수 있다.					
3. 친구에게 양보할 수 있다.					
4. 바깥놀이에서 규칙을 지킬 수 있다.					
5. 교실에서 작은 소리로 말을 할 수 있다.					

출처: 김지은·김진숙(2006). 아동관찰 및 평가.

(2) 체크리스트

교사나 관찰자가 단순히 어떤 기술이나 행동 혹은 발달 특성이 나타나는지를 알고 싶을 때 쓰이는 방법이다.

체크리스트를 사용할 때 크게 두 가지의 목적이 있다.

첫째, 관찰하고자 하는 대상의 현재 상태를 평가하고자 할 때 사용된다.

둘째, 시간에 따른 발달의 변화를 알고자 할 때도 사용된다.

이 방법에서는 미리 정해져 있는 항목의 사실 여부에 따라 표시를 한다.

표 4-2 사회성 발달 체크리스트의 예

사회성 발달 체크리스트				
관찰유아		생년월일		성별: 남·여
관 찰 자		관 찰 일		

체크리스트에 있는 행동이 나타나면 ✓로 표시한다.	예	아니오
1. 친구들과 함께 놀이를 한다.	( )	( )
2. 다양한 놀이에 참여한다.	( )	( )

3. 친하게 지내는 친구가 많다.	( )	( )
4. 친구에게 놀이를 하자고 제안한다.	( )	( )
5. 새로운 교구에 흥미를 보인다.	( )	( )
6. 새로운 환경에 적응을 한다.	( )	( )
7. 이미 진행되고 있는 놀이에 자연스럽게 끼어든다.	( )	( )
8. 친구의 놀이나 행동을 방해하지 않는다.	( )	( )
9. 문제 상황이 생기면 말로 해결한다.	( )	( )
10. 다른 친구의 물건을 사용할 때 허락을 구한다.	( )	( )
11. 자기보다 약한 친구를 도와준다.	( )	( )
12. 친구가 도와주면 '고맙다'라고 말한다.	( )	( )
13. 집단생활에서 여러 친구들과 협동한다.	( )	( )
14. 친구와 약속을 지킨다.	( )	( )
15. 친구들이 좋아한다.	( )	( )
16. 집단생활에서 규칙을 지킨다.	( )	( )
17. 새로운 활동에 적극적으로 참여한다.	( )	( )
18. 차례를 잘 지키고 잘 기다린다.	( )	( )
19. 내 물건과 다른 사람의 물건을 구별하여 사용한다.	( )	( )
20. 활동에 자신감을 갖고 참여한다.	( )	( )
21. 교사와 관계가 능동적이다.	( )	( )
22. 교사와 상호작용을 잘한다.	( )	( )
23. 친구들의 이름을 알고 가끔 친구에 대해 이야기한다.	( )	( )
24. 다른 유아와의 문제해결을 위해 교사나 다른 성인들의 도움을 요청한다.	( )	( )

출처: 조순옥 외(2010). 아동사회교육.

(3) 일화기록법

일화기록법은 관찰자가 아동의 특정 행동에 초점을 맞추어 그 행동이 나타날 때마다 이를 상세하게 관찰, 기록하는 것이며 시간의 흐름에 따라 반복적으로 기록할 수 있다. 교사들이 가장 용이하게 활용하는 방법으로 일화를 기록하는 과정에서 특정한 형식이나 절차는 필요하지 않다. 그러나 일화기록을 통해 작성된 내용은 아동의 발달과 성장을 이해하는 데 의미가 있어야 한다(한국보육진흥원, 2011).

• **관찰 지침**

첫째, 교사는 사건이나 행동이 일어난 직후에 일화를 기록하는 것이 바람직하나 현실적으로 여의치 않을 경우 핵심어를 기록해 두었다가 추후에 기록한다.

둘째, 객관적인 사실에 입각한 목표행동을 간단하게 기술한다.

셋째, 객관적 사실과 이에 대한 관찰자의 해석, 처리방안을 명확하게 구분하여 기록한다. 해석은 한 번의 일화기록으로는 어려우므로 적어도 일정 기간 동안 수집된 몇 번의 일화에 기초해서 하는 것이 바람직하다.

넷째, 여러 사건이나 여러 명의 아동이 참여한 사건에 대해서 기록하려고 할 때는 대체로 한 번에 한 가지 사건만 취급하도록 한다.

표 4-3 일화기록의 예

4세 남아의 갈등행동에 대한 일화기록			
관찰유아		관찰일	
현재연령		관찰시간	오전 9시 40분 ~ 9시 45분(5분)
관찰자		관찰장면	자유선택활동 시간 중 역할놀이 영역

〈기록〉

성호가 창규에게 역할놀이 영역에서 놀자고 하였다. 그러나 창규는 성호의 제안을 거절하고 쌓기놀이 영역으로 가버렸다. 화가 난 성호는 창규에게 달려가 머리를 한 대 때렸다. “너랑 안 놀아”라고 성호가 말하자 창규는 그 자리에 앉아서 울었다. 교사가 다가오자 창규가 “성호가 때려요”라고 말하였다. 성호는 화가 나서 씩씩거리며 “내가 놀자고 했는데 안 논댔어! 너 나빠!”라고 말하였다. 교사는 창규를 달랬다. 창규는 이야기를 하지 않고 계속 울고 있다. 성호에게 창규가 어떤 기분인지 설명하였다.

출처: 김송이 외(2009). 영유아 관찰 및 실습.

<table>
<tr><td>유아명</td><td></td><td>생년월일</td><td>○○○○년 6월 17일</td><td>유아명</td><td></td><td>생년월일</td><td>○○○○년 7월 26일</td></tr>
<tr><td>관찰교사</td><td></td><td>관찰기간</td><td>○○○○.10.5.~10.30</td><td>관찰교사</td><td></td><td>관찰기간</td><td>○○○○.10.5.~10.30</td></tr>
<tr><td>내용 / 영역</td><td colspan="3">관찰내용</td><td>내용 / 영역</td><td colspan="3">관찰내용</td></tr>
<tr><td>기본생활 (10/14)</td><td colspan="3">• 관찰장면: 점심시간
• 관찰영역: 건강하게 생활하기 > 음식에 관심을 가지고 즐겁게 먹는다.
점심시간에 나온 메뉴를 보고 “이거 뭐예요?”라고 묻는다. 교사는 “쇠고기 미역국이야”라고 대답해주자 “나 미역국 좋아하는데”라고 말한다. 스스로 포크와 숟가락을 사용해 식사하다 손가락으로 식판을 가리키며 “이거랑 고기 더 주세요”라고 말한다. 교사가 미역국과 돼지갈비찜을 더 주고 잠시 후, “고기랑 김치도 더 주세요”라고 말하며 밥 두 그릇을 먹는다.</td><td>기본생활 (10/27)</td><td colspan="3">• 관찰장면: 점심시간
• 관찰영역: 건강하게 생활하기 > 음식에 관심을 가지고 즐겁게 먹는다.
점심시간, 자리에 앉아 식판에 있는 반찬들을 살피다가 “이건 뭐야?”라고 교사에게 묻는다. 교사는 “○○가 좋아하는 새우가 나왔네”라고 말하자 “새우랑 국이랑 먹을래”라고 말한다. “그래, ○○가 쇠고기뭇국도 좋아하는구나~ 맛있게 먹자”라고 교사가 대답한다. 포크로 새우를 찍어 먹고 숟가락으로 밥을 떠서 먹다가 손으로 새우를 집어 먹는다. “○○야, 손으로 말고 포크랑 숟가락 사용해서 먹어보자”라고 이야기하자 포크를 들어 새우를 찍어 먹는다. 새우볶음을 다 먹은 후에는 “이거 더 먹을래”라고 말한다.</td></tr>
<tr><td>내용 / 영역</td><td colspan="3">관찰내용</td><td>내용 / 영역</td><td colspan="3">관 찰 내 용</td></tr>
<tr><td>의사소통 (10/30)</td><td colspan="3">• 관찰장면: 오전자유놀이시간
• 관찰영역: 책과 이야기 즐기기 > 책에 관심을 가지고 상상한다.
책과 이야기 즐기기 > 말놀이와 이야기에 재미를 느낀다.
오전자유놀이시간, 책꽂이에서 ‘아기돼지 삼형제’ 그림책을 가져와 교사에게 건네며 “이거 읽어주세요”라고 말한다. 교사는 그림책을 읽어주며 “늑대가 아기돼지들을 잡아먹으려고 해”라고 말하자 ○○가 “안 돼, 그런 우리를 잡아먹을 거잖아”라고 말하며 그림책 속 대사를 이야기한다. 교사가 읽어주며 반복되는 구간에서 같은 대사를 반복해서 말하며 그림책 이야기를 끝까지 듣는다.</td><td>의사소통 (10/15)</td><td colspan="3">• 관찰장면: 오전자유놀이시간
• 관찰영역: 책과 이야기 즐기기 > 책에 관심을 가지고 상상한다.
듣기와 말하기 > 표정, 몸짓, 단어로 의사를 표현한다.
친구들이 교사에게 읽어달라고 책을 가져온 후, 교사가 읽어주자 ○○가 하던 놀이를 멈추고 다가와 곁에 앉아 이야기를 듣는다. 그림책 이야기가 끝나자 그림책 속 그림을 손으로 가리키며 “펭귄이 뭐 하고 있지?”라고 묻는다. 교사는 “펭귄이 사진을 찍고 있는 모습 같아”라고 대답해준다.</td></tr>
</table>

평가 및 지도방법	기본생활영역에서 ○○는 이전에 안 먹는 음식들이 몇 가지 있었으나 현재는 거의 가리는 음식 없이 고루 잘 먹으며 잘 먹지 않았던 음식도 조금씩 먹어보는 경험을 해보고 있음. 특히 점심시간에는 모든 반찬과 국을 골고루 식사하고 있고 좋아하는 음식은 "더 주세요"라고 표현을 하며 많은 양을 식사하고 있음. 의사소통영역에서는 평소 그림책 읽기를 좋아하였고 현재도 꾸준히 그림책에 대한 관심이 높음. 스스로 읽거나 교사가 읽어주는 그림책을 통해 그림책 속의 반복되는 짧은 대사를 이야기해볼 수 있음. ○○가 관심 있어 하는 그림책을 다양하게 제시해주어 앞으로도 읽기 활동에 즐거움을 느낄 수 있도록 도와야겠음.	평가 및 지도방법	기본생활영역에서 ○○는 학기 초에 편식이 매우 심하였고 식사에 대한 거부감을 강하게 드러내었음. 식단에 따라 먹는 식사량의 편차도 매우 심하였으나 최근 들어, 이전보다 다양한 음식을 먹어보기를 시도하는 모습을 보이고 식사에 대한 거부감이 많이 줄어들어 즐겁게 식사가 이루어지고 있음. 수저 사용에 있어서는 아직 많이 지도가 필요로 하여 꾸준히 이야기해주며 도움을 주고 있음. 의사소통영역에서의 경우, 학기 초보다 그림책 읽기에 대한 관심이 조금 줄어들었으나 교사가 들려주는 이야기에 집중하여 듣기를 즐김. 읽기활동보다는 교사와 또래친구와 대화하기를 더욱 즐기는 모습이 관찰되고 있어 많은 상호작용을 해주고 있음.

출처: 구립 늘봄보라매SK뷰어린이집

표 4-4 사회생활 영역 일화기록의 예

사회생활 영역 일화기록		
1차	관찰유아	○○○
	일 시	20○○년 9월 13일
	활동시간	자유선택활동
	기록	자유선택활동 시간 ○○이가 미술영역에 앉아서 색종이에 그림을 그리고 있다. 교사가 미술영역으로 다가가자 ○○이가 교사에게 말한다. "선생님! 오뎅은 일본말이고요, 어묵은 우리나라 말이지요"라고 자신있게 묻자 ○○이는 "난 처음부터 그냥 알았어!"라고 말하며 그림을 그린다.
	해석	○○이는 다른 나라에 대해 관심을 가지고 있습니다. 일본의 문화와 언어에 대해서 관심을 가지고 있습니다.
2차	관찰유아	○○○
	일시	20○○년 10월 12일
	활동시간	전이활동
	기록	전이활동으로 자기 주소 말하기를 하기로 한다. 교사가 "이번에는 자기 집 주소를 말하고 출발해 보도록 하자"라고 말하자 ○○이와 친구들이 손을 든다. 교사가 ○○이의 이름을 부르자 ○○이는 "주공 2차"라고 말한다. 교사가 "무슨 동에 살아요?"라고 말하자 "부송동! 부송동 주공 2차… 어… 몇 동은 잘 모르겠어요"라고 말한다. "집에 가서 알아보도록 해요~ ○○이 화장실 가기 위해 한 줄 기차 하세요"라고 교사가 말한다.
	해석	○○이는 집의 동과 호수는 잘 모르지만 자신이 살고 있는 동네의 이름을 알고 있습니다. 다른 사람에게 자신이 살고 있는 동네의 이름을 이야기할 수 있습니다.

출처: 원광대학교 부속유치원(2010). 일화기록(포트폴리오) 자료

유아명		생년월일	○○○○년 7월 17일
관찰교사		관찰기간	○○○○.4.1.~4.30
관찰상황	□ 놀이 / □ 일상생활 / ■ 활동		
영역	의사소통 / 사회관계		
관 찰 내 용		사 진	
대체활동시간, 교사가 '씨앗 찾기 게임' 활동에 대한 안내를 해주고 친구들과 다같이 둘러앉아 게임을 시작한다. 술래가 아닌 ○○이는 게임이 시작되고 "나도, 내가 그거 할래"라고 계속해서 이야기를 하거나 우는 목소리로 말한다. 교사는 "○○아, 이 게임은 씨앗을 찾은 사람이 술래가 되는 게임이야. ○○이가 씨앗을 열심히 찾아서 술래가 되어보자"라고 말해주자 "아니~ 내가 할 거야"라고 우는 목소리로 계속 이야기하며 발길질을 한다.			
평가 및 지도방법	○○이는 관심 있는 활동에 대해 적극적으로 참여할 때가 있으나 그 활동 안에서의 규칙과 약속에 대한 부분들에 이해가 다소 되지 않거나 자기중심적으로 억지를 부리는 경향이 강함. 함께 게임활동에 참여하는 친구들에 대한 생각이나 행동을 존중하지 않고 자신의 감정표현이 더욱 우선시 되어짐. 그러한 감정표현에 있어서도 우는 목소리로 말하거나 떼를 쓰는 경우가 대부분이기에 상대방의 대한 이해가 더욱 필요로 하며 기다리는 것에 대한 연습을 필요로 함.		

유아명		생년월일	○○○○년 4월 2일
관찰교사		관찰기간	○○○○.4.1.~4.30
관찰상황	□ 놀이 / □ 일상생활 / ■ 활동		
영역	신체운동·건강 / 의사소통		
관 찰 내 용		사 진	
대그룹시간, 교사가 봄 꽃 축제장에 필요한 것들에 대해 안내하면서 요즘 코로나19로 인해 어떤 곳을 가든지 입구에서 체온체크외 손소독이 이루어지고 있음에 대해 이야기를 나누고 있는 중에, 햇살반 봄 꽃 축제장을 준비하면서 손소독과 열체크 안내문을 어디에다가 붙이면 좋을지 교사가 질문을 던지자 ○○가 손을 들고 "그럼, 들어오기 전에 해야 되니까 밖에, 밖에다가 붙여야겠는데요?"라고 말한다. 이후, 열체크와 손소독 안내문과 테이프를 제공해주자 ○○가 교실 밖 복도에서 안내문을 벽에 붙이며 "여기, 여기가 좋겠어요"라고 말한다.			
평가 및 지도방법	코로나19에 대한 질병을 예방하는 방법을 잘 알고 건강한 생활을 위한 실천에 대해 잘 인지하고 있음을 알 수 있음. 더불어 대그룹 시간에 이야기나누기 활동에 집중하고 자신의 생각과 의견을 적극적으로 표현하고자 함.		

출처: 구립 늘봄보라매SK뷰어린이집

유아명		생년월일	○○○○년 6월 17일	유아명		생년월일	○○○○년 7월 26일
관찰교사		관찰기간	○○○○. 11.2~11.30	관찰교사		관찰기간	○○○○. 11.2~11.30

영역 \ 내용	관찰내용	영역 \ 내용	관찰내용
신체운동 (11/26)	• 관찰장면: 대체활동시간 • 관찰영역: 신체활동 즐기기 > 대·소근육을 조절한다. 감각과 신체 인식하기> 신체를 인식하고 움직인다. 대체활동시간, 교사가 매트 위에 징검다리 쿠션을 놓아주고 게임 방법을 알려준다. ○○의 차례가 되자 징검다리를 두 발 뛰어 건너 본 후, 동물 모양 과자를 먹는다. 동물 과자를 다 먹은 후 교사에게 "또 해볼래요"라고 말하며 무릎을 구부렸다가 펴며 징검다리 한 칸보다 더 멀리 건넌다.	신체운동 (11/4)	• 관찰장면: 바깥놀이시간 • 관찰영역: 신체활동 즐기기 > 실내·외 신체활동을 즐긴다. 바깥놀이시간, 풍차놀이터로 이동하여 놀이터 주변 곳곳을 달린다. 교사가 "○○ 어디 갔지?"라고 이야기하자 ○○가 교사 근처에 서성이다가 교사와 눈이 마주치자 뒤돌아서 다시 달린다. 잠시 후, 다시 교사에게 다가와 "나 잡아봐"라고 말하며 달려가 미끄럼틀을 타고 내려온다.
사회관계 (11/23)	• 관찰장면: 하원시간 • 관찰영역: 더불어 생활하기 > 사회적 가치를 알기 하원시간, 교사가 "○○야, 강○○ 선생님 오셨네~ 옷 입고 준비하자"라고 말하자 놀이를 멈추고 교사에게 다가와 양말을 스스로 신고 교사의 도움을 받아 겉옷을 입는다. 교사가 "○○야 가자 이제. 박○○ 선생님께도 인사드리고 가자"라고 말하자 고개를 숙이며 "안녕히 계세요"하고 인사한다. 현관으로 이동해 신발을 신고 교사에게 큰 소리로 "안녕히 계세요" 하며 하원한다.	사회관계 (11/16)	• 관찰장면: 오전자유놀이시간 • 관찰영역: 나를 알고 존중하기 > 나의 감정을 표현한다. 현관에서 엄마와 헤어진 후, 교실에 들어와 물건 정리 후에 쌓기영역으로 이동해 와플블록으로 구성물을 쌓는다. 시간이 지난 후, 교사가 "이제 정리하고 간식 먹을 준비하자"라고 이야기하자 갑자기 울음을 크게 터뜨린다. 교사가 다가가 "○○야, ○○ 어떤 게 속상했어?"라고 묻자 울음을 조금씩 그치고 "엄마가 보고싶어"라고 이야기한다. "○○가 엄마가 보고 싶었구나. 이따가 엄마 만나면 오늘 ○○가 엄마를 많이 보고 싶어했어요~ 이야기 해드리자"라고 말하자 "엄마가 빨리 왔으면 좋겠어"라고 대답한다.
평가 및 지도방법	신체운동영역에서 평소 신체활동에 매우 적극적으로 참여하던 ○○는 자신의 신체를 인식하고 스스로 조절해보며 대·소근육활동에 꾸준히 흥미를 갖고 참여하고 있음. 사회관계영역에서 학기 초, 인사를 할 때에 장난을 치거나 수줍어하는 모습을 보였지만 지속적으로 등·하원시간에 교사가 먼저 인사를 건네며 인사하는 것을 격려해주었더니 점차 바른 태도로 만나고 헤어질 때 인사를 해보고 있음.	평가 및 지도방법	신체운동영역에의 ○○는 기구를 활용한 신체활동에 흥미를 많이 느꼈고 현재도 놀이기구뿐만 아니라 자신의 신체를 인식하고 자유로운 움직임을 통해 실내·외에서 신체활동을 즐기는 모습을 보임. 사회관계영역에서는 학기 초, 자신의 감정을 대부분 울음으로 표현했던 것에서 최근에는 울다가도 스스로 울음을 그치려고 노력하는 모습을 보이며 언어적으로 정확하게 자신의 감정을 표현하고 있음.

출처: 구립 늘봄보라매SK뷰어린이집

(4) 질문지법

질문지법(questionnaire)이란 응답자가 스스로에 대해 여러 가지 판단을 하고 진술 또는 표시를 하는 자기보고 형식의 가장 일반적인 형태로서, 평가하고자 하는 문제에 대해 일정한 방식 및 내용의 질문을 작성, 제시하여 조사대상자의 반응을 살펴보는 방법이다(구광현, 이희경, 2002).

질문지는 짧은 기간 내에 많은 연구대상자를 통해 자료 수집을 손쉽게 할 수 있으며, 시간을 절약할 수 있고, 조사하기 어려운 개인적 생활 경험이나 심리적 특성을 조사할 수 있는 장점이 있으나, 응답내용의 진실성 여부 확인이 곤란하며, 문장이해력이나 표현능력이 부족한 대상에게는 적용이 곤란하고, 회수율이 낮을 가능성이 높다는 것이 단점이다.

질문지법은 응답의 형식에 따라 자유기술형, 선택형, 체크리스트 분류법, 등위형, 평정척도형, 상호 대 비교형 등으로 분류된다.

(5) 사건표집법

관찰하고자 하는 사건이나 행동이 일어나기 전의 상황, 사건이나 행동 그 자체, 그리고 사건이나 행동이 일어난 후의 결과를 순서대로 적는 것이다(〈표 4-5〉 참조).

어떤 사건이나 행동이 일어나기 전의 상황(Antecedent event: A), 사건이나 행동(Behavior: B), 사건이나 행동이 일어난 후의 결과(Consequence: C)의 반응을 순서대로 기록한다.

(6) 시간표집법

미리 선정된 행동을 정해진 시간 동안 관찰하며 관찰이 한 번에 끝나는 것이 아니라 시간 간격에 맞추어 여러 번 반복된다. 따라서 관찰하고자 하는 행동을 보기 위해 미리 시간의 단위를 정한다.

시간표집법은 관찰하고자 하는 시간의 한계가 분명하고 관찰하려는 행동에 대한 정의가 분명하기 때문에 신뢰도와 객관도가 높고, 한꺼번에 많은 수의 아동을 관찰할 수 있기 때문에 자료수집에서 효율적인 방법이다.

또한 관찰을 부호화하여 기록하기 때문에 관찰 결과를 해석할 때 서술식 방법보다

시간이 적게 걸린다. 따라서 빠르게 일어나는 행동을 체계적으로 관찰하는 데 가장 적합한 방법이며 집단 전체를 관찰할 수 있다.

이에 반해 자주 일어나는 행동에만 적합하며, 외적인 행동의 측정은 가능하나 그렇지 않은 아동 내면의 감정이나 생각은 관찰할 수 없다. 또한 특수한 행동에만 초점을 두어 관찰하므로 사건의 전모나 일어난 순서 등을 알 수 없다.

표 4-5 ABC 사건표집의 예

ABC 사건표집의 예			
관찰아동 : 학급 전체	생년월일 : ○○○○. 12. 1		성별 : 남·여
관 찰 자 : 김○○(학급 담임)	관 찰 일 : ○○○○. 4. 10~4. 14		
월일	사건 전	사건(갈등 상황)	사건 후
4월 10일	간식을 먹고 동화를 듣기 위해 모이자는 교사의 지시가 있었음	형신이와 민용이가 의자를 들고 뛰어와 바깥 출입문과 가장 가까운 곳에 앉음	동화를 들려주고 나서 바깥놀이를 가게 함
4월 11일	간식을 먹고 이야기 나누기를 위해 모이자는 교사의 지시가 있었음	경민이와 선영이가 의자를 가지고 문제의 자리로 가자 형신이와 민용이가 자기 자리라고 주장하여 갈등이 생김	먼저 온 경민이와 선영이가 자리에 앉도록 함
4월 12일	간식을 먹고 동화를 듣기 위해 모이자는 교사의 지시가 있었음	형신이와 선영이가 의자를 가지고 뛰어오고 있고 순호가 앉으려고 함	이야기 나누기가 끝나고 바깥놀이를 가게 함
4월 13일	간식을 먹고 작업 설명을 위해 모임	자리를 놓고 갈등이 생기지 않음	먼저 온 사람이 자리에 앉음. 동화가 끝나고 바깥놀이를 함
4월 14일	간식을 먹고 노래를 부르기 위해 모임	민용이와 경민이가 자리를 놓고 다툼	작업 설명이 끝나고 분단별로 작업을 함
요약 및 해석	• 이상의 관찰 기록을 보면 교사는 집단활동을 하기 전에 간식을 먹고 있고 자리 다툼이 일어날 때 그 자리에 먼저 온 아이 순서대로 자리에 앉게 하는 것을 볼 수 있다. • 또한 집단활동이 끝나면 바깥놀이를 갈 때는 갈등이 생기지만 실내에 그대로 머무르는 경우에는 갈등이 생기지 않았다. • 이는 유아들의 자리 다툼과 바깥놀이가 연관이 있음을 시사해 주는 것이나, 교사는 바깥놀이를 하기 직전에 어떤 일이 벌어지는지 계속해서 관찰하기로 했다.		
결과	ABC 사건표집법을 계속한 결과 교사는 바깥놀이를 위해 아이들을 내보낼 때 출입구에 가까이 앉은 순서대로 보내는 습관이 있음을 발견하였다. 따라서 바깥놀이를 빨리 나가고자 하는 형신이, 민용이 등을 중심으로 출입구 가까운 자리에 앉으려는 갈등이 발생한 것이다		

출처: 김희진 외(2001); 조순옥 외(2010) 재인용. 아동사회교육.

표 4-6 공격적 행동 시간표집법

관찰유아	○ ○ ○		생년월일	○○○○. 04. 26(5년 5개월)		성별	남
관찰자	바다반 - ○○○		관찰일시	○○○○. 06. 30(AM 10:00~10:10)			
관찰장면	바다반 교실(자유선택활동 시간)						
시간	공격적 행동		친사회적 행동		관찰내용		
	욕하기	놀잇감 뺏기	양보하기	말로 표현하기			
10:00~10:01	✓				정현이가 블록을 주지 않겠다고 하자 큰 소리로 욕을 한다. 정현이는 민형이를 쳐다보다가 다시 놀이한다.		
~10:02							
~10:03							
~10:04		✓			정현이를 보고 있던 민형이가 정현이가 쥐고 있던 블록을 빼앗으며 욕을 한다.		
~10:05		✓					
~10:06							
~10:07		✓					
~10:08							
~10:09							
~10:10					정현이가 "같이 놀자"라고 말하자 쥐고 있던 블록을 돌려주고, 벽돌 블록을 가져다가 "너 필요해?" 하고 묻는다.		
~10:11			✓				
의견	민형이는 친구들과 놀이를 할 때 놀잇감을 달라는 말을 하기보다는 상대방의 놀잇감을 빼앗는 행동을 하여 또래로부터 거부된다. 또래 친구들이 민형이가 원하는 대로 해주지 않을 때 큰 소리로 욕을 한다. 그러나 상대방이 호의를 베풀 경우, 놀잇감을 양보하는 행동이 나타난다.						

출처: 박찬옥 외(2010). 유아사회교육.

(7) 면접법

면접법(Interviews)이란 “언어의 상호작용을 매개로 하여 피면접자(아동)로부터 연구목적에 부합되는 여러 가지 정보를 수집하는 것”을 의미한다.

면접은 관찰만으로 얻기 어려운 구체적인 정보를 파악할 수 있다는 장점이 있으나, 아동의 언어적·인지적 능력에 따라 질문을 이해하는 정도가 다를 수 있으므로 이를 유의해야 한다. 또한 교사는 아동의 말이 아동의 사고 전체를 나타낸다고 평가해서는 안 된다(박찬옥 외, 2010). 다로우(Darrow, 1964)는 아동과 면담을 할 때 일관성과 정확성, 명료함과 충분함, 광범위함을 고려해야 한다고 하였다(조순옥 외, 2002 재인용).

첫째, 일관성은 아동이 같은 유형의 질문에 같은 방법으로 안정되게 반응하는가를 본다.

둘째, 정확성은 아동이 모든 가능한 반응을 포함하여 반응할 수 없으나, 비교적 정확하게 반응하는가를 관찰한다.

셋째, 명료함은 반응이 분명하고 받아들일 수 있는지 평가한다.

넷째, 충분함은 관련 개념이 얼마나 많은 반응으로 나타났는지를 살펴본다.

다섯째, 광범위함은 나타난 개념의 범위를 보는 것이다.

다음은 교사가 아동의 사회적 기술을 알아보기 위한 면담의 예이다.

표 4-7 아동면담의 예

유아	○○○	생년월일		성별	
평가자	교사	평가일			
면담장면	이야기 나누기				
면담내용	교사 : 누군가에게 도움을 청하고 싶을 때 뭐라고 말하면 좋을까? ○○○ : 도와달라고 말해요. 교사 : 그냥 “도와줘” 하고 말하면 친구가 도와줄까? ○○○ : 안 도와주고 그냥 가요. 교사 : 그럼 친구에게 어떻게 말하면 도와줄 것 같으니? ○○○ : 필요하니까 도와달라고 해요. 교사 : 조금만 더 자세히 이야기해 볼래? ○○○ : 내가 혼자 퍼즐을 못 맞추니까 도와줘. 교사 : 네가 혼자 어려운 것을 말하고 도움이 필요하다고 말하겠다는 것이니?				

출처: 박찬옥 외(2010). 유아사회교육.

(8) 포트폴리오

① 포트폴리오 개념

포트폴리오(portfolio)란 아동의 노력, 진보, 성취를 보여 주는 작품들을 수집하고 학문적 진보를 평가하는 수단으로서 수행에 기초한 평가(performance-based assessment) 형태이다. 단순히 아동의 활동작품을 한 파일 안에 넣은 것이 아니라 조직화된 자료 수집물로 아동과 교사, 부모, 미래에 이 학생을 담당할 교사가 학생의 장기간에 걸친 성취나 기술, 태도, 흥미 등을 확신하고 보고하는 데 사용되는 모든 과정과 산출물을 말한다.

유아교육기관에서 포트폴리오를 활용하는 목적이 평가를 위한 것인지 혹은 교수-학습에 비중을 두는지 등에 따라, 그리고 포트폴리오를 활용하는 목적에 대한 교사의 철학에 따라 다음과 같은 몇 가지 고려해야 할 사항들이 있다(김지영, 2002).

첫째, 작품 선정은 누가 하는가?

둘째, 포트폴리오의 내용 구성을 표준화시켜야 하는가?

셋째, 작품의 초안들도 포함되어야 하는가? 혹은 완성된 작품들만 포함되어야 하는가?

넷째, 아동이 활동한 최상의 작품만 해당되는가? 변경해 보고 싶은 작품들도 포함되어야 하는가?

다섯째, 포트폴리오 안에 얼마나 많은 학습 영역들이 다루어져야 하는가?

여섯째, 유아교육기관에서의 생활만 반영해야 하는가? 기관 밖의 활동들이 포함되도록 권해야 하는가?

② 포트폴리오 장점

포트폴리오는 부모교육과 상담의 자료로 활용할 수 있으며 다음과 같은 장점들이 있다(장혜순, 2006).

첫째, 포트폴리오는 아동의 수행에 대한 의미 있는 평가 도구가 될 수 있다.

둘째, 포트폴리오는 교수-학습 과정의 질적 변화와 발전을 가져올 수 있다.

셋째, 포트폴리오는 부모와의 의사소통을 개발하고 자녀에게 주어지는 교육과정의 의미와 아동의 발달에 대한 이해를 공유하는 데 가장 강력한 도구가 될 수 있다.

넷째, 포트폴리오는 교사의 전문적 발달에 효율적인 도구가 된다.

③ 포트폴리오 평가내용

국가수준 교육과정 내용에 준하여 영역을 구분하였으며 원광대학교 부속유치원(2010) 아동의 실제 자료를 통해 다음과 같은 평가내용을 기술할 수 있다.

표 4-8 포트폴리오 평가

영역	평가목적	평가내용	평가방법
건강생활	• 신체조절능력과 기초체력, 순발력 등의 발달 정도를 알 수 있다.	• 유아들이 제일 좋아하는 게임, 대근육 활동에 참여하는 정도에 대한 증거자료	• 기초체력평가 • 장애물 경주 • 신체검사
사회생활	• 유아가 선호하는 놀이를 알 수 있다. • 교실 내의 사회적 사건과 경험들을 관찰하여 분석한다. • 또래와의 상호작용을 통해 평가한다.	• 유아가 주로 선택하는 놀이 • 또래와의 상호작용을 요구하는 다양한 활동에의 참여와 활동에 대한 증거 • 유아의 독특함, 성격, 성향에 대한 증거 • 다른 사람과의 관계에서 주도적인 역할을 하는지 혹은 추종자의 역할을 하는지의 여부	• 자유선택활동 표 • 친구관계 • 또래와의 상호작용 검사
표현생활	• 창의적 동작활동은 리듬에 대한 감수성 표현력, 신체제어 음악에 대한 반응성에서의 강점을 알 수 있다. • 노래활동을 통해서 좋아하는 노래와 음악기억력, 멜로디, 리듬감 등을 평가할 수 있다. • 다양한 작품 등을 통해서 예술능력을 정확하게 평가한다	• 동작활동, 음악, 동극 등의 활동에서 유아의 움직임을 체계적으로 관찰기록 • 노래하는 모습의 사진 • 여러 가지 도구나 자료에 의한 평가내용 • 다양한 그리기·만들기 결과물	• 동작활동 검사도구 • 노래활동 • 미술작품 • 관찰
언어생활	• 이야기를 전개하는 창의력과 독창성을 알 수 있다. • 듣기, 말하기, 읽기, 쓰기 등의 발달 정도와 성향을 알 수 있다.	• 의사소통능력을 보여 주는 체계적인 관찰 • 유치원 독서카드 • 인쇄물에 대한 유아들의 이해 • 유아들이 써놓은 글 모음	• 이야기활동 • 자신의 생각 표현하기

영역	평가목적	평가내용	평가방법
탐구생활	• 수 개념, 수세기 기술, 규칙을 지키는 능력, 사물에 대한 이해능력 등을 알 수 있다. • 주의 깊은 관찰을 하고 상관관계를 발견하며 실험을 통해 가설을 세우는 유아들의 능력을 알 수 있다.	• 유아의 사고과정을 볼 수 있는 주제 조직망 • 도표나 그림으로 정보를 표현할 수 있는 유아의 능력을 보여 주는 작품의 예 • 유아의 개념적인 이해 탐구 가설 세우기 문제해결 등의 기록을 나타내 주는 사진 혹은 체크리스트나 면접에서 얻은 자료 등	• 공룡게임 • 보물찾기 게임 • 뜨고 가라앉기 게임 • 관찰한 결과물 • 요리활동지

출처: 원광대학교 부속유치원(2010). 일화기록(포트폴리오)자료.

④ 포트폴리오 수집 시기 및 기록

포트폴리오를 수집할 때에는 정확한 월, 일을 정하기보다는 봄, 가을, 겨울의 계절별로 나누는 것이 추천되고 있다. 예를 들면 3월 입학의 경우 입학부터 늦봄(대략 3월, 4월, 5월)까지를 첫 번째 기간(봄)으로, 여름방학 전부터 가을(대략 6월, 9월, 10월)까지를 두 번째 기간(가을)으로, 그 이후부터 학년 말(11월, 1월, 2월)까지를 세 번째 기간(겨울)으로 계획할 수도 있을 것이다(김지영, 2002). 포트폴리오를 처음 해보는 교사라면 학기별로 나누어서 해볼 수도 있는데 이것 역시 유아교육기관에서 자체적인 협의를 한 후 결정할 수 있다(장혜순, 2006).

포트폴리오에 들어갈 작품을 선정하여 넣을 때는 각 작품이 어떤 영역에, 어떤 항목에 속하는지, 시기는 언제인지를 표시해 두어야 한다. 또한 그때마다 아동의 작품 설명, 상황 묘사, 교사의 판단 등과 같은 기록을 함께 적어 두어야 하는데, 아동의 작품에 그대로 표기할 수도 있고, 표기 양식을 따로 만들어 사용할 수도 있다.

3. 아동생활지도에서의 놀이기록과 평가의 실제

1) 놀이 속의 관찰

20○○학년도 유아평가

◆ 놀이 관찰 평가

<table>
<tr><th colspan="5">(1)학기 교육 목표 관찰평가
○○○유치원</th></tr>
<tr><td rowspan="2">관찰시기</td><td rowspan="2">20○○. 5.27.(수) ~ 8.28.(금)</td><td>관찰자</td><td colspan="2">교사 김○○</td></tr>
<tr><td>원아명</td><td colspan="2">인○○(3세)</td></tr>
<tr><th>영역별 유치원 목표</th><th colspan="3">관찰내용 (놀이에서 본 것)</th><th>비고
(사진, 메모)</th></tr>
<tr><td>〈신체운동·건강〉
건강하고 안전한 생활습관을 가진 어린이
★ 핵심목표
- 신체활동 즐기기</td><td colspan="3">• 신체를 인식하고 움직임을 조절할 수 있음. 다양한 신체활동에 참여하지만 새로운 활동이나 자신이 없는 경우에는 참여하지 않기도 함.
• 몸에 좋은 음식을 알고 있지만 야채, 김치 등 편식이 있어 다양한 음식을 먹어보는 경험이 필요함.</td><td></td></tr>
<tr><td>〈의사소통〉
바른 언어를 사용하여 의사소통하는 어린이
★ 핵심목표
- 자신감 있게 말하기</td><td colspan="3">• 자신의 느낌, 생각, 경험을 말할 수 있으며 상황에 적절한 단어를 사용해 말함. 친하고 익숙한 상대방에게는 자신의 감정을 잘 표현하지만 많은 사람 앞에서는 목소리가 작아지기도 함.
• 대·소집단활동 시 바른 자세로 이야기를 나누며 친구나 교사에게 고운 말을 사용함.
• 책에 흥미가 많으며 책과 관련된 활동을 좋아함.</td><td></td></tr>
<tr><td>〈사회관계〉
자신과 타인을 존중하고 더불어 생활하는 어린이
★ 핵심목표
- 자신의 감정 표현하기</td><td colspan="3">• 자신의 주변을 스스로 정리할 수 있으며 손씻기, 가방정리 등을 꼼꼼히 하고 자신의 물건을 잘 챙김.
• 친구의 감정, 생각도 존중해 대부분의 친구들과 사이좋게 지냄. 친구와 갈등상황이 생기면 자신의 감정을 친구에게 말하기 어려워하였으나 지금은 스스로 표현하거나 교사에게 도움을 요청함.</td><td></td></tr>
<tr><td>〈예술경험〉
생각과 느낌을 창의적으로 표현하는 어린이
★ 핵심목표
- 움직임으로 표현하기</td><td colspan="3">• 신체, 악기를 활용해 춤으로 자유롭게 표현함. 놀이 중에도 신체를 움직이며 즐겁게 놀이하며 노래를 흥얼거리거나 부르기도 함.
• 미술활동을 좋아해 다양한 재료를 사용한 미술활동에 즐겁게 참여함.</td><td></td></tr>
<tr><td>〈자연탐구〉
호기심을 가지고 탐구하는 어린이
★ 핵심목표
- 궁금한 것 알아가기</td><td colspan="3">• 주변 세계와 자연에 대해 지속적으로 호기심을 가지며 궁금한 것을 탐구하는 과정에 즐겁게 참여함. 일상생활 중 달라진 것 등을 잘 찾아내어 묻고 궁금한 것은 교사에게 적극적으로 물어봄.
• 주변의 동식물에 관심을 가지고 탐색하며 생명과 자연을 소중히 여김.</td><td></td></tr>
</table>

20○○학년도 유아평가

◆ 놀이 관찰 평가

<table>
<tr><th colspan="5">(2)학기 교육 목표 관찰평가
○○○유치원</th></tr>
<tr><td rowspan="2">관찰시기</td><td rowspan="2">20○○. 09.01.(화) ~ 02.19.(금)</td><td>관찰자</td><td colspan="2">교사 김○○</td></tr>
<tr><td>원아명</td><td colspan="2">인○○(3세)</td></tr>
<tr><td>영역별 유치원 목표</td><td colspan="3">관찰내용 (놀이에서 본 것)</td><td>비고
(사진, 메모)</td></tr>
<tr><td>〈신체운동·건강〉
건강하고 안전한 생활습관을 가진 어린이
★ 핵심목표
- 신체활동 즐기기</td><td colspan="3">• 신체를 인식하고 움직임을 조절할 수 있음. 다양한 신체활동을 즐거워하지만 새로운 활동이나 자신이 없는 경우에는 참여하지 않기도 함.
• 교사가 함께 하거나 친한 친구들과는 새로운 활동에도 참여하려고 노력함.
• 새로운 활동에도 자신감을 가지고 대부분 활동에 적극적으로 참여함.</td><td></td></tr>
<tr><td>〈의사소통〉
바른 언어를 사용하여 의사소통하는 어린이
★ 핵심목표
- 느낌, 생각, 경험 말하기</td><td colspan="3">• 자신의 느낌, 생각, 경험을 말할 수 있으며 상황에 적절한 단어를 사용해 말함. 다만 많은 사람 앞에서는 목소리가 작아지며 자신의 감정을 표현하기 어려워함.
• 친하고 익숙한 상대방에게는 자신의 감정을 표현하려고 함.
• 많은 친구들 앞에서도 자신의 의견을 이야기해보려고 노력함.</td><td></td></tr>
<tr><td>〈사회관계〉
자신과 타인을 존중하고 더불어 생활하는 어린이
★ 핵심목표
- 친구와 사이좋게 지내기</td><td colspan="3">• 친구와의 놀이에 관심이 많지만 먼저 다가가 놀이에 참여하기 어려워함.
• 교사의 도움을 받아 친구들과의 놀이에 참여함.
• 친구들에게 적극적으로 친밀감을 표현하며 먼저 다가가 놀이를 제안하며 즐겁게 놀이에 참여함.</td><td></td></tr>
<tr><td>〈예술경험〉
생각과 느낌을 창의적으로 표현하는 어린이
★ 핵심목표
- 음악으로 표현하기</td><td colspan="3">• 신체, 악기를 활용해 춤으로 자유롭게 표현함. 놀이 중에도 신체를 움직이며 즐겁게 놀이하며 노래를 흥얼거리거나 부르기도 함.
• 다양한 악기에 관심을 가지고 놀이하기를 좋아함. 특히 피아노의 소리 높낮이에 흥미를 보이며 스스로 음을 만들어 노래를 부르며 놀이함.</td><td></td></tr>
<tr><td>〈자연탐구〉
호기심을 가지고 탐구하는 어린이
★ 핵심목표
- 궁금한 것 알아가기</td><td colspan="3">• 주변 세계와 자연에 대해 지속적으로 호기심을 가지며 궁금한 것을 탐구하는 과정에 즐겁게 참여함.
• 일상생활 중 달라진 것 등을 잘 찾아내어 묻고 궁금한 것은 교사에게 적극적으로 물어봄.</td><td></td></tr>
</table>

◆ 교육계획안을 통합한 관찰 기록 예시

날짜	16(월)	17(화)	18(수)	19(목)	20(금)
교육행사					생일잔치
놀이	<자유놀이> - 여러 가지 미술 놀이 재료 탐색하기 - 다양한 악기 소리 탐색 / 음악 감상				
활동	*이야기 나누기: 유치원에 있는 놀잇감 / 어떻게 사용할까요 친구와 함께 놀아요 / 블록방을 소개해요 추가 재미있는 놀이 소개하기				
바깥놀이	*유치원 마당에는 무엇이 있을까		*마당에서 할 수 있는 놀이		
10분 안전교육	*생활안전 - 놀이공원에 놀러갔어요		*생활안전 - 미아예방		
기본생활습관/인성교육	*바른자세로 이동해요				
특성화활동	*월: 체육(공놀이/파라슈트)				
	16(월)	17(화)	18(수)	19(목)	20(금)
누리과정 운영평가▷	[이야기나누기] 유치원에 있는 놀잇감 유아들이 유치원에 있는 놀잇감을 보고 "우리 집에도 있는 거야", "이건 처음 보는 놀잇감이다"라고 이야기하며 놀잇감에 흥미를 가짐	[이야기나누기] 블록방을 소개해요 유아들이 궁금해하는 블록방에 대해 활용을 추가하여 소개함			

일일시간계획	
~09:00	등원
09:00~09:10	아침인사
09:10~11:30	자유놀이/활동 자율간식
11:30~12:20	점심 및 양치
12:20~13:20	바깥놀이/활동

◆ 생활주제별 놀이과정 및 누리과정 운영 평가 예시

<table>
<tr><th>놀이주제</th><th>미로</th></tr>
<tr><td>시기</td><td>7월 1일~7월 21일(3주간)</td></tr>
<tr><td>유아
놀이관찰
내용</td><td>

• 놀이의 발단

○○학급 유아들 중 A와 B가 자유선택활동 시간에 미로찾기를 하고 싶다고 교사에게 미로찾기를 달라고 요구한다. 교사가 미로찾기를 프린트해 주자 A와 B는 미로찾기를 하며 이야기를 나누자, 주변 유아들이 자신도 미로찾기를 하고 싶다고 미로찾기 종이를 가지고 가서 놀이를 시작한다.

• 놀이의 진행

〈미술재료로 미로 만들기〉

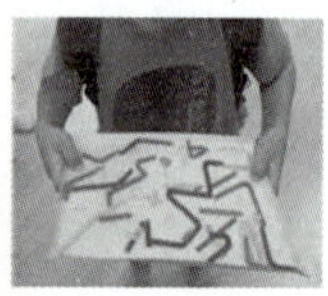

유아들이 미로에 흥미를 갖고, 미술영역에서 다양한 재료로 미로를 만들기 시작한다. 교사가 유아 중 빨대로 미로를 만든 유아의 작품을 소개해 주고 전시하자, 유아들이 그것을 보고 따라 만들기도 하고 미로에 구슬을 올려 굴리는 게임을 하기도 하였다.

〈교실 물건으로 미로 만들기〉

교사가 우리 반에서 미술영역 말고도 다른 재료로 미로를 만들 수 있는지 유아들에게 질문을 하자, 유아들은 유치원 교실 물건(책, 벽돌블록 등)으로 미로를 만들어 보자고 제안한다.

〈미로 속에서 하루종일 생활하기〉

유아들이 교실 물건으로 미로를 만들었던 것을 부수기 아까워하며 재미있어했던 유아들은 미로 속에서 놀이하는 날을 제안한다. 유아들이 입구부터 출구까지 만들어 달기도 하고 간식을 미로 속에서 먹어보는 경험을 하기도 하며 즐거운 시간을 보냈다.

• 놀이의 마무리

"오늘도 미로에서 간식 먹으면 안 돼요?"라고 이야기하던 유아들은 며칠 후 교사가 작품을 담아왔던 빈 상자에 들어가서 앉고, 상자를 끌기도 하고 그림을 그리기도 하며 상자에 관심이 옮겨간다.

</td></tr>
<tr><td>누리과정
운영 평가</td><td>

• 신체운동·건강: 미로를 만들고 신체를 움직이며 움직임을 조절하고, 안전하게 도구를 사용하는 방법을 경험함

• 의사소통: 유아들이 미로를 만들기 위한 자신의 생각을 언어로 표현하고, 다른 유아의 의견을 듣는 기회가 많아 바르게 말하고 듣는 태도 형성에 도움이 됨

</td></tr>
</table>

	• 사회관계: 미로를 만들며 유아들이 함께하는 시간이 많아 유아들 간 서로 다른 감정과 행동을 존중하고 소통하며 갈등을 해결함 • 예술경험: 미로와 관련되어 다양한 재료를 활용하여 미로를 만드는 유아들이 있었으나, 일부 유아들은 한정된 재료로만 만들어 다소 부족함이 있어 좀 더 다양한 재료의 지원을 필요함 • 자연탐구: 미로를 구성하며 길이, 위치, 방향에 대한 탐구과정에 즐겁게 참여하고 풍부히 경험함

출처: 누리과정 포털 사이트. https://www.i-nuri.go.kr

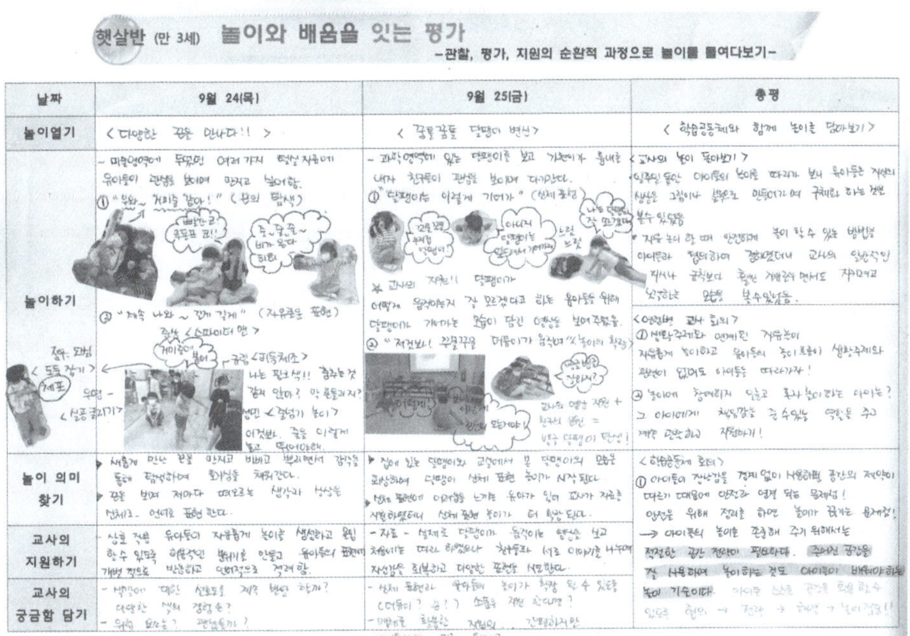

햇살반 (만 3세) 놀이와 배움을 잇는 평가
-관찰, 평가, 지원의 순환적 과정으로 놀이를 들여다보기-

날짜	9월 24(목)	9월 25(금)	총평
놀이열기			
놀이하기			
놀이 의미 찾기			
교사의 지원하기			
교사의 궁금함 담기			

2) 교사 저널쓰기

<table>
<tr><th colspan="7">놀이기록지</th></tr>
<tr><td>반</td><td>○○○</td><td>연령</td><td>만 5세</td><td>날짜</td><td colspan="2">20○○년 10월 21일 수요일</td></tr>
<tr><td colspan="3">구분</td><td colspan="4">놀이 실행 및 지원 내용
(시간·공간·상호작용·자료)</td></tr>
<tr><td colspan="3" rowspan="3">놀이 지원 및 활동 계획</td><td colspan="4">• 줄을 활용한 놀이를 확장한다.</td></tr>
<tr><td colspan="4">1. 리듬 줄넘기를 확장하기 위해 새 노래를 준비한다.</td></tr>
<tr><td colspan="4">2. 긴 줄을 활용한 놀이를 소개한다.</td></tr>
<tr><td rowspan="6">하루 일과</td><td colspan="2">등원~9:00</td><td colspan="4">[오전간식: 우유]
정○○가 9시 30분에 등원하였음.(등원을 힘들어 함으로 이에 관해 지도가 필요함)</td></tr>
<tr><td colspan="2">화장실 및 놀이 계획
9:00~9:30</td><td colspan="4">• 하루일과 소개 후 놀이계획
- 유아들이 '꼬마야, 꼬마야'를 하고 싶어 하여 자유선택놀이를 짧게 하고 마당으로 나가 놀이하기를 원함.
▸ 놀이지원: '줄은 꼭 넘기만 할 수 있을까?', '교실에서 줄을 가지고 놀이 할 방법은 없을까?' 질문 제시하여 사고를 확장시킴.</td></tr>
<tr><td colspan="2">자유선택놀이
9:30~10:50</td><td colspan="4">• 줄을 활용한 놀이의 아이디어 회의
- 개별 유아가 가진 줄로 줄넘기 외에 다른 놀이가 없을지에 관해 고민함.
- 의자와 의자 사이에 줄을 연결하여 다른 나라를 표시하기로 함.
- 모든 유아가 한 나라(줄 사이에 나뉜 공간)를 가질 수 없으므로 이를 어떻게 해결할지 의견을 조율함.
- 가위바위보를 해서 한 나라에 2~3명씩 배치하여 놀이를 지원함.
▸ 놀이지원: 놀이 중 분쟁이 생겼으나 유아들이 스스로 해결할 수 있도록 시간을 제공함. 또한 새롭게 제시된 아이디어를 글자 또는 그림으로 기록할 수 있도록 활동지를 제공함.</td></tr>
<tr><td colspan="2">바깥놀이
11:00~11:50</td><td colspan="4">• 줄을 활용한 놀이 - '꼬마야, 꼬마야'
- 2~4명 사이로 소그룹을 나눠서 '꼬마야, 꼬마야'를 하기로 함.
- 처음에는 교사가 긴 줄을 돌렸으나 유아들이 역할을 나눠서 줄을 돌리고 개별 줄넘기에서 단체 줄넘기로 놀이가 확장되었음.
- 다른 노래를 부르면서 긴줄을 넘기도 함.
▸ 놀이지원: 리듬 줄넘기의 새 안무를 알려주려고 흥미를 유도하였으나 유아가 관심을 보이지 않아 다음에 다시 제시하기로 함.</td></tr>
<tr><td colspan="2">점심 및 화장실
12:00~12:50</td><td colspan="4">• 식사 전 가림판 및 손씻기에 강조함.</td></tr>
<tr><td>오후놀이
13:00~
13:30</td><td>놀이 흔적</td><td colspan="4">• 긴 줄에 관한 흥미가 확장
- 긴 줄 놀이가 더 하고 싶은 유아들이 고리블록을 길게 연결하기 시작함. ○○이가 고리블록을 길게 연결하여 흔들어 봄. 그리고는 "이걸로 뭐 하고 놀지?"라고 큰소리로</td></tr>
</table>

	하루평가 및 귀가 13:30~14:00	말함. 그 말을 들은 ○○이가 ○○에게 다가와 "와~ 엄청 길다! 우리 이걸로 꼬마야 할까?"라고 말한다. 그러자 ○○이가 "그래~ 나 아까 단체 줄넘기 몇 번 못해서 아쉬웠어. 근데 이 줄(고리블럭)은 누가 돌려주지?"라고 물어보자 ○○이가 "내가 줄을 돌려줄게!" 하며 놀이에 참여함. ▸ 놀이지원: '줄' 아닌 '고리블록'으로 줄넘기가 가능한지 호기심을 가진 유아가 실험을 해볼 수 있도록 기회를 제공함.
출결 및 건강 상태		• 결석 아동(사유): 김○○, 정○○ • 아픈 아동(가정연락 및 지원내용): 없음 • 투약 아동: 없음
평가 및 다음날 지원계획		도구 활동으로 줄넘기놀이를 계속 하고 있어서 줄에 대한 관심이 아주 많음. 이러한 유아의 흥미를 유지할 수 있도록 끈에 관한 활동을 더 제공해야겠음.

[유의사항]

- 놀이지원에 초점을 맞춘다.
- 자유놀이를 중심으로 아동 관찰시간을 충분히 확보한다.
- 아동이 놀이를 스스로 주도하고 놀이방법을 찾도록 격려한다.
- 개별 및 집단 놀이기록을 지속적으로 관리한다.
- 놀이과정을 평가하고 개선사항을 찾는다.

3) 디지털 놀이 기록화

개정 누리과정에는 놀이의 자발성을 강조하였고, 아동의 놀이를 관찰, 기록하고 이를 평가하여 교육과정에 반영하는 것이 중요하다. 교사가 많은 아동의 놀이과정을 관찰, 기록하는 데 한계가 있고 이를 보완하기 위해 디지털 기록을 활용할 수 있다. 파워포인트, 플립앨범, 플레이스토어, 애플스토어 등의 앱을 연계하여 교사는 놀이기록과 평가의 효율성을 높일 수 있다. 예를 들어 플립파워포인트를 이용하여 PPT자료를 온라인전자책으로 제작하거나 평가관리 앱을 통해 관찰기록과 음성, 영상 등의 기록을 등록, 보관할 수 있다. 또한 무비메이커 프로그램, 비바비디오, 파워디렉터 앱을 통해 UCC 제작 및 비디오 앨범 등을 제작할 수 있다.

놀이 기록화를 위해 디지털 기록 및 앱을 활용하는 방법은 다양하다. 그러나 놀이의 기록을 공유하고 해석하여 다음 교육과정과 연계시키는 것이 더욱 가치 있는 일이다. 놀이의 변화, 놀이의 확대를 고민해 볼 수 있는 근거가 될 수 있기 때문이다. 놀이 속에서 교사의 적절한 개입과 효과적인 전략을 통해 문제해결로 이끌어주는 것이 기록화되면 교사에게는 반성적 사고와 효율적인 교수-학습 전략으로 발전하는 계기가 될 수 있다. 또한 이러한 기록화는 차후 학습의 생생한 시청각 자료로도 활용될 수 있다.

교사의 스마트매체 활용은 컴퓨터 교육의 단점들을 보완할 수 있다. 다양한 매체들의 특성을 이해하고, 스마트기기에 최적화된 전자그림책, 증강현실(AR), 가상현실(VR), 혼합현실(MR) 등을 활용하여 경험의 폭을 넓히고, 가상을 통한 실제 경험 중심의 활동을 제공해야 한다. 캠스캐너, 스마트 프린터, 360도 카메라, 전자태그, 스마트 현미경, 내시경, 번역기, 마이크, 청진기 등 다양한 분야에서 사용하는 매체들을 수업으로 이끌 수 있다. 이러한 매체를 활용하여 스마트 그림책, 증강현실 견학, 인공지능 앱을 경험할 수 있다.

포켓몬고 GPS기반 증강현실 게임

매직리프사의 홀로그램기술과 센서리웨어

구글 익스페디션을 통한 세계유적, 자연환경 탐방

4) 2019 개정 누리과정에서의 평가

2012년 '5세 누리과정' 및 2013년 '3~5세 누리과정'이 시행되는 시점에서 누리과정의 목표와 목적에 맞는 성취와 평가가 이루어져야 했다. 이에 육아정책연구소에서 '3~5세 누리과정 아동 관찰척도'가 개발되었고(이미화 외, 2014), 교사의 누리과정 운영 점검을 평가하는 도구의 역할을 수행하였다. 이후 2019 개정 누리과정에서도 놀이 중심 교육과정을 운영하며 개선점을 찾아가는 데 평가를 활용하고, 평가 절차를 간략화하고자 하였다. 누리과정에서도 평가의 목적, 대상, 방법, 결과의 활용을 위해 자율적인 평가를 강조하였다. 누리과정 평가의 주요 내용은 다음과 같다(교육부, 보건복지부, 2019).

첫째, 누리과정 운영의 질을 진단하고 개선하기 위해 평가를 계획하고 실시한다.

둘째, 아동의 특성 및 변화 정도와 누리과정의 운영을 평가한다.

셋째, 평가의 목적에 따라 적합한 방법을 사용하여 평가한다.

넷째, 평가의 결과는 아동에 대한 이해와 누리과정 운영 개선을 위한 자료로 활용할 수 있다.

2019 개정 누리과정에 명시된 아동의 특성 및 변화 정도와 누리과정의 운영을 평가한다는 중점 사항에 초점을 두고 아동 관찰척도의 개요를 다음과 같이 제시하였다(이윤옥, 2020).

첫째, 누리과정 목표와 내용에 근거하여 아동의 특성과 변화 정도를 관찰하여 평가한다.

둘째, 아동의 지식, 기능, 태도를 포함하여 평가한다.

셋째, 아동의 일상생활과 누리과정 활동 전반에 걸쳐 평가한다.

넷째, 관찰, 활동 결과물 분석, 부모면담 등 다양한 방법을 사용하여 종합적으로 평가하고, 그 결과를 기록한다.

2019 개정 누리과정은 신체운동·건강영역, 의사소통영역, 사회관계영역, 예술경험영역, 자연탐구영역의 5개 영역으로 각 3개의 내용범주 및 총 15개의 내용범주로 조정되었으며 각 영역에 포함된 내용은 신체운동·건강영역 12개, 의사소통영역 12개, 사회관계영역 12개, 예술경험영역 10개, 자연탐구영역 13개 총 59개로 구성되었다.

표 4-9 개정 누리과정 생활영역별 아동 관찰 문항 및 척도

문항			수준		
신체운동·건강영역			1	2	3
신체활동 즐기기	1. 신체를 인식하고 움직인다.	신체 주요 부분의 명칭을 알고 도움이 있으면 따라 움직인다.			
		신체의 주요 명칭과 세부 명칭을 알고 도움이 있으면 따라 움직인다.			
		신체의 다양한 명칭과 기능을 알고 움직인다.			
	2. 신체 움직임을 조절한다.	단순한 대근육 운동과 활동을 한다.			
		대근육 활동에서 균형감과 조절능력이 나타난다.			
		균형감 있고 안정감 있게 대근육을 움직인다.			
	3. 기초적인 이동 운동, 제자리 운동, 도구를 이용한 운동을 한다.	이동 운동과 제자리 운동을 하지 못하며, 운동 기구나 시설을 이용할 수 없다.			
		도움이 있으면 이동 운동과 제자리 운동을 다양하며, 도움이 있으면 다양한 운동기구나 시설을 이용한다.			
		이동 운동과 제자리 운동을 다양하게 하며, 스스로 다양한 운동기구나 시설을 이용한다.			
	4. 실내외 신체활동에 자발적으로 참여한다.	신체활동이나 바깥 놀이에 참여하지 않는다.			
		도움이 있으면 신체활동이나 바깥 놀이에 적극적으로 참여한다.			
		도움이 있으면 신체활동이나 바깥 놀이에 적극적이고 지속적으로 참여한다.			
건강하게 생활하기	1. 자신의 몸과 주변을 깨끗이 한다.	자신의 몸과 주변을 깨끗이 유지하지 못한다.			
		도움이 있으면 자신의 몸과 주변을 깨끗하게 한다.			
		스스로 자신의 몸과 주변을 깨끗하게 한다.			
	2. 몸에 좋은 음식에 관심을 가지고 바른 태도로 즐겁게 먹는다.	몸에 좋은 음식을 알지 못하고 식사량이 부족하거나 과식하고 음식을 가리며, 바른 태도로 먹지 못한다.			
		몸에 좋은 음식을 알며 도움이 있으면 고른 섭취를 하며, 식사예절을 알고 바른 태도로 먹는다.			
		몸에 좋은 음식을 알고 적당량으로 고른 섭취를 하며, 식사예절을 알고 바른 태도로 먹는다.			

문항			수준		
신체운동·건강영역			1	2	3
건강하게 생활하기	3. 하루일과에서 적당한 휴식을 취한다.	건강을 유지하지 못하고, 하루일과에서 적당한 휴식을 취하지 못한다.			
		도움이 있으면 건강을 유지하고, 하루일과에서 적당한 휴식을 취한다.			
		건강을 유지하고 하루일과에서 적당한 휴식을 취한다.			
	4. 질병을 예방하는 방법을 알고 실천한다.	청결한 위생을 유지하지 못하고, 질병을 예방하는 방법을 실천하지 못한다.			
		도움이 있으면 청결한 위생을 유지하고, 질병을 예방하는 방법을 실천한다.			
		청결한 위생을 유지하고, 질병을 예방하는 방법을 실천한다.			
안전하게 생활하기	1. 일상에서 안전하게 놀이하고 생활한다.	놀이기구, 놀잇감, 놀이 장소를 안전하게 사용하지 못한다.			
		도움이 있으면 놀이기구, 놀잇감, 놀이 장소를 안전하게 사용한다.			
		놀이기구, 놀잇감, 놀이 장소를 안전하게 사용한다.			
	2. TV, 컴퓨터, 스마트폰 등을 바르게 사용한다.	미디어를 안전하게 사용하지 못한다.			
		도움이 있으면 미디어를 안전하게 사용한다.			
		미디어를 안전하게 사용한다.			
	3. 교통안전 규칙을 지킨다.	기본 교통수칙과 교통수단의 안전한 이용법을 알지 못한다.			
		도움이 있으면 기본 교통수칙과 교통수단의 안전한 이용법을 실천한다.			
		기본 교통수칙과 교통수단의 안전한 이용법을 알고 실천한다.			
	4. 안전사고, 화재, 재난, 학대, 유괴 등에 대처하는 방법을 경험한다.	위험 상황(예: 화재, 길을 잃었을 때, 자연재난, 학대, 성폭력, 유괴)에 대처하거나 도움을 요청하는 방법에 대한 이해와 관심이 없다.			
		도움이 있으면 위험 상황에 대처하거나 도움을 요청하는 방법을 알고 실천한다.			
		위험 상황에 대처하거나 도움을 요청하는 방법을 알고 실천한다.			

문항			수준		
의사소통영역			1	2	3
듣기와 말하기	1. 말이나 이야기를 관심 있게 듣는다.	다른 사람의 이야기를 관심 있게 듣지 않는다.			
		도움이 있으면 다른 사람의 이야기를 관심 있게 듣는다.			
		다른 사람의 이야기를 관심 있게 듣는다.			
	2. 자신의 경험, 느낌, 생각을 말한다.	자신의 느낌, 생각, 경험을 간단한 낱말과 문장으로 말하는 것을 어려워한다.			
		도움이 있으면 자신의 느낌, 생각, 경험을 간단한 낱말과 문장으로 말한다.			
		스스로 자신의 느낌, 생각, 경험을 간단한 낱말과 문장으로 말한다.			
	3. 상황에 적절한 단어를 사용하여 말한다.	친숙한 낱말을 사용하여 상황에 적절한 간단한 문장으로 말한다.			
		다양한 낱말을 사용하여 상황에 적절한 간단한 문장으로 말하는 것을 어려워한다.			
		다양한 낱말을 사용하여 상황에 적절한 간단한 문장으로 말한다.			
	4. 상대방이 하는 이야기를 듣고 관련해서 말한다.	상대방의 이야기 내용을 듣고 전혀 이해하지 못한 상태로 자신의 생각을 말한다.			
		상대방의 이야기 내용을 듣고 조금 이해한 후 일부 관련된 말을 한다.			
		상대방의 이야기 내용을 듣고 이해한 후 관련된 말을 한다.			
	5. 바른 태도로 듣고 말한다.	듣는 사람의 생각과 느낌을 고려하지 않고 차례를 지켜서 말하지 않는다.			
		듣는 사람의 생각과 느낌을 고려하여 말하거나 차례를 가끔 지켜 말한다.			
		듣는 사람의 생각과 느낌을 고려하여 말하고 차례를 대부분 지켜 말한다.			
	6. 고운 말을 사용한다.	바르고 고운말을 사용하지 않는다.			
		도움이 있으면 바르고 고운말을 사용한다.			
		스스로 바르고 고운말을 사용한다.			

문항			수준		
의사소통영역			1	2	3
읽기와 쓰기에 관심 가지기	1. 말과 글의 관계에 관심을 가진다.	일생생활과 관련된 새로운 낱말과 문장에 관심을 보이지 않는다.			
		일생생활과 관련된 새로운 낱말과 문장에 일부만 관심을 보인다.			
		일상생활과 관련된 새로운 낱말과 문장을 대부분 이해하고 관심을 보인다.			
	2. 주변의 상징, 글자 등의 읽기에 관심을 가진다.	주변에서 친숙한 글자를 찾아보거나 읽어 주는 글의 내용에 관심이 없다.			
		도움이 있으면 친숙한 글자를 찾아보고, 읽어 주는 글의 내용에 가끔 관심을 보인다.			
		스스로 주변에서 친숙한 글자를 찾아보고, 읽어 주는 글의 내용에 대부분 관심을 보인다.			
	3. 자신의 생각을 글자와 비슷한 형태로 표현한다.	글자 쓰기에 관심을 보이지 않는다.			
		도움이 있으면 글자쓰기에 관심을 가지고 글자와 비슷한 형태를 쓰기를 시도한다.			
		글자 쓰기에 관심을 가지고 글자와 비슷한 형태로 쓴다.			
책과 이야기 즐기기	1. 책에 관심을 가지고 상상하기를 즐긴다.	책에 흥미를 보이지 않으며 책의 그림을 단서로 내용을 이해하지 못한다.			
		책에 흥미를 보이지만 책의 그림을 단서로 내용을 이해하지 못한다.			
		책에 흥미를 보이며 책의 그림을 단서로 내용을 이해한다.			
	2. 동화, 동시에서 말의 재미를 느낀다.	동화, 동시 듣기를 즐기지 않는다.			
		동화, 동시를 듣고 즐기지만, 우리말의 운율이나 재미있는 표현 듣기를 즐기지 않는다.			
		동화, 동시 듣기를 즐기고, 우리말의 재미있는 표현 듣기를 즐긴다.			
	3. 말놀이와 이야기 짓기를 즐긴다.	관심 있는 주제에 대해 함께 이야기를 나누거나 간단한 이야기를 지어 말하는 것을 어려워한다.			
		도움이 있으면 관심 있는 주제에 대해 함께 이야기를 나누고, 간단한 이야기를 지어 말할 수 있다.			
		관심 있는 주제에 대해 함께 이야기를 나누고, 간단한 이야기를 지어 말할 수 있다.			

문항			수준		
사회관계영역			1	2	3
나를 알고 존중하기	1. 나를 알고 소중히 여긴다.	자신의 특성이나 서로의 차이를 잘 모른다.			
		자신의 특성과 서로의 차이를 안다.			
		자신의 특성을 소중히 여기며 서로의 차이를 안다.			
	2. 나와 다른 감정을 알고 상황에 맞게 표현한다.	감정표현에 서툴거나 다른 사람의 감정을 잘 모른다.			
		감정표현에는 능숙하나 다른 사람의 감정은 잘 모른다.			
		감정표현에 능숙하고 다른 사람의 감정도 잘 안다.			
	3. 내가 할 수 있는 것을 스스로 한다.	나의 일을 하거나 하고 싶은 일을 시도해보는 데 관심이 없다.			
		도움이 있으면 나의 일을 하거나 하고 싶은 일을 시도해 본다.			
		나의 일을 하고 싶은 일을 스스로 시도해 본다.			
더불어 생활하기	1. 가족의 의미를 알고 화목하게 지낸다.	가족의 화목한 일상이나 가족을 아끼는 마음을 나타내지 않는다.			
		가족의 화목한 일상이나 가족을 아끼는 마음을 가끔 나타낸다.			
		가족의 화목한 일상과 가족을 아끼는 마음을 자주 나타낸다.			
	2. 친구와 서로 도우며 사이좋게 지낸다.	친구와 협동하여 놀지 않는다.			
		친구와 협동하며 노는 편이다.			
		친구와 협동하며 노는 것을 즐긴다.			
	3. 친구와의 갈등을 긍정적인 방법으로 해결한다.	도움이 없어도 갈등을 긍정적으로 해결하지 못한다.			
		도움이 있으면 갈등을 가끔 긍정적으로 해결한다.			
		도움이 있으면 대부분 갈등을 긍정적으로 해결한다.			
	4. 서로 다른 생각, 행동을 존중한다.	도움이 있어도 정직하지 못하거나 서로의 차이를 가끔 존중한다.			
		도움이 있어야 정직한 편이거나 서로의 차이를 가끔 존중한다.			
		스스로 정직한 편이고 서로의 차이를 주로 존중한다.			
	5. 친구와 어른께 예의바르게 행동한다.	예의 바르게 행동하지 못한다.			
		도움이 있을 때만, 예의 바르게 행동한다.			
		도움이 없어도 대부분 예의 바르게 행동한다.			
	6. 약속과 규칙의 필요성을 알고 지킨다.	도움이 있어도 약속과 공공규칙을 잘 지키지 못한다.			
		도움이 있을 때만, 약속과 공공규칙을 지킨다.			
		도움이 없어도 대부분 약속과 공공규칙을 지킨다.			

문항			수준		
사회관계영역			1	2	3
사회에 관심 가지기	1. 내가 살고 있는 곳에 대해 궁금한 것을 알아본다.	우리 동네의 특징이나 동네 사람들의 직업, 돈이 필요한 이유에 대해 잘 알지 못한다.			
		우리 동네의 특징이나 동네 사람들의 직업, 돈이 필요한 이유에 대해 한두 가지 정보를 안다.			
		우리 동네의 특징이나 동네 사람들의 직업, 돈이 필요한 이유에 대해 여러 가지 정보를 안다.			
	2. 우리나라에 대해 자부심을 가진다.	우리나라의 상징을 잘 모르거나 전통놀이 및 풍습에 관심을 나타내지 않는다.			
		우리나라의 상징을 알고 전통놀이나 풍습에 대해 가끔 관심을 나타낸다.			
		우리나라의 상징을 알고 전통놀이나 풍습에 대해 관심과 자부심을 보인다.			
	3. 다양한 문화에 관심을 가진다.	세계 여러 나라, 다른 인종이나 문화에 관심을 나타내지 않는다.			
		세계 여러 나라, 다른 인종이나 문화에 가끔 관심을 나타낸다.			
		세계 여러 나라, 다른 인종이나 문화에 자주 관심을 나타낸다.			

문항			수준		
예술경험영역			1	2	3
아름다움 찾아보기	1. 자연과 생활에서 아름다움을 느끼고 즐긴다.	도움이 있으면 자연과 생활에서 색, 모양 등의 관심을 갖는다.			
		자연과 생활에서 색, 모양 등이 일부에 아름다움을 느끼고 즐긴다.			
		자연과 생활에서 색, 모양 등의 대부분에 아름다움을 느낀다.			
	2. 예술적 요소에 관심을 갖고 찾아본다.	도움이 있으면 다양한 소리 음악의 셈여림 등 음악적 요소와 미술적 요소에 관심을 갖는다.			
		다양한 소리, 음악의 셈여림, 빠르기, 리듬 등 음악적 요소 중 일부에 관심을 가지나 일시적이다.			
		다양한 소리, 음악의 셈여림, 빠르기, 리듬 등 음악적 요소 중 대부분에 관심을 가지고 지속적이다.			
창의적으로 표현하기	1. 노래를 즐겨 부른다.	자신의 생각이나 느낌을 노래로 표현하며 부르는 것에 관심이 없다.			
		노래 부르기에 관심을 가지며 노래를 부를 때 자신의 생각이나 느낌을 가끔 표현한다.			
		노래 부르기에 관심을 가지며 노래를 부를 때 자신의 생각이나 느낌을 자주 표현한다.			
	2. 신체, 사물, 악기로 간단한 소리와 리듬을 만들어 본다.	친근한 리듬을 리듬악기로 연주하는 것에 관심이 없다.			
		친근한 리듬을 리듬악기로 연주하는 것을 시도한다.			
		친근한 리듬이나 노래를 리듬악기로 연주하고 즉흥적으로 리듬이나 노래 만들기를 시도한다.			
	3. 신체나 도구를 활용하여 움직임과 춤으로 자유롭게 표현한다.	도구를 활용한 움직임이나 춤을 모방만 하고 다양한 움직임이나 춤 표현에 관심이 없다.			
		도구를 활용한 움직임이나 춤을 자유롭고 다양하게 표현하기를 시도한다.			
		도구를 활용한 움직임과 춤을 자유롭고 다양하게 표현한다.			
	4. 다양한 미술 재료와 도구로 자신의 생각과 느낌을 표현한다.	미술활동에 참여하나 재료나 도구의 사용이 다양하지 못하다.			
		재료나 도구를 다양하게 사용하며 미술활동에 참여한다.			
		재료나 도구를 다양하게 사용하며 협동미술활동에 참여한다.			

문항			수준		
예술경험영역			1	2	3
	5. 극놀이로 경험이나 이야기를 표현한다.	일상생활 경험이나 간단한 이야기로 역할과 상황과 관련된 극놀이로 표현하는 것이 서툴다.			
		소품 등을 활용하여 일상생활 경험이나 간단한 이야기를 역할과 상황과 관련된 극놀이로 표현한다.			
		소품 등을 활용하여 일상생활 경험이나 간단한 이야기를 역할과 상황과 관련된 극놀이로 표현하며 즐긴다.			
예술 감상하기	1. 다양한 예술을 감상하며 상상하기를 즐긴다.	도움이 있어도 다양한 예술표현(ex: 음악, 움직임과 춤, 극놀이 등)에 관심이 없다.			
		다양한 예술표현에 관심을 갖는다.			
		다양한 예술표현을 보고 듣고 즐긴다.			
	2. 서로 다른 예술 표현을 존중한다.	자신의 결과물에는 관심을 보이나 타인의 예술표현에 관심이 없다.			
		자신과 타인의 예술표현에 관심을 갖는다.			
		자신과 타인의 예술표현을 소중하게 여긴다.			
	3. 우리나라 전통예술 문화에 관심을 갖고 친숙해진다.	도움이 있으면 전통예술에 관심을 갖는다.			
		전통예술에 관심을 가지나 일시적이다.			
		전통예술에 관심을 가지며 지속적이다.			

문항			수준		
자연탐구영역			1	2	3
탐구과정 즐기기	1. 주변 세계와 자연에 대해 지속적으로 호기심을 가진다.	주변사물과 자연세계에 대해 일시적으로 호기심을 가진다.			
		도움이 있으면, 주변 사물과 자연세계에 대해 지속적으로 호기심을 가진다.			
		주변사물과 자연세계에 대해 지속적으로 호기심을 가진다.			
	2. 궁금한 것을 탐구하는 과정에 즐겁게 참여한다.	궁금한 것을 알아보는 탐구과정에 참여하지 않는다.			
		도움이 있으면, 궁금한 것을 알아보는 탐구과정에 참여한다.			
		궁금한 것을 알아보는 탐구과정에 적극적으로 참여한다.			
	3. 탐구과정에서 서로 다른 생각에 관심을 가진다.	일상생활의 문제를 해결하는 과정에 탐색, 관찰의 방법을 활용하지 못한다.			
		도움이 있으면, 일상생활의 문제를 해결하는 과정에 탐색, 관찰의 방법을 활용한다.			
		일상생활의 문제를 해결하는 과정에 탐색, 관찰의 방법을 스스로 활용한다.			
생활 속에서 탐구하기	1. 물체의 특성과 변화를 여러 가지 방법으로 탐색한다.	친숙한 물체와 물질의 기본적 특성과 변화과정의 탐구에 대한 관심이 없다.			
		친숙한 물체와 물질의 기본적 특성은 관심을 보이지만 물체와 물질을 여러 가지 방법으로 변화시키는 데 관심이 없다.			
		친숙한 물체와 물질의 기본적 특성을 알아보고, 물체와 물질을 변화시키는 데 관심을 가지고 참여한다.			
	2. 물체를 세어 수량을 알아본다.	5까지 수를 순서대로 말하고, 이에 해당하는 수량을 안다.			
		10까지 수를 순서대로 말하고, 이에 해당하는 수량을 부분적으로 안다.			
		10까지 수를 순서대로 말하고, 이에 해당하는 수량을 안다.			
	3. 물체의 위치와 방향, 모양을 알고 구별한다.	나의 앞, 뒤, 옆, 위, 아래에 있는 사물의 위치를 말할 수 있다.			
		물체 간의 위치와 방향을 말할 수 있다.			
		위치와 방향을 말할 수 있고, 구체물이나 그림으로 나타낼 수 있다.			
	4. 일상에서 길이, 무게 등의 속성을 비교한다.	두 물체를 비교해서 '길다/짧다', '크다/작다'라는 것을 안다.			
		두 물체를 비교해서 '길다/짧다', '크다/작다'라는 것을 알고, 도움이 있으면 두 물체의 무게를 비교할 수 있다.			
		두 물체의 길이, 크기, 무게를 비교해서 '길다/짧다', '크다/작다', '무겁다/가볍다'라는 것을 안다.			

문항			수준		
자연탐구영역			1	2	3
	5. 주변에서 반복되는 규칙을 찾는다.	반복되는 규칙성을 인식하는 데 어려움이 있다.			
		단순하게 반복되는 규칙성을 보고 그대로 따라할 수 있다.			
		단순하게 반복되는 규칙성을 보고 그대로 따라할 수 있다.			
	6. 일상에서 모은 자료를 기준에 따라 분류한다.	한 가지 기준을 제시하면 자료를 분류한다.			
		한 가지 기준을 스스로 정하여 자료를 분류한다.			
		간단하게 필요한 정보나 자료를 수집하고 한 가지 기준으로 자료를 분류한다.			
	7. 도구와 기계에 대해 관심을 가진다.	도구와 기계를 활용해보려고 하나 이를 어려워한다.			
		도움이 있으면 도구와 기계의 편리함에 관심을 갖고 활용한다.			
		주변 도구와 기계의 편리함에 관심을 갖고 활용한다.			
자연과 더불어 살기	1. 주변의 동식물에 관심을 가진다.	자신의 출생과 성장이나 관심 있는 동식물의 특성에 대해 알아보려고 하지 않는다.			
		도움이 있으면 자신의 출생과 성장이나 관심 있는 동물의 부분적인 특징에 대해 관심을 가지고 알아본다.			
		자신의 출생과 성장이나 관심 있는 동식물의 특성에 대해 알아보려고 한다.			
	2. 생명과 자연환경을 소중히 여긴다.	생명체를 소중히 여기는 마음이 없으며 생명체가 살기 좋은 환경에 대한 관심이 없다.			
		생명체를 소중히 여기는 마음은 가지고 있으나, 생명체가 살기 좋은 환경에 대한 관심이 없다.			
		생명체를 소중히 여기는 마음을 가지고, 생명체가 살기 좋은 환경에 대해 관심을 가진다.			
	3. 날씨와 계절의 변화를 생활과 관련 짓는다.	자연현상의 변화에 관심이 없다.			
		도움이 있으면, 자연현상의 변화에 관심을 가진다.			
		자연현상의 변화에 관심을 가진다.			

출처: 이정림, 오유정 외(2014). 3-5세 누리과정 아동관찰척도를 활용한 누리과정 효과분석 연구. 육아정책연구소.

생각 키우기

1. 유아교육기관에서 활용할 수 있는 일화기록 평가방법에 대해 생각해 봅시다.

2. 아동 평가방법 중 생활주제별 포트폴리오 평가에 대해 생각해 봅시다.

3. 누리과정에 기초한 관찰척도 진단과 교육에의 적용방법에 대해 생각해 봅시다.

Chapter 05

개인상담

우리는 받아서 삶을 꾸려나가고
주면서 인생을 꾸며나가다

- 윈스턴 처칠 -

05

이 장에서는 사회적인 변화와 개인이 성장해 가는 과정에서 누구나 경험하게 되는 고민이나 문제에 대해 긍정적이며 능동적으로 대처할 수 있도록 문제해결방법의 기초가 되는 개인상담의 정의 및 목표, 상담과정, 상담자의 역할과 효과적이고 효율적인 상담에 기반이 되고 있는 다양한 상담이론들에 대한 전반적인 내용들을 살펴본다.

1. 개인상담의 기초

개인상담의 기초가 되는 기본적인 내용들을 다루어봄으로써 상담의 필요성과 상담과정에서 지켜져야 할 중요한 사항들에 대해 살펴본다.

2. 개인상담 이론

개인상담에서 내담자가 안고 있는 문제의 깊이, 정도 등에 따라 상담에서 접근하는 방법이 각자 다르다. 따라서 여러 가지 개인상담의 이론적 내용을 이해하고 받아들일 수 있도록 다양한 각도에서 살펴본다.

3. 개인상담의 사례

아동교육현장에서 다양하게 경험하게 되는 생활영역별 실제 상황들에 대해 살펴본다.

1. 개인상담의 기초

1) 상담의 개념

상담이란 전문적으로 훈련된 상담자와 도움을 필요로 하는 내담자 간의 개별적인 인간관계를 통해 새로운 학습이 이루어지는 과정이며(이병승, 2008), 내담자와 상담자 간의 수용적이고 구조화된 관계를 형성하고 이 관계 속에서 내담자가 자기 자신, 환경 그리고 자신과 환경의 상호관계에 대해 의미 있는 이해를 증진하도록 하여 내담자 스스로가 효율적으로 의사를 결정하고 행동을 긍정적인 방향으로 변화시키도록 원조함과 동시에 내담자의 성장과 발전을 촉진하는 교육적인 조력과정이다(정원식, 박성수, 1978).

2) 상담의 정의

상담(counseling)이란 용어는 라틴어의 'counsulere'에서 유래한 것으로 '고려한다', '반성한다', '조언받다', '숙고하다', '상담한다' 등의 뜻을 지니고 있다. 따라서 일상적 의미로서의 상담은 충고, 조언, 정보제공, 위로 등의 활동을 가리키는 것으로 사용되고 있으며, 현재 사용되고 있는 counseling으로 해석된 것은 윌리엄슨(Williamson)의 『*How to Counsel Students*』(1939)에서 비롯되었고, 몇몇 학자들에 의한 상담의 구체적인 정의를 살펴보면 다음과 같다(Williamson, 1950; Rogers, 1952; 정원식, 박성수, 1978; 이장호, 1989).

윌리엄슨(1950)은 상담이란 일시적으로 각 개인의 적응을 도울 뿐만 아니라 장래 적응을 준비하도록 돕는 것이라고 제시했고, 로저스(Rogers, 1952)는 상담이란 개인이 행동과 태도를 변화시키는 데 도움이 될 목적을 가진 개인과의 일련의 직접적인 접촉이라고 하였으며, 정원식과 박성수(1978)는 상담이란 도움을 필요로 하는 사람과 도움을 줄 수 있는 사람 사이의 개별적인 관계를 통하여 새로운 학습이 이루어지는 과정으로, 이장호(1989)는 상담은 도움을 필요로 하는 사람이 전문적으로 훈련을 받은 사람과의 대면관계에서 일상생활 과제의 해결과 사고, 감정, 행동 측면에서 인간적인 성장·발달을 추구하는 학습과정으로 정의하고 있다.

학자들이 제시한 상담에 관한 정의를 살펴보면 상담이란 내담자와 상담자 간에 수용적이고 구조화된 인간관계의 형성을 통하여 내담자로 하여금 자신의 문제를 객관적으로 이해하고, 내담자 스스로 자신의 문제를 긍정적인 방향으로 변화시키고자 하는 심리적 조력과정이라고 할 수 있다(김청자, 정진선, 2006; 이병승 외, 2008; 정명화, 2009; 김준규 외, 2010).

3) 상담과 심리치료

일반적으로 상담과 유사하게 사용되는 개념으로 생활지도(guidance)와 상담 및 심리치료(psychotherapy)가 있다. 생활지도와 상담 및 심리치료의 차이를 분명하게 구분하기는 어렵지만 각각의 특성을 간략하게 살펴보면 다음과 같다.

생활지도는 개인 자신과 환경을 이해하도록 개인을 조력하는 과정으로 단순한 정보와 기술적 정보를 필요로 하는 문제를 다루고 있고, 상담은 문제를 가지고 있는 사람들을 도와주는 과정으로 기술적 정보를 필요로 하는 문제와 태도상의 문제, 심리적 갈등의 문제를 다루며, 심리치료는 심리적 갈등의 문제와 정신질환의 문제를 다룸으로써 내담자가 자신의 환경을 바람직한 방향으로 지각하여 그 결과로 나온 통찰력을 일상생활에 적용할 수 있도록 도와주는 활동이라고 정의할 수 있다(김청자, 정진선, 2006; 임규혁, 임웅, 2011). 구체적으로 상담과 심리치료와의 차이점을 정원식과 박성수(1982)는 다음과 같이 설명하고 있다.

첫째, 내담자 문제의 정도에 따라 구별하려는 관점으로 이는 단순한 정보를 제공하는 것에서 만족스러운 해결을 얻을 수 있는 문제에 가까울 때는 상담 그리고 정신질환의 문제 쪽으로 기울어질 때는 심리치료라고 보는 견해이나 문제를 정상과 비정상의 기준으로 나누어 생각하는 것은 무리가 있다.

둘째, 상담이란 내담자가 직면하는 현실적인 문제나 내담자가 의식하고 있는 문제를 주로 다루는 데 반해 심리치료는 성격적인 문제나 무의식의 문제를 다룬다. 또한 상담은 교육, 직업, 결혼 등의 선택과 결정의 문제를 다루는 데 반해 심리치료는 지속적이고 반복적인 정서적 갈등을 다룬다.

셋째, 상담과 심리치료는 목표가 다르다고 보는 관점이 있는데 상담은 성장과 발달을 촉진하고 예방에 역점을 두고 있는 반면 심리치료는 장애를 제거하거나 완화시키는 것으로 치료와 교정에 역점을 둔다.

넷째, 상담과 심리치료를 적용하는 기법이나 방법의 차이로 구별하려는 경향이 있다. 상담은 무의식의 세계를 표현하지 않고 은폐하는 방법을 사용하고 심리치료는 보다 심층적인 무의식의 세계를 탐색하여 심리적인 갈등을 해결하는 비은폐적 방법을 사용한다. 또한 상담은 생각과 의견을 주로 다루는 인지적인 방법을 적용하는 데 반해 심리치료는 증오, 애정, 충동 등과 같은 감정이나 본능을 주로 다루는 정서적인 방법에 의존한다.

상담과 심리치료 두 가지 방법 모두 내담자의 문제를 해결하고 한 개인이 건강한 사회 구성원으로의 성장을 촉진하는 역할을 하기 때문에 상담과 심리치료를 명확히 구별하여 차이를 두기보다는 내담자의 상황 및 내용 정도에 따라 적절하게 함께 활용하는 것도 좋은 방법이라고 볼 수 있으며, 상담과 심리치료를 세부적으로 비교해 보면 〈표 5-1〉과 같다.

표 5-1 상담과 심리치료의 비교

구분	상담	심리치료
문제의 정도	• 단순히 정보를 제공을 통한 만족한 해결 및 결과를 획득	• 정신질환의 문제에 근접
문제의 근거	• 현실적인 문제와 내담자가 의식하고 있는 문제	• 성격적인 문제나 무의식의 문제
목표의 정도	• 성장과 발달을 촉진 • 문제 예방에 목적	• 장애를 제거하거나 완화 • 치료와 교정에 역점
적용기법	• 무의식 세계를 표현하지 않고 은폐하는 방법 사용 • 생각과 의견을 다루는 인지적인 방법 적용	• 무의식 세계 탐색을 통한 심리적 갈등을 해결하려는 비은폐적 방법 사용 • 감정, 본능을 주로 다루는 정서적인 방법에 의존

4) 개인상담의 목표

개인상담의 목표는 상담의 방향을 제시할 뿐만 아니라 상담의 효과를 평가하는 기초로서 필요하기 때문에 목표가 내담자의 문제 성격에 따라 다르게 기술될 수 있다.

일반적으로 개인상담을 통해 변화될 수 있는 요소로는 행동 변화, 정신건강의 증진, 문제해결, 개인의 효율성 증진, 의사결정 등과 같은 목표 성취를 기대할 수 있으며 구체적으로 살펴보면 다음과 같다(박성수, 유효순, 1995; 김청자, 정진선, 2006).

(1) 아동 행동의 바람직한 변화

로저스(1965)가 상담의 결과로 위협과 불안을 덜 느끼며 이상적인 자아와 지각된 자아 사이에 조화를 이루는 것이라고 제시한 것처럼 변화가 필요한 행동이 어떠한 것인가를 구체적으로 표현할 수 있고, 상담은 개인이 좀 더 생산적이고 행복한 생활을 하는 데 방해가 되는 행동을 감소 또는 제거시키고, 만족스럽고 성공적인 생활을 하는 데 도움이 되는 행동의 변화를 가져오게 한다고 제시하고 있다.

(2) 정신건강 촉진

모든 사람이 성격적으로 현실적이고 합리적이며 생산적이 되도록 하는 것이 정신건강 증진의 목표인 것과 같이 상담은 소수의 아동뿐 아니라 다수의 정상 아동들이 문제나 부적응 행동을 하지 않도록 사전에 예방하여 전체 아동의 정신건강을 증진·유지시키고자 하는 데 목표가 있다.

(3) 문제해결 능력

상담자는 아동 스스로 문제를 해결할 수 있도록 도움을 주어야 하며, 아동들이 당면한 다양한 문제들(가족 간의 문제, 기관 적응 문제, 또래관계, 행동이나 습관의 문제, 심리적 문제 등)을 자발적인 요구에 의해 아동 스스로 극복할 수 있도록 기다려주고 어려움을 느낄 때에는 직접적인 도움보다 간접적인 도움을 통해 자연스럽게 문제해결을 하도록 하는 것이 상담의 필수적인 요건이라고 보고 있다.

(4) 개인의 효율성 증진

상담은 내담자의 능력과 흥미를 이용하여 극대화할 수 있는 방법을 터득할 수 있는 다양한 기회를 제공하여 새롭고 유익한 생산적인 사고를 증진시키고 적응적인 인간관계를 형성하도록 하여 개인의 효율성을 향상시켜야 한다.

(5) 의사결정

상담은 의사결정이 합리적이고 효율적으로 이루어질 수 있도록 돕는 목표를 갖고 있기 때문에 상담자는 개인이 스스로 선택하고 의사결정에 영향을 줄 수 있는 문제를 확인·분석해 봄으로써 내담자에게 도움이 되도록 한다.

5) 상담과정

상담은 상담자와 내담자가 만나는 첫 번째 접촉이면서 상담이 마무리될 때까지 여러 번의 만남을 통한 대화에 의해 이루어지는 과정이다. 로저스(1942)는 상담자들의 효율적인 상담을 위한 과정을 12단계로 세분화시켜 다음과 같이 설명하고 있다.

첫 번째 단계는 본인 또는 다른 사람의 권유에 의해서 이루어지는 상담의 시작단계로 내담자의 방문을 말하며,

두 번째 단계는 상담자는 도움을 주는 존재이며, 내담자는 자신의 문제에 대해서 책임을 지고 스스로 문제를 해결해 나가야 된다는 점을 인식시키는 상담 상황에 대해 정의를 내리는 단계

세 번째 단계는 내담자가 자유롭게 자기 감정을 표현할 수 있도록 우호적이고 허용적인 분위기를 마련하는 래포의 형성 단계

네 번째 단계는 내담자의 부정적 감정을 보다 자유롭게 표출하도록 격려하며, 그것을 수용하고 인정하며 명료화해 주는 내담자의 부정적 감정 수용의 단계

다섯 번째 단계는 내담자의 부정적 감정이 모두 표출된 후, 약하긴 하지만 자기성장에 도움이 되는 긍정적 감정 및 충동이 나타나게 되는 내담자의 긍정적 감정 표출의 단계

여섯 번째 단계는 상담자는 내담자의 긍정적 감정이 자기이해 및 자기통찰의 계기를 마련해 줄 수 있다는 점에 유의하여 이를 수용하고 인정할 뿐 아니라 공감해 줄 수 있는 내담자의 긍정적 감정 수용의 단계

일곱 번째 단계는 부정적 감정과 긍정적 감정의 동시수용을 통해 내담자의 자기이해 및 자기수용이 나타나게 되는 내담자의 자기통찰 출현 단계

여덟 번째 단계는 자기 문제에 대한 통찰을 기반으로 문제를 해결하려는 의도를 보여 주게 되는 내담자의 의사결정 가능성 출현의 단계

아홉 번째 단계는 내담자가 약하고 보잘것없는 수준의 행동 변화를 보여 주게 되는 시기로 이때 상담자가 서두르거나 행동 변화를 독촉해서는 안 되고 인내심을 가지고 주시·격려해 줘야 하는 내담자의 긍정적 행동 출현의 단계

열 번째 단계는 내담자의 긍정적 행동 변화에 대한 격려를 통해 내담자의 자기통찰을 확대시키는 단계

열한 번째 단계는 내담자는 자신의 결정에 의해서 수행되는 행동에 대해 자신감을 가지게 되며, 의사결정과정에서 더 이상 두려움을 느끼지 않을 뿐만 아니라, 상담자와의 유대관계가 더욱 강화되는 내담자의 적극적이고 통합된 행동 출현 단계

마지막으로 내담자는 자신의 문제를 불안 없이 혼자 해결할 수 있다는 것을 인식하게 되는 상담의 종결단계로 설명된다(이병승 외, 2008).

또한 김계현·이장호(2000)는 상담과정을 4단계로 구성하여 다음과 같이 제시하고 있다.

1단계는 문제이해와 촉진적 관계형성의 단계로 내담자의 문제제시 및 상담 필요성의 인식 및 촉진적 관계의 형성이 이루어지는 시기를 말한다. 따라서 내담자에게 무엇이 문제인지 관찰하는 것이 중요하다고 강조하는 단계이다.

2단계는 목표설정과 문제를 해결하려고 노력하는 단계로 내담자가 자신의 문제를 말하고 그와 관련된 정서를 표현한다. 계획된 내용을 실제 생활에서 실천하면서 실천 결과를 평가하고 행동계획에 대한 수정과 평가가 이루어지는 단계라고 할 수 있다.

3단계는 합리적인 사고 촉진 및 실천행동의 계획 단계로 비합리적인 사고에서 벗어나 합리적인 사고로 전환되는 과정을 거치게 되는 단계이다.

4단계는 평가 종결단계로 내담자 힘으로 일어설 수 있도록 준비되었는가 확인하고 추후지도가 이루어지도록 하는 단계이다.

이처럼 상담의 과정은 상담의 목표만큼이나 중요하기 때문에 내담자가 상담과정에 대해 거부감 없이 편안해하고 자신의 고민과 문제에 대해 자연스럽게 받아들이고 표출할 수 있는 기회가 될 수 있도록 분위기를 조성해야 한다.

6) 상담관계의 기본 조건

상담은 인간관계로부터 시작되며, 온정적이고 편안한 관계 속에서 내담자의 성장·발달을 촉진할 수 있는 방법으로 상담관계에 있어서 가장 기본적인 조건이 되는 수용, 공감적 이해, 일치성에 대해 살펴보고자 한다(김춘규 외, 2010).

(1) 수용

인간의 가치와 존엄에 대한 인식에서 출발하기 때문에 내담자는 자신의 의견, 감정 등이 상담자에게 편견 없이 받아들여질 수 있다는 믿음과 확신을 통해 상담에 적극적으로 임하게 된다.

(2) 공감적 이해

내담자의 입장이 되어 심리적인 세계에서 주관적으로 움직이는 내면세계의 이해를 통해 조금 더 이해하고 공통점을 찾기 위한 노력을 의미한다.

(3) 일치성

내적인 경험과 그에 관한 인식의 합일이며 진지성, 명료성, 순수성이 포함된다.

7) 상담자의 역할

효율적인 상담을 위해 상담자는 내담자를 만나 상담관계를 형성하고 상담을 할 때 변화에 대해 확신하는 마음이 있어야 한다. 또한 윤리적 책임을 인식해야 하고 자신의 자각을 확장하여 내담자를 조력할 뿐 아니라 자신도 성장할 수 있어야 하며, 본보기가 되어야 하고, 내담자와 함께함을 순간순간 보여 줄 수 있는 마음가짐과 태도를 가지고 있어야 하는데(이경숙, 정찬기오, 2009) 상담의 효과를 높일 수 있는 상담자의 자질을 이장호 등(2006)은 크게 전문적인 자질과 인간적인 자질로 나누어 다음과 같이 설명하고 있다.

먼저, 상담자가 갖추어야 할 전문적인 자질은 첫째, 상담자는 전문가로서 상담이론에 숙달되어야 한다. 둘째, 상담자는 다양한 상담방법에 대해 이해하고 있어야 한다. 셋째, 상담 진행단계인 초기·중기·종결과정에 대해 숙지하고 있어야 한다. 넷째, 다양한 상담기법에 대해 숙지하고 있어야 한다. 다섯째, 상담자는 반드시 전문가로부터 상담실습 경험과 훈련을 받아야 한다고 강조하고 있다.

또한 상담자가 갖추어야 할 상담자의 인간적 자질을 살펴보면 첫째, 상담자는 문제와 인간에 대한 이해를 할 수 있어야 한다. 둘째, 상담자는 본보기가 될 수 있어야 한다. 셋째, 상담자는 자신을 하나의 치료적 도구로 활용할 수 있어야 한다. 넷째, 상담자 또한 인간이므로 완전하지 않은 존재이기 때문에 상담자는 늘 자신에게 깨어 있어야 하며, 어느 순간일지라도 자기 자신을 인간으로서 이해하고 수용할 수 있어야 한다. 다섯째, 상담자는 자신에 대한 개방성뿐 아니라 타인에 대해 열린 마음을 가지고 있어야 한다. 여섯째, 상담자는 삶에 대한 진지함과 변화에 대한 용기를 가지고 있어야 함을 강조하고 있다. 상담자의 자질 완성도에 따라 내담자의 신뢰감, 안정감 및 문제해결에 대한 자신감 등이 좌우되기 때문에 상담자는 무엇보다도 이장호 등(2006)이 제시한 상담가로서의 전문적·인간적인 자질을 갖추기 위해 최선의 노력을 해야 한다.

2. 개인상담 이론

상담의 근본적인 목적이 내담자의 자기성장을 도와주는 것이라는 점에 대해 대부분의 학자들이 동의하고 있으며(이병승 외, 2008), 상담자는 내담자들의 심리적 상황, 문제의 깊이 정도, 인간관계 등의 문제를 다룰 때 자신의 사고와 이론을 적용하게 되는데 이와 같은 다양한 상황들은 내담자에게 직접적인 영향을 미치게 된다. 따라서 상담자는 필연적으로 많은 이론적 이해와 기술적 다양성을 가지고 있어야 함에 소홀히 해서는 안 되기 때문에 이 절에서는 상담이론 중에서 정신분석학적 상담이론, 행동주의 상담이론, 특성요인 상담이론, 인간중심 상담이론 등 대표적인 접근방법들을 중심으로 살펴보고자 한다(정명화, 2009).

1) 정신분석학적 상담이론

정신분석학적 상담은 프로이트의 정신분석학에 기초한 것으로 인간행동에 대한 결정론과 무의식의 개념을 수용하고 있다(이병승 외, 2008). 프로이트는 인간의 정신세계가 의식, 전의식, 무의식의 세 가지로 구성되어 있다고 보고 그중에서 무의식 속에 억압된 과거 경험이 인간행동을 주로 결정한다고 주장하였다. 따라서 내담자가 자신의 행동을 이해하려면 행위자 자신도 자각하지 못한 무의식 속에 들어 있는 경험을 의식 차원으로 끌어올려 이해하고 통찰이 생기도록 정신분석학자가 도와주어야 함을 강조하고 있다(정명화, 2009).

(1) 상담의 목표

무의식을 의식화함으로써 개인의 기본 성격을 수정하고 행동이 보다 현실적으로 되어 본능적 충동에 따르지 않도록 자아를 강화시키는 것이다. 또한 문제해결이나 새로운 행동을 학습하기보다 깊이 있는 자기통찰을 위해 과거의 억압된 세계를 깊이 탐색해 들어가는 것이며, 이를 의식화시켜 적응적이고 문제해결적인 자아의 기능을 강화하는 데 목표가 있다(김청자, 정진선, 2006).

따라서 상담자는 내담자로 하여금 과거의 경험과 그때의 감정을 거리낌 없이 자유롭게 털어놓도록 격려하고 주로 듣는 입장을 취하며, 내담자가 나타내는 심리적 저항에 관심을 갖고 이야기가 불일치되는 점을 주목하여 내담자가 자신을 보다 더 이해하고 자신에 대하여 솔직해지도록 도와주어야 한다(김청자, 정진선, 2006). 이는 원초아가 자아의 상태가 되도록 하는 것으로 자아를 원초아와 초자아에 덜 의존적이게 하여 자아를 강화하는 데 목표가 있으며, 즉 자아의 조직을 복구하고 증축한다는 의미로 해석될 수 있다(정용부 외, 2001).

(2) 상담기법

정신분석학적 상담이론에서는 내담자가 스스로 자기통찰을 통해 문제를 이해하고 문제의 원인을 깨닫게 하는 데 목적을 둔다. 이를 위한 주요 상담기법은 자유연상, 꿈의 분석, 저항, 전이, 통찰, 훈습 등의 기술을 사용하게 되며 구체적으로 살펴보면 다음과 같다(정동화, 2003; 이병승 외, 2008; 정명화, 2009).

① **자유연상**: 내담자의 무의식을 다루기 위해 정신분석학적 상담의 기본적인 방법으로 무엇이든 머리에 떠오르는 생각을 솔직하게 즉시 말하도록 하는 방법이다. 이 과정을 통해 정서적 문제에 대한 무의식적 동기나 원인이 되는 단서를 찾을 수 있다.

② **꿈의 분석**: 내담자가 자주 꾸게 되는 꿈의 내용을 말하게 하여, 그 내용을 분석하는 방법으로 꿈에 나타난 무의식 세계를 통해 내담자로 하여금 자신의 내면세계와 갈등상황 및 문제 등에 대한 통찰이 가능하도록 도와주는 과정이다.

③ **저항**: 무의식 속에 억압된 감정을 표출하는 과정에서, 내담자가 자신의 자아를 보호하기 위해 무의식적 행동으로 상담자와 상담 자체에 대한 강한 거부감을 나타내는 행동을 말한다(예: 상담약속 시간을 어기거나 상담과정에서 침묵을 고집하는 형태 등).

④ **전이**: 과거에 경험했던 감정·반응·갈등·욕망 등을 현재 상황에서 반복하는 경향을 말하며, 전이가 형성되면 상담자는 내담자로 하여금 어렸을 때 중요한 타인과의 관계를 자신과의 관계에서 다시 보여 주고 있음을 통찰하고 이해하도록

해석해 준다.

⑤ **통찰**: 내담자가 자신의 어려움에 관련된 무의식적 갈등을 인식하고 이해하는 것이다.

⑥ **훈습**: 통찰 이후에 새로운 행동방식과 태도를 획득하는 것이다.

2) 행동주의 상담이론

라자루스(Lazarus)에 의해서 체계화된 행동주의 상담기법은 인간과 환경과의 상호작용을 강조한다. 그리고 개인의 인지적 차원을 강조하고, 행동의 변화를 가져오고, 구체적이고, 체계적인 단계를 밟아갈 수 있도록 돕는 여러 가지 행동지향적인 방법을 제공해 준다. 행동주의 상담은 초기에는 고전적 조건형성 원리를 적용하였고, 점차로 조작적 조건형성 원리 등을 적용하게 되면서 가장 중요한 개념으로는 강화의 원리를 활용한다. 따라서 인간행동의 과학적인 견해에 기초하면서 행동 변화는 학습의 소산물로서 행동 변화의 평가를 통해서 상담을 종결하게 된다(김청자, 정진선, 2006).

(1) 행동주의의 기본 원리

행동주의 상담에서는 원활한 상담을 위해 인간에 대해 다음과 같은 기본 원리를 토대로 가정하고 있다.

① 관찰 가능한 행동에 관심을 가진다.

② 실험실에서 동물을 대상으로 한 연구를 통해서 얻어진 지식과 정보를 인간행동에 적용시킨다. 인간의 이상행동은 학습된 것이며 따라서 이상행동은 다른 행동과 마찬가지로 재학습시킬 수 있다.

③ 인간의 모든 행동은 정상행동이건 이상행동이건 다 같은 학습 원리에 의해서 습득되는 것이다.

④ 바람직하지 않은 부적응 행동 또는 이상심리는 행동수정, 즉 재조건화 또는 재학습에 의해서 교정될 수 있다.

(2) 행동주의 학습이론

행동주의 상담을 효과적으로 실행하기 위해서 먼저 행동주의 학습이론인 파블로프(Pavlov)의 고전적 조건화, 스키너(Skinner)의 조작적 조건화, 반두라(Bandura)의 사회학습이론에 대해 살펴보고자 한다.

① 파블로프의 고전적 조건화

고전적 조건화의 실험은 러시아의 생리학자 파블로프에 의해 이루어졌으며 고전적 조건화의 기본 원리는 강도의 원리, 일관성의 원리, 시간의 원리, 그리고 계속성의 원리로 설명할 수 있다(민영순, 1994).

- **강도의 원리**: 조건반사적 행동이 형성되려면 첫 번째 자극보다 그 다음의 자극이 더 강해야만 바람직한 결과를 얻게 된다.
- **일관성의 원리**: 행동의 진보적 변화를 가져오기 위하여 어떤 자극을 제시할 경우 그 자극이 질적으로 일관될 때에 조건반응형성이 더 잘 이루어진다.
- **시간의 원리**: 조건자극은 무조건자극보다 시간적으로 앞서거나 거의 동시에 주어야 한다.
- **계속성의 원리**: 자극과 반응 간에 반복되는 횟수가 많을수록 효과가 있는데 학습에는 반복 연습이 많을수록 효과가 크다는 것이다.

고전적 조건화 과정에서는 일반화, 변별, 소거, 자발적 회복, 재조건형성, 고차적 조건형성 등의 학습 현상이 일어난다.

② 스키너의 조작적(작동적) 조건화

고전적 조건화는 반응의 확률이 조건자극(CS)에 의해 좌우되지만 조작적 조건화는 반응의 결과에 의해 좌우된다. 스키너는 작동적 개념을 도입하였는데, 이는 외부의 직접적인 자극 없이도 일어나는 자발적 행위로, 내부로부터 방출된다는 가정 아래 조작행동을 방출하는 경향성은 그 행동의 결과에 의해 강화되거나 약화된다는 것으로 강화(고정간격 강화계획, 변동간격 강화계획, 고정비율 강화계획, 변동비율 강화계획)와 벌(수여성 벌, 제거성 벌)에 의해 설명되고 있다(구강현 외, 2011).

표 5-2 고전적 조건화와 조작적 조건화의 비교

특징	고전적 조건화	조작적 조건화
자극 - 반응 순서	자극이 반응에 선행한다.	반응은 결과(보상)에 선행하여 일어난다.
자극의 역할	반응을 끌어낸다.	반응을 야기시킨다.
자극의 특수성	특수한 자극은 특정한 반응을 일으킨다.	특수한 자극은 특정한 반응을 일으키지 않는다.
과정	한 개의 자극은 다른 것으로 대치된다.	자극에서 대리로 일어나는 것은 없다.
내용	공포와 같은 감정이 일차적으로 관련된다.	목적 추구활동이 일차적으로 관련된다.

출처: 구광현 외(2011). 교육심리학.

③ 반두라의 사회학습이론

반두라(1973)는 조건형성과 인지이론을 통합하여 사회인지학습이론을 제안하였다. 이 이론에서는 학습자의 직접경험보다 타인의 행동을 관찰하고 모방하는 데서 오는 행동 변화를 강조하기 때문에 사회학습이론(social learning theory)은 관찰학습과 대리경험을 중요시하여 관찰학습, 모방학습, 인지적 행동주의 학습이라고도 한다. 관찰학습의 과정은 주의집중, 파지, 재생, 동기화 등의 4단계로 이루어진다.

(3) 행동주의 상담이론의 기본 가정

행동주의 상담이론에서는 상담의 대상이 되는 아동(내담자)에 대해 다음과 같은 기본 가정을 제시하고 있다.

- 아동의 부적응 행동은 개별적으로 학습된 것이다.
- 아동이 특정한 상황에서 나타내는 특정한 문제는 단지 그 상황에서 그가 어떻게 독특하게 행동하느냐 하는 것만 보여 준다.
- 아동의 행동 문제는 행동수정 절차를 사용하여 교정될 수 있다.
- 아동의 문제행동을 수정하는 데 있어서 현재 상황을 강조한다.

(4) 상담의 목표

행동주의 상담의 가장 기본적인 목표는 부적응 행동을 제거하고, 새로운 행동을

강화시켜 유지하는 것으로 내담자의 구체적 문제에 따라 달라질 수 있으나 행동주의 상담에서 제시되는 일반적 목표는 다음과 같다(George & Cristiani, 1995).

첫째, 내담자의 부적응 행동을 변화시킨다.

둘째, 내담자를 도와 보다 효율적인 의사결정 과정을 학습하게 한다.

셋째, 문제 발생을 예방한다.

넷째, 내담자가 요구하는 구체적인 행동상 문제를 해결한다.

다섯째, 일상생활에 전이될 수 있는 행동 변화를 이룬다.

이와 같은 상담 목표는 상담자와 내담자의 합의하에 이루어져야 하는데 그 이유는 내담자의 상담에 대한 동기부여 및 유지와 함께 상담 효과를 높일 수 있기 때문이다.

(5) 행동수정의 기법

행동수정은 바람직한 행동의 증가, 부적 강화, 행동형성, 토큰강화, 피드백, 상반행동의 강화로 설명되고 있다.

① 바람직한 행동을 증가시키는 방법은 어떤 반응 또는 행동에 대하여 그 행동의 빈도나 강도를 증가시키는 자극이다.

② 부적 강화는 어떤 반응 또는 행동에 대하여 주어진 자극을 제거함으로써 그 행동의 빈도나 강도를 증가시키는 것이다.

③ 행동형성법은 사회적응에 필요한 행동을 가르칠 때 주로 사용하는 방법으로 한 번에 달성하기 힘든 복잡한 목표행동을 아동에게 가르치고자 하는 경우에 적합한 기법으로 목표행동을 몇 개의 소단위로 나누어 한 단계씩 아동이 배워 나가도록 하는 방법이다.

④ 토큰강화는 아동이 바람직한 행동을 할 때마다 토큰을 주고 그 토큰으로 아동에게 강화력을 가지는 구체적인 보상물과 바꾸도록 하여 강화하는 방법이다.

⑤ 피드백은 아동 행동의 적절성에 관한 정보를 제공하는 것이다.

⑥ 상반행동의 강화는 바람직한 행동을 직접 고치는 대신 그 행동과 양립되어 일어날 수 없는 상반되는 행동을 강화시키는 방법이다.

(6) 부적응 행동을 감소시키는 방법

행동주의 상담에서 부적응 행동을 감소시키는 방법을 소멸법, 벌, 체계적 감감법, 자기통제기법, 혐오치료, 포화 등으로 설명하면 다음과 같다.

① **소멸법**: 바람직하지 않은 행동을 감소시키고자 할 때 그러한 행동이 더 이상 강화될 수 없도록 이제까지 주어지던 강화를 증가시키는 방법이다.

② **벌**: 체벌, 질책, 꾸중, 고통 주기, 정적 연습과 상향 교정법 등의 아동이 싫어하는 것, 즉 아동이 좋아하는 선호자극을 철회하는 방법이다.

③ **체계적 감감법**: 아동이 불안이나 공포를 느끼는 상황을 조사하여 그 정도에 따라 불안유발 상황의 순서를 정하고 불안이 가장 약한 정도의 자극에서부터 시작하여 한 단계씩 불안을 제거하는 방법이다.

④ **자기통제기법**: 아동 스스로 문제점을 파악하고 교정해 나아가는 방법이다.

⑤ **혐오치료**: 도움이 필요하지만 다른 방법으로는 상담하기 어려운 내담자를 돕기 위한 것으로 원하지 않는 행동을 제거하기 위해 구토제를 사용하거나 불유쾌한 정신적·시각적 심상 또는 소리 및 언어를 사용하는 것이다.

⑥ **포화**: 바람직하지 못한 강화물이 그 효과를 상실할 정도로 과도한 양의 강화를 제공하는 방법이다.

3) 특성요인 상담이론

특성요인 상담이란 상담을 통해 개인의 지적 훈련뿐 아니라 전인적인 인간으로서의 최적의 발달을 도모하는 것이다. 상담의 기본 가정은 상담을 통하여 내담자의 이성적인 문제를 해결하는 것이지만 궁극적으로는 탁월성을 추구하는 목적적 노력을 하는 인간을 만드는 것으로 특성요인 상담의 창시자인 윌리엄슨(Williamson, 1950)은 최적의 상담을 위해 기초가 되는 인간의 본성에 대하여 다섯 가지 가정을 제시하고 있는데 살펴보면 다음과 같다.

첫째, 인간이 자기 능력을 사용하는 방법에 대한 학습을 통해 자기 문제를 해결하는 방법을 학습할 수 있다. 즉 자기조절능력이 창출된다고 할 수 있다.

둘째, 인간은 자신의 가능성을 충분히 실현하기 위해 타인의 도움을 필요로 하기 때문에 인간의 자아는 공동체 속에서 생기며 이를 떠나서는 존재할 수 없다.

셋째, 인간의 선한 생활을 결정하는 것은 자기 자신이다.

넷째, 상담자는 개인의 최상을 발달을 도모해야 한다.

다섯째, 세계관은 개인적인 것으로 각자 자기 자신의 개념이나 개인적인 우주관을 정립해야 한다.

결국 특성요인 상담의 기본 가정은 상담을 통하여 내담자의 이성적 문제를 해결하는 것이지만 궁극적으로는 탁월성을 추구하는 목적적 노력을 하는 인간을 만드는 것이라고 볼 수 있다(정동화, 2003 재인용).

(1) 상담의 목표

특성요인 상담의 목표는 삶의 모든 측면에서 탁월성을 촉진하는 것이다. 이를 위해 상담은 사회적으로 자각된 자기이해와 자기지도능력(self direction)을 획득하고, 또 재획득한 기술을 발달시키는 개별적이고 인격적이며 허용적인 도움이 되어야 한다(Williamson, 1950). 특성요인 상담에서 상담자는 기본적으로 인간의 발달에 낙관적이어야 하고, 내담자가 자신의 능력을 활용할 수 있도록 배우기만 하면 그들도 자신의 문제를 해결하도록 배울 수 있다는 신념을 가져야 한다. 그리하여 내담자로 하여금 자신의 특성을 효율적으로 평가하고, 이러한 자기 평가를 사회적·심리적 준거와 비교 고찰하는 데 도움을 줌으로써 효과적인 의사결정을 가르치는 것이다. 결국 상담의 목표는 자아를 넓히고 삶 속에서 적합한 목표를 선택하며 합리적인 문제해결 방안을 활용하여 자신의 발달을 도모함으로써 행복한 삶을 추구하는 것이다(김계현 외, 2002).

(2) 상담의 과정

윌리엄슨(1950)은 상담 과정을 상담자 혼자서 처리하는 과정과 내담자가 참여하는 과정을 포함시켜 다음과 같이 설명하고 있다.

① 분석단계

내담자를 이해하기 위해 내담자의 배경변인, 즉 태도, 흥미, 가족 배경, 지식, 교육 정도, 적성 등에 대한 정보를 주관적·객관적으로 수집하는 단계로 정보 수집에는 누가기록, 면접, 자서전, 일화기록, 심리검사 등의 도구가 사용된다.

② 종합단계

내담자의 특성을 파악하기 위하여 분석단계에서 수집된 자료를 상담에 적합하게 요약하고 조직하는 단계이다.

③ 진단단계

문제의 확인, 원인의 발견, 예후의 단계를 거쳐 내담자의 특징과 문제를 기술하고, 내담자의 문제 원인과 특성에 대하여 상담자 나름대로 결론을 내리는 단계이다.

④ 예추

상담자가 내담자의 장래 발전이나 진단의 의미를 예언하는 단계이다.

⑤ 추후지도

상담이 종료된 후에도 내담자에게 새로운 문제가 발생하거나 이전 문제의 재발 상황을 다룰 수 있도록 상담자가 도와주거나 상담 효과를 평가할 수 있도록 도움을 주는 단계이다.

(3) 상담기법

윌리엄슨(1950)은 특성요인 상담의 기법을 래포의 형성, 자기이해의 증진, 조언이나 활동계획의 수립, 계획의 실행, 다른 전문가에게 의뢰의 다섯 가지 방법으로 제시하고 있다.

① 래포의 형성(establishing rapport)

대화의 촉진적 관계, 원만한 인간관계, 서로 믿고 의지하는 관계를 형성하여 내담자와 상담자 사이에 신뢰관계를 만드는 것으로 래포 형성의 중요한 요인은 상담자가 보여 주는 온화함과 내담자를 이해하려는 마음이다.

② 자기이해의 증진(cultivating self-understanding)

상담자가 내담자에게 자기 자신을 이해하도록 돕기 위해 앞으로 무엇을 해야 하며 어떤 계획을 수립해야 할지 조언하는 것이다.

③ 조언이나 활동계획의 수립(advising or planning a program of action)

상담자가 내담자의 선택, 목표, 견해 또는 태도의 진단에서 나온 자료를 해석해 주고, 상담자가 지지 또는 반대하는 증거를 제시하며 충고하는 것이다.

④ 계획의 실행(carrying out the plan)

내담자가 선택이나 결정을 실천할 수 있도록 직접 또는 간접으로 도와주는 것이다.

⑤ 다른 전문가에게 의뢰(referal to other personal worker)

상담자의 능력을 벗어난 경우에는 다른 전문가에게 의뢰하는 것이 더욱 효율적이다.

윌리엄슨의 특성요인 상담은 이성적·지시적이며 상담자의 역할이 교사, 지도자이지만 내담자에게 설득이나 훈계는 하지 않는다. 상담자가 내담자의 자기이해뿐 아니라 문제해결까지도 도울 수 있어야 한다는 점을 강조하고 있다(정동화, 2003 재인용).

4) 인간중심 상담이론

인간중심 상담이란 인간은 자신의 문제를 해결할 수 있는 내재적 능력을 갖고 있다는 로저스(Rogers)의 견해를 강조한 것으로 내담자 중심 상담이라고 불린다. 기본 관점은 인간은 누구나 다 성장 잠재력, 다시 말해 자신의 잠재력을 실현하려는 경향성을 가지고 있으며 인간의 존재 의미는 '여기와 지금(here and now)'에 있다고 본다.

또한 인간의 성장 잠재력의 실현은 진실되고 무비판적 이해와 수용을 경험하는 인간관계 속에서 발휘될 수 있다고 보는 것이다(김순혜, 2007 재인용).

인간중심 상담이론의 핵심 개념은 모든 개인이 전체, 통합, 완전성, 자율성의 방향으로 행동하고 스스로를 강화하려고 노력한다는 점이다. 로저스(1961)에 의하면 자아실현 경향은 생물학적으로 결정되지만 성장 가능성의 방향은 문화적으로 부모, 교사, 친구 및 다른 사람에 의해 결정된다고 가정한다. 다시 말하자면, 인간중심 상담의 핵심은 개인의 경험에 두고 있는데 이는 개개인이 지니고 있는 잠재력으로 자신의 경험을 평가하고 자신의 견해를 분명하게 하며, 스스로의 느낌을 통해 통찰력을 얻게 함으로써 변화되는 행동은 개인의 긍정적인 계획과 행동 및 성장을 유발한다고 본다(임규혁, 임웅, 2011 재인용).

(1) 기본 관점

내담자가 중심이 되어 문제를 인식하고 해결할 수 있노록 돕는 인간중심 상담의 기본 관점은 다음과 같다.

① 인간은 그들 자신에 대한 가치와 존엄성을 갖고 있으므로 존중되어야 한다.
② 인간은 자기지시적인 능력과 권리를 갖고 있으므로 기회를 주면 현명한 판단을 내린다.
③ 인간은 자신의 가치를 선택할 수 있다.
④ 인간은 책임감을 건설적으로 사용하는 방법을 배울 수 있다.
⑤ 인간은 자신의 감정, 사고, 행동을 다룰 수 있는 능력을 갖고 있다.
⑥ 인간은 만족하고 충만된 생활을 위한 인성의 개발과 건설적인 변화를 위한 잠재력을 갖고 있다.

(2) 상담의 목표

인간중심 상담의 목표는 개인으로 하여금 방어적인 행동을 하는 가치조건들의 해제를 돕고, 유기체적 경험의 개방성을 돕는 것이다. 또한 그 결과를 자아 혹은 자아개념과 경험 간의 일치 정도를 높일 수 있도록 도움으로써 충분히 제 기능을 다하는 사람이 되도록 하는 것이며 이런 과정을 통해 능력과 개성을 최대한 발휘하는 자아실현을 촉진하도록 하는 데 있다(정동화, 2003).

(3) 상담이론의 유형

상담자와 내담자의 관계를 강조하고 상담의 관계에서 내담자를 능동적인 존재로 인식하는 인간중심 상담이론은 로저스의 성격이론과 매슬로우의 동기이론으로 설명된다.

① 로저스의 성격이론

로저스는 성격발달을 세부적으로 이론화하지는 않았지만, 성격이 변화되는 과정을 기술하고 있다. 그는 성격이란 자아개념, 타인과의 관계양식, 개인의 중요한 목적 등을 포함하는 것이며 일생 동안 변화될 수 있다고 보았다. 성격에 포함되는 이러한 측면들이 잘 형성되면 자아의 향상과 유기체의 향상이 이루어지고 신체적 측면과 정신적 측면의 기능이 일치되어 현상학적인 장에서 완전하게 기능할 수 있다.

완전하게 기능하는 경우 개인은 자신의 잠재능력과 재능을 충분히 활용할 수 있게 되며 자기 자신과 자신의 모든 경험에 대해서 완벽한 지식을 가질 수 있게 된다고 제시하고 있다. 완전하게 기능하는 사람(fully functioning person)은 대체적으로 경험에 대해 개방적이고 실존적인 삶을 살며 유기체적 신뢰 및 경험적 자유를 지니고 심리적 성숙의 결과로 나타나는 창조성을 갖게 되는 특징을 나타낸다고 제시하고 있다(김순혜, 2007).

② 매슬로우의 동기이론

매슬로우는 인간이 성장과 자아실현을 추구하려는 강한 동기를 갖고 있다고 주장하였다. 이 동기의 방향은 단순히 생물학적인 욕구충족에 그치는 것이 아니고, 궁극적으로 자아실현의 추구이다. 또한 그는 적응을 잘한 자아실현자(self-actualizer)의 행동을 관찰하여 건전한 아동은 자기의 경험을 만족하려고 한다는 사실을 발견하였다.

따라서 아동에게 자유로운 선택을 하도록 하면 아동은 자신을 위해 바람직한 선택을 한다는 것이다. 그러므로 부모와 교사는 아동의 행동을 너무 간섭하거나 직접 그들의 행동을 형성하게 하는 대신에 아동을 신뢰하고 그들이 스스로 성장하도록 도와주어야 한다고 설명하고 있다(김태련, 김유진, 1983).

(4) 상담기법

인간중심 상담은 기법이나 기술보다 상담관계를 더 중요시한다. 상담자와 내담자 사이에 안전하고 신뢰로운 관계가 형성되면 촉진적 관계로 발전할 수 있다. 즉, 내담자에게 도움이 되는 것은 인지적이거나 지적인 것이 아닌 관계성의 변화와 성숙을 통한 자기능력 계발과 발견에 있는 것이다. 따라서 인간중심 상담에서는 상담관계의 조건을 강조한다. 상담의 관계 또는 조건은 순수성(genuineness), 무조건적 긍정적 관심(unconditional positive regard) 및 공감적 이해(empathic understanding)로 설명된다(정동화, 2003).

① 순수성

상담자는 순수성을 표현하기 위해 가식과 가면을 버리고, 한 인간으로서 자신의 진면목을 표현하여 내담자가 상담자를 어떤 사람인지 투명하게 볼 수 있도록 하여야 한다.

② 무조건적 긍정적 관심

상담자가 내담자를 비교, 선택하거나 비평하는 것이 아니라 한 인간으로서 존중하고 배려하는 태도이다.

③ 공감적 이해

상담과정에서 민감하고 정확하게 내담자를 이해하려는 노력으로 공감적 이해가 이루어지면 내담자와 상담자는 공통된 감정을 공유할 수 있고, 동일한 반응을 할 수 있게 된다.

3. 개인상담의 사례(문제 상황에 대해 함께 토론해 보세요)

아동교육현장에서는 다양한 문제 상황들이 지속적으로 일어나며 이러한 상황들은 아동이나 교사 모두에게 영향을 주게 된다. 따라서 아동교육현장에서 빈번하게 발생하는 다양한 문제행동에 대해 김재은(1993)과 김경희(2007)가 제시하고 있는 실제 상담 및 지도 사례를 통해 개인상담의 유형들에 대해 구체적으로 살펴보면서 교사로서의 역할에 대해 살펴보는 계기가 되었으면 한다. 또한 개인상담의 사례들은 생활영역으로 구분하기는 했지만 실제 아동들에게서 나타나는 행동유형은 어떤 하나의 영역으로 단정 짓기는 어려움이 있는 관계로 이러한 부분을 이해해 주길 바라고 함께 고민하며 생각을 키울 수 있는 시간이 되었으면 한다.

– 개인상담의 사례 예시 –

상담 사례 1	말을 하지 않는 아이	생활영역	언어·표현생활
생년월일	○○○○년 ○○월 ○○일	이름	○○○

1. 아동 행동 특징

- 다른 말은 하지 않지만 '네, 아니오'는 분명히 말한다.
- 무엇을 물어보아도 무표정하며 대답하지 않는다.
- 유치원에 들어서면서부터 말을 하지 않고 유치원을 나서면 친구들과 곧잘 이야기를 나눈다.

2. 행동 특성의 원인

- 유치원에 입학 후 유치원 생활을 통해 유쾌하지 못하거나 싫었던 경험이 있을 수 있다.(무시 또는 무안을 당했을 때)
- 마음이 약하고 수치심이 많아 상처받기 쉽다.
- 환경적인 변화, 즉 강한 충격(부모님의 이혼 등)으로 인해 말을 하지 않거나 친구들과 놀려 하지 않는다.

3. 상담지도 방법

- 아동이 강제로 말을 하도록 하기보다는 언제라도 이야기하고 싶은 마음이 생길 때 선생님께 이야기할 수 있다는 점을 강조한다.
- 아동이 말하지 않더라도 항상 교사가 지지해 주고 있음을 비언어적인 태도(미소, 끄덕임 등)를 통해 표현한다.
- 아동이 면 대 면의 상황을 불편하게 생각하는 경우 등 뒤나 전화놀이의 형태를 통해 간접적이면서 자연스럽게 반응하도록 한다.
- 유아교육기관 적응에 어려움(충격받은 상황)을 겪고 있는 아동에 대해서는 부모와의 대화를 통해 정보를 제공받는다.
- 유치원이 즐겁고 편안한 곳이라는 느낌이 들도록 교사가 배려해 주어야 한다.

상담 사례 2	욕설을 하는 아이	생활영역	언어·표현생활
생년월일	○○○○년 ○○월 ○○일	이름	○○○

1. 아동 행동 특징

- 기분이 나쁠 때 자신의 감정을 표현하기 위해 욕을 하며, 때때로 평상시의 대화에서도 습관적으로 욕설을 한다.
- 사용하는 어휘에 다양한 욕설이 첨가되는 경향이 있고 점점 시간이 흐를수록 욕설이 증가되고 있다.

2. 행동 특성의 원인

- 형제나 또래를 통해 습득될 수 있다.
- 다양한 매체들과의 접촉을 통해 습득될 수 있다.
- 습득된 욕설을 또래관계에서 관심을 끌고 자신의 우월감을 나타내기 위해 사용하는 경향이 있다.
- 부모의 무관심, 교사의 관심을 끌기 위한 욕구충족으로부터 나타나는 현상으로 볼 수 있다.

3. 상담지도 방법

- 화가 나서 욕을 하는 것이기 때문에 화가 났을 때 욕을 하지 않고 화가 나 있는 상황을 표현하는 방법에 대해 구체적으로 이야기해 준다. (예: “나, 지금 화났어”, “난 네가 그렇게 행동하는 것이 싫어” 등)
- 교사의 기분에 따라 아동의 행동에 서로 다른 반응을 보여서는 안 되며, 언제나 일정한 반응을 보여야 한다.
- 아동의 행동 관찰을 통해 언제, 어떤 상황에서 욕설을 가장 많이 하는지 기록을 해 놓고 아동과의 대화를 통해 욕설을 하지 않도록 주의를 준다.
- 이야기 나누기 시간 또는 동화를 통하여 욕설에 대한 아동들의 생각을 표현해 보게 하고 그 과정에서 욕설을 사용하면 좋지 않다는 느낌을 갖도록 유도한다.
- 아동 자신의 감정을 표현하는 데 있어 바람직한 언어를 사용할 수 있도록 지도하며 교사는 항상 모범이 될 수 있도록 노력한다.

상담 사례 3	짜증을 내는 아이	생활영역	표현생활
생년월일	○○○○년 ○○월 ○○일	이름	○○○

1. 아동 행동 특징

- 때와 장소를 가리지 않고 화를 내거나 소리를 지르는 행위가 빈번하다.
- 바닥에 구르거나 폴짝폴짝 뛰거나 등의 신체적으로 짜증을 표현한다.
- 부모나 교사, 또래 친구들 등 주변 사람들에게 큰 소리로 짜증을 낸다.

2. 행동 특성의 원인

- 부모님이 평소에 짜증을 많이 낸다.
- 어떤 형태로든 불만족스러운 상태가 지속되어 오고 있다.
- 짜증을 내는 수위가 심하면 주의력 결핍 과잉행동장애(ADHD)를 의심해 볼 수 있다.

3. 상담지도 방법

- 화가 난 감정을 수용해 주되 거친 말투와 행동은 바람직한 방향으로 전환시킬 수 있도록 도와준다.
- 상대방에게 바라는 사항에 대해 이야기할 수 있는 기회를 제공하고, 말과 그림으로 표현할 수 있는 놀이 활동 시간을 갖도록 한다.
- 아동이 화가 난 이유와 마음에 들지 않는 사항들에 대해 천천히 이야기로 표현할 수 있도록 유도한다.

상담 사례 4	수줍음이 많은 아이	생활영역	표현생활
생년월일	○○○○년 ○○월 ○○일	이름	○○○

1. 아동 행동 특징

- 집에 손님들이 찾아오면 재빨리 자기 방으로 달아난다.
- 유치원이나 가족끼리 사진을 찍을 때도 얼굴이 보이지 않게 고개를 숙인다.
- 친구들과 큰 소리로 이야기하거나 상대방의 눈을 보지 못하고 다른 행동을 한다.
- 새로운 환경이나 낯선 사람을 만나면 수줍음을 많이 타며 뒤로 물러서거나 부모에게서 떨어지려 하지 않는다.
- 유치원 등·하원 시, 유치원 버스에 탑승해서도 늘 혼자 앉아 있고 옆 친구와 절대 이야기하지 않는다.

2. 행동 특성의 원인

- 많은 사람들과의 빈번한 접촉이 부족하다.
- 부모님의 과잉보호 성향이 강하다.
- 부모님의 사회적 태도(예: 낙관적인 태도)의 모델링을 통해서 습득한다.

3. 상담지도 방법

- 다양한 상황에 대처하는 방법에 대한 연습을 시킨다. 예를 들면 처음 만나는 아동에게 날씨 이야기, 자기 소개와 인사하는 방법, 실수했을 때 등의 다양한 상황에 적합한 표현을 할 수 있는 기회를 자연스럽게 마련해 준다.
- 아동의 두려운 마음을 감싸주고 용기를 북돋워 줄 수 있는 말을 해줘야 한다. (예: "엄마도 어렸을 적엔 그랬단다. 누구나 그런 느낌을 가질 수 있고, 엄마는 용기 내서 친구들과 이야기를 많이 하려고 노력했단다.")
- 부모님이나 교사가 먼저 실천하는 모습을 보여야 한다. 길거리에서, 엘리베이터 등의 장소에서 이웃이나 친한 사람들과 마주쳤을 때 먼저 인사를 걸거나 이야기를 나누는 등의 모습을 아동이 지켜보고 모델링할 수 있는 상황들에 자주 접촉되도록 한다.

상담 사례 5	잘 우는 아이	생활영역	표현생활
생년월일	○○○○년 ○○월 ○○일	이름	○○○

1. 아동 행동 특징

- 작은 일에도 곧 울상을 짓는다.
- 늘 징징거리거나 과장되게 운다.
- 친밀한 사람과 떨어지면 울거나 계속 울음이 지속된다.
- 자신의 말을 들어주지 않거나 의견이 수용되지 않으면 운다.

2. 행동 특성의 원인

- 감정이 미성숙하다.
- 감정 면에서 자립성에 대한 발달이 다소 느리다.
- 가정에서 우는 행동을 했을 때 적극적으로 반응해 주거나 과잉보호되어 습관화된 울음으로 전환될 수 있다.
- 자기방어, 즉 자신이 책임지지 않기 위한 도피의 방법으로 사용된다.

3. 상담지도 방법

- 아동이 우는 행위에 대해 곧 반응하지 않는다. 그렇다고 그냥 울도록 놔두는 것도 좋지 않은 방법이다.
- 잠시 울도록 지켜보다가 아동이 왜 울었는지에 대해 언어로 설명하도록 기다려 준다.
- 상황에 따라 적절한 반응 및 격려해 준다.
- 도움을 필요로 하는 아동을 돌보아 주도록 하여 책임감과 자신감을 기르도록 한다.
- 분리불안으로 우는 아동은 적응 프로그램을 통해 점차 자연스럽게 기관 및 친구들과의 관계에 적응해 가도록 교사는 항상 관찰하고 격려한다.

상담 사례 6	편식하는 아이	생활영역	건강생활
생년월일	○○○○년 ○○월 ○○일	이름	○○○

1. 아동 행동 특징

- 식사(밥먹기)를 하기 시작하면 반찬을 잘 먹지 않는다. 달걀, 김, 육류, 햄 등 일부의 반찬만 먹고 한 번 식사 때마다 한 가지 반찬만 주로 먹는다.
- 처음 보는 음식이나 싫어하는 반찬이 있으면 입에 대지 않는다(과자, 음료도 포함). 오랫동안 음식을 입안에 넣고 있거나 먹지 않고 조용히 앉아 있는 경우가 있다.

2. 행동 특성의 원인

- 환경에서 오는 이유를 들 수 있다. 아동 자신이 요구하는 것은 대부분 받아들여지는 경향이 있다. 가족들이 아동발달과 교육에 대한 정보가 없으며 성장하면 다 괜찮아진다는 생각을 가지고 있다.
- 부모님의 직장생활과 매일 바쁜 일상으로 인해 차분히 식사를 지도할 상황의 부재로 인해 음식을 골고루 섭취하는 필요성이나 그러한 경험을 아동에게 제공하지 못하고 있다.
- 무관심이나 사회경제적 특성으로 인해 식사 구성은 성인 위주(맵고 짠 자극적인 음식이나 영양 불균형 식단)로 되어 있거나 싫으면 먹지 않아도 된다는 과보호 경향이 있다.
- 식품에 대한 기호가 형성되는 시기이므로 다양한 음식을 경험할 기회를 주도록 하여 편식을 예방하여야 하나, 조리나 섭취가 간편하고 아이가 찾는 것만 준다.
- 안 먹어본 음식에 대한 두려움이 있는 것으로 보인다.

3. 상담지도 방법

- 편식에 대한 지도는 대체식품 이용하기, 조리법 다양하게 하기, 식기나 식사환경을 바꾸어 주기 등을 통해 개선해 나가도록 한다.

① 식사하는 것은 환경에 의해 많은 영향을 받는다. 여유 있는 분위기를 제공한다.
　: 아침 식사시간이 너무 일러서 아동이 눈을 뜨자마자 바쁜 분위기 속에서 식사를 하고 있다. 또, 성인들의 식사 속도가 빨라 아동의 속도와 맞지 않아 혼자 남아서 먹게 된다.

② 제공한 음식들이 아동에게 적절한가를 확인해야 한다.
　: 성인들이 맵고 짠 음식들을 좋아하므로 자극적이지 않은지 확인한다.
　: 간편한 식사를 주로 하므로 조리법도 다양하지 못하다.

③ 아동들은 그들이 준비하는 데 도움을 주었던 음식에 많은 관심을 보이는 경향이 있다. 그러므로 요리활동을 같이 해보는 것이 좋다.

④ 새로운 음식을 제공할 때 식사 중 아동에게 그것이 무엇인가를 설명하는 것은 피한다. 그리고 다양한 조리법을 활용하여 식사는 즐거운 것이라 인식시킨다.

⑤ 과보호하는 부모님 등 성인들에게 편식지도의 필요성과 문제점에 대해 알려주어 관심을 갖고 아동을 지도하게 한다. 야채나 과일을 잘 먹지 않으면 면역력이 약화되어 피부질환이나 감기 등에 더 잘 걸리게 된다는 것을 알려준다.

상담 사례 7	손톱을 물어 뜯는 아이	생활영역	건강생활
생년월일	○○○○년 ○○월 ○○일	이름	○○○

1. 아동 행동 특징

- 손톱을 물어뜯는 경우, 손가락을 빨거나 다른 물건을 빨 때, 보다 더 심각한 표정을 보이고, 손톱에 피가 나고 아파도 계속 물어뜯는 특징이 있다.
- 정서적으로 안정되어 있지 않고 불안 초조해하는 기색이 역력하다.

2. 행동 특성의 원인

- 아동이 손톱을 물어뜯는 경우, 대체로 정서적으로 불안한 상태이다.
- 부모에게 핀잔을 듣거나 무시당하고 있다고 느낄 때, 부모가 자기능력 이상의 기대를 하고 있다고 생각할 때 긴장감 때문에 손톱을 물어뜯는다.
- 불안감이나 긴장을 하게 되면 그 스트레스를 해결하는 방법으로 손톱을 물어뜯는 경우가 있으며 습관이 되면 그런 행동에서 쾌감을 맛보게 된다.

3. 상담지도 방법

- 여유 있는 마음과 행동으로 긴장하지 않고 편안히 지낼 수 있는 환경을 제공한다.
- 부모가 능력 이상의 지나친 요구나 기대를 해서 긴장하게 해서는 안 되며 형제간에 경쟁심을 유발하거나 신경질적으로 행동하지 않도록 부모님과도 상담한다.
- 잔소리나 심한 꾸중은 좋은 영향을 미치기보다는 손톱 깨물기를 더욱 심화시키기 때문에 칭찬을 많이 해주도록 노력한다.
- 손과 손가락을 사용하는 작업이나 놀이를 하게 해서 손톱을 물어뜯을 여유를 주지 말아야 한다.
- 관심을 다른 곳으로 돌려 놀이를 해 볼 수 있는 기회와 방법을 제공하는 것이 바람직하다.

상담 사례 8	공격적인 행동을 많이 하는 아이	생활영역	사회생활
생년월일	○○○○년 ○○월 ○○일	이름	○○○

1. 아동 행동 특징

- 보통 덩치가 크고 힘이 세서 친구들의 놀잇감을 모두 빼앗거나, 갖고 놀지 못하게 하며, 장난감을 던지거나 망가뜨려 자주 분쟁이 일어난다.
- 교사 옆에 친구들이 있으면 힘으로 밀어내고 자신만이 교사와 함께 있으려 한다.
- 거칠게 친구들을 밀고 다니거나 울리는 행동이 많아 대부분의 아이들은 이 아이가 곁에 오면 무서워한다.
- 자기가 원하는 것은 꼭 손에 넣고 마는 성격 때문에 떼쓰거나 고집을 피우면 모두가 피곤해한다.

2. 행동 특성의 원인

- 부모는 아동의 공격성을 줄이는 데 결정적인 역할을 한다.
- 아동의 공격성의 출현은 부모의 양육태도가 한몫을 한다고 해도 과언이 아니다.
- 아동이 외동이거나 귀하게 얻은 자식의 경우 과잉보호하는 경우가 많다.
- 애지중지 아이를 키우다 보면 아이들은 자기중심적이고 자기만 중요한 존재로 여기기 때문에 타인을 배려하는 힘이 부족하다. 그래서 앞뒤 가리지 않고 제멋대로 행동한다.
- 이와 반대로 아이들 버릇 나빠진다고 어릴 적부터 너무 엄하게 교육을 시킨다거나 체벌을 가하는 경우 아이들은 은연중에 부모의 이런 태도를 모방하게 된다. 친구들에게 한 치의 양보도 없고 작은 실수도 인정하지 않는다.

3. 상담지도 방법

- 신체적으로 마음껏 활동할 수 있는 공간과 시간을 마련해 주는 것이 좋다. 마음껏 뛰놀 수 있는 공간, 그래서 땀에 흠뻑 젖을 수 있는 시간 등 신나게 즐길 수 있는 것이 좋다.
- 이런 시간을 충분히 가진 후에는 차분하게 마음을 가라앉힐 수 있는 시간으로 음악 감상, 책을 보거나 아동의 몸을 주물러 주는 등의 마사지 시간도 효과적이다.
- 바람직하지 못한 행동을 없애기 위해서 칭찬과 벌칙을 적절하게 활용, 적절한 상은 아동의 긍정적인 행동을 강화시킬 수 있다.
- 공격적인 행동을 보이는 아동들에게 흔히 사용하는 행동수정 방법으로 벌칙은 혐오스럽지 않아야 한다. 무관심, 좋아하는 것을 잠시 박탈하는 것이 적절한 벌칙이 될 수 있다.

상담 사례 9	친구들과 어울리지 못하는 아이	생활영역	사회생활
생년월일	○○○○년 ○○월 ○○일	이름	○○○

1. 아동 행동 특징

- 아동이 또래와의 놀이를 즐기지 않고, 혼자놀이에 몰두하여 친구들과 어울리지 못하며 하루 종일 친구들과의 상호작용이 거의 이루어지지 않는다.

2. 행동 특성의 원인

- 지적 능력이 높고 어른들의 마음도 민감하게 알아차려 어른의 마음에는 들지만 친구들의 눈에는 다가가기 어려운 친구로 비치는 경우이다.
- 또래와의 관계에서 필요한 사회적 기술이 부족한 상황이다.
- 양보를 하지 않거나 놀잇감을 뺏는 등 친구들이 싫어하는 행동을 하는 경우가 많다.
- 선생님이나 어른들에게 다른 친구의 잘못을 고자질하는 습관으로 인해 친구들과 어울리기 힘든 경우도 있다.

3. 상담지도 방법

- 어른들과의 만남이 잦아서 성인들과의 관계만을 선호하고 있는지, 또래하고 어울리고 싶은데 놀이 기술이 부족하여 어울리지 못하는 것인지 원인을 파악하여 성인들과의 관계만을 선호하는 경우라면 또래와 어울려 노는 즐거움에 대해 경험할 수 있도록 기회를 제공한다.
- 친구들이 싫어하는 행동을 하고 있는 것은 아닌지 원인을 찾아 사회성이 부족하다고 판단된 경우는 엄마가 놀이 파트너가 되어서 놀아 주거나 집으로 친구들을 초대하여 다른 아동들의 놀이하는 방법을 배울 수 있도록 적극적으로 기회를 제공할 수 있도록 부모님의 도움을 요청한다.
- 발달이 전반적으로 늦어서 또래와 의사소통이 원활하지 않을 경우는 전문 기관을 찾아가서 상담하는 것도 좋은 방법이다.

상담 사례 10	똑같은 놀이만 하는 아이	생활영역	사회생활
생년월일	○○○○년 ○○월 ○○일	이름	○○○

1. 아동 행동 특징

- 어떤 한 가지 형에 고착되어 있다.
- 놀이에 발전이 없다.
- 일정하거나 정해진 것만 한다.
- 놀이의 방법이 다른 아이에 비해 단순하다.
- 같은 상태가 장기간 계속된다.

2. 행동 득싱의 원인

- 아동들은 발달단계에 따라 개인차가 있기 때문에 같은 놀이만 하는 것은 당연한 일이며 그 시기가 지나면 다음 단계에 관심을 가지게 된다.
- 어른이 되면 창조의 능력을 갖게 되는 기초가 된다고 생각할 수 있다.
- 놀이의 계열화라고 볼 수 있다.

3. 상담지도 방법

- 자유놀이 시간 등의 관찰을 통해 아동의 놀이 경향을 알도록 노력해야 한다.
- 한 가지 놀이에 지나치게 치중한다면 원인을 알아보는 것이 좋다.
- 아동의 흥미 방향은 금세 잡히는 것이 아니므로 꾸준히 하여 활동의 사이클이 변화될 때 다른 재미있는 놀이로 유도하도록 한다.

상담 사례 11	대집단활동을 거부하는 아이	생활영역	사회생활
생년월일	○○○○년 ○○월 ○○일	이름	○○○

1. 아동 행동 특징

- 수줍음이 많고, 말수가 적다.
- 또래와의 대화는 원만하지만 많은 사람 앞에서 이야기하는 것을 꺼려한다.
- 대집단활동 시간에 집중하지 못하고, 혼자 행동을 한다.
- 활동을 진행하는 동안 교사 주변에서 머뭇거린다.

2. 행동 특성의 원인

- 또래와의 사회적 상호작용에서 상대방의 말을 듣기보다는 자신의 주장을 많이 하는 편이다.
- 대집단활동에 관심이 있고, 시범으로 보여 주는 것도 잘 관찰하지만 직접 시도하기는 꺼려한다.
- 다른 친구들의 행동을 관찰하여 놀이에서 모방하지만 타인 앞에서 자신감이 적다.

3. 상담지도 방법

- 활동의 집단구성을 순차적인 형태(개별, 소집단, 대집단)로 변화를 시도한다.
- 아동이 활동에 참여하는 데 지켜보기, 관심 가지기, 교사나 또래의 도움으로 시도하기, 스스로 시도하기와 같은 단계적인 도움을 제공한다.
- 아동이 관심 있어 하는 주제를 연결하여 대집단활동을 시도한다.
- 아동과 상호작용하는 다른 아동을 칭찬해줌으로써 사회적 기술을 습득하도록 한다.

상담 사례 12	수업에 집중하지 못하는 아이	생활영역	건강·사회생활
생년월일	○○○○년 ○○월 ○○일	이름	○○○

1. 아동 행동 특징

- 대·소그룹시간에 가만히 앉아 있지 못하고 교실 여기 저기 돌아다닌다.
- 친구들에게 장난을 치거나 수업과 관련 없는 이야기를 계속한다.
- 교실 분위기가 산만해져 집중이 어렵다.

2. 행동 특성의 원인

- 아동은 흥미가 많아서 여기저기를 탐색해 보고자 할 때 자주 이동한다.
- 아동이 이야기할 때는 듣는 사람이 다른 일을 하면서 자주 움직이거나 반응을 보이지 않고 듣기만 할 경우에 아동은 자주 이동하는 상대편의 관심과 눈을 마주치기 위해 많이 움직이게 된다.
- 부모가 유아를 두고 외출하는 경우가 자주 있었거나 다른 사람에게 맡겨지는 경우가 종종 있었을 때도 아동은 안절부절못한다.
- 부모가 아동에게 무관심할 경우에는 자주 이동하는 버릇이 생긴다.

3. 상담지도 방법

- 아동에게 호기심을 유발하는 환경을 의도적으로 제한한다.
- 그림그리기, 동화듣기, 바느질하기 등 정적인 활동을 실시한다.
- 아동의 눈을 응시하며 진지하게 이야기한다(마주이야기).

상담 사례 13	문자에 흥미를 갖지 못하는 아이	생활영역	언어·사회생활
생년월일	○○○○년 ○○월 ○○일	이름	○○○

1. 아동 행동 특징

- 일상에서 문자에 별로 관심을 보이지 않는다.
- 문자의 필요성을 인식하지 못한다.
- 언어표현력에서도 자신감이 낮다.
- 문자를 모름으로 인해 생활에서 겪게 될 불편함에 대해 알지 못한다.

2. 행동 특성의 원인

- 부모의 관심이 적다.
- 다른 친구들에 비해 음운인식 능력이 뒤떨어진다.
- 주변에 문자에 대한 인식 및 필요성을 이야기해 준 사람이 없다.
- 동적인 활동에 에너지가 소비되기 때문에 문자에 흥미를 갖지 못한다.

3. 상담지도 방법

- 주변에서 탐색할 수 있는 문자들을 일상에서 반복적으로 상기시켜 준다.
- 부모나 또래와의 대화를 통해 주변의 문자를 인식할 수 있도록 도와준다.
- 독서활동, 편지쓰기 등의 활동들을 격려한다.
- 재촉하기보다는 흥미를 느낄 수 있는 기회를 제공한다.
- 친숙한 환경에서의 문자들을 수집하고, 이를 활용한 놀이(끝말잇기, 단어입양하기 등)들을 전개해 본다.

상담 사례 14	혼자서만 노는 아이	생활영역	사회생활
생년월일	○○○○년 ○○월 ○○일	이름	○○○

1. 아동 행동 특징

- 가정에서도 혼자 노는 경우가 많다.
- 자신의 놀잇감에 대한 애착이 강하다.
- 자유선택활동에서 또래와의 활동을 거부한다.
- 다른 사람과의 대화보다는 혼잣말을 자주 한다.
- 혼자 있는 상황(놀이)을 스스로 즐겨하는 유형이다.

2. 행동 특성의 원인

- 놀잇감을 나누어 주는 데 익숙하지 않다.
- 또래를 놀이에 참여시키는 기술이 부족하다.
- 사물에 대한 관심은 강하나 사람에 대한 관심은 약하다.
- 혼자 자라서 또래나 성인과의 함께할 수 있는 놀이 경험이 적다.

3. 상담지도 방법

- 아동이 선호하는 다른 아동을 놀이에 투입시켜 협동놀이를 시도한다.
- 흥미를 유발시킬 수 있는 집단놀이나 집단 작업에 참가하도록 유도한다.
- 놀잇감을 나누어 갖고, 함께 놀면 더욱 즐겁다는 것을 느낄 수 있도록 유도한다.
- 자신이 원하는 놀이 상대를 설득하고 함께 놀이에 참여시키는 기술을 익히도록 한다.
- 역할극을 통해 다양한 역할을 시도해 봄으로써 타인을 배려하고, 남의 입장을 생각해 볼 수 있도록 격려한다.

상담 사례 15	지나치게 청결한 아이	생활영역	건강·사회생활
생년월일	○○○○년 ○○월 ○○일	이름	○○○

1. 아동 행동 특징

- 손을 너무 자주 씻는다.
- 유치원 화장실에 가는 것을 꺼려한다.
- 다른 친구들의 불청결한 행동을 지적한다.
- 음식을 먹을 때에도 주변을 항상 정리하며 먹는다.
- 정리, 정돈에 신경을 집중하느라 다른 활동에 영향을 받는다.
- 실외놀이 시 옷이나 신발 등에 흙이나 다른 이물질이 묻을까 움직임이 적다.

2. 행동 특성의 원인

- 부모로부터 청결한 행동에 대한 과대한 관여를 받는다.
- 부모님에게 관심받기 위해 또는 기대에 부응하기 위해 행동한다.
- 활동에 대한 집중력이 떨어지고, 주변의 청결에 많은 신경을 쓴다.

3. 상담지도 방법

- 다른 친구들의 행동이나 습관을 이해할 수 있도록 한다.
- 스트레스를 받지 않도록 주변을 청결한 환경으로 만들어 준다.
- 청결의 기준에 대해 아동의 기준을 낮추도록 지속적으로 인식시켜 준다.
- 활동에 집중할 수 있도록 정리, 정돈은 활동을 마치고 할 수 있음을 상기시켜 준다.

상담 사례 16	또래관계에 어려움을 보이는 아이	생활영역	사회생활
생년월일	○○○○년 ○○월 ○○일	이름	○○○

1. 아동 행동 특징

- 등원을 거부한다.
- 화가 날 때 공격적인 행동을 보인다.
- 또래와 사회적 놀이를 시도하지 못하고, 혼자놀이를 한다.
- 자신이 할 수 있는 일에도 교사나 부모의 도움을 요청한다.

2. 행동 특성의 원인

- 자신의 주장만을 고집할 때가 많다.
- 집단생활에서의 즐거움을 찾지 못하고 있다.
- 타인의 요구를 긍정적으로 수용하는 모습이 부족하다.
- 감정을 조절하고, 상대방을 설득할 수 있는 기술이 부족하다.

3. 상담지도 방법

- 자신이 원하는 놀이 상대의 제안을 수용할 수 있도록 돕는다.
- 다른 사람의 입장을 생각해 보고 의사결정을 내리는 역할극을 제공해 준다.
- 친구들의 특성을 파악하고, 장점을 찾아 칭찬해 주는 기술을 습득하도록 한다.
- 자신의 욕구를 조절하여 친구의 말에 경청하고, 친구에게 양보하는 기술을 습득하도록 한다.

상담 사례 17	규칙을 지키지 않는 아이 (먹을 것을 갖고 등원하는 아이)	생활영역	사회생활
생년월일	○○○○년 ○○월 ○○일	이름	○○○

1. 아동 행동 특징

- 다른 친구들이 좋아하는 것들을 갖고 등원하여 관심을 표현한다.
- 등원할 때 간식 등(먹을 것, 장난감)을 갖고 가겠다고 떼를 쓴다.
- 부모님이 이러한 행위를 말리는 경우 부모님 몰래 가방에 넣어둔다.
- 친구들에게 물건(간식, 작은 장난감)을 나누어 주며 자랑스러워한다.

2. 행동 특성의 원인

- 부모님이 물질적인 보상을 자주한다.
- 친구들에게 둘러싸여 관심 받는 상황을 좋아한다.
- 친구들이 자기를 좋아하지 않는다는 피해의식이 있다.
- 다른 친구들이 장난감을 양보하고 무엇을 주겠다는 말에 기분이 좋아진다.
- 귀가 시 엄마를 보자마자 껌이나 사탕을 사달라고 할 때 부모님이 자주 허용한다.

3. 상담지도 방법

- 정해진 시간에 간식을 먹도록 한다.
- 때론 가지고 온 간식을 귀가 시 가정으로 돌려보낸다.
- 외롭지 않게 친구들과 함께 놀 수 있는 기회를 제공한다.
- 가지고 온 간식을 교사가 아동의 동의를 받고 함께 나누어 준다.
- 자주 구체적으로 칭찬을 해주고 물질적인 부분이 아니어도 친구들이 좋아한다는 것을 알게 해준다.

상담 사례 18	자기 주장이 강한 아이 (내 거야!)	생활영역	사회생활
생년월일	○○○○년 ○○월 ○○일	이름	○○○

1. 아동 행동 특징

- 어떤 상황이든 일단 소리부터 지른다.
- 장난감을 먼저 갖고 놀지 않았어도 본인 것이라고 운다.
- 실수로 친구들과 스쳐도 밀고 당기고 꼬집는 행동 특성을 보인다.
- 자기 마음에 안 들면 공격적인 행동을 보이고 자기 몫의 간식은 먹지 않고 동생이나 친구들의 간식을 빼앗아 먹는다.

2. 행동 특성의 원인

- 아동이 실수하거나 잘못된 행동에 대해 체벌을 가하는 경우가 종종 있다.(예 : 양말 신기를 거부하거나 음식 먹는 것 등을 거부할 때)
- 부모님 기대에 맞지 않을 경우 타이르기보다는 주변 사람들에게 아동을 꾸중하기 위한 도구를 갖고 오라거나 언어로 공격하는 경우가 있다.
- 장난감을 치우지 않았다고 아동이 보는 앞에서 휴지통에 버리거나 다른 사람에게 주겠다고 하는 경우가 있다.

3. 상담지도 방법

- 내 것 인정해 주기 : 소유욕이 강한 아동들에게는'내 것'이라는 확신을 갖게 하는 것이 반드시 필요하다.
- 물건 구분하기 : 내 것이 있다는 생각이 있어야 남의 것을 탐내는 것이 줄어든다.
- 장난감 나눠 쓰기 : 친구의 물건을 갖고 싶을 때(한 번만 빌려 줄래?)
  친구가 빌려주기 싫다고 할 때 등 다양한 상황에서 대처하는 방법에 대해 알아본다.
  (예 : 싸우지 말고 사이좋게 지내자는 약속하기 등)

• 소유욕의 원인은 애정결핍인 경우가 있다.
  대부분의 소유욕은 애정욕구의 결핍에 의해 강한 소유욕을 가져올 수 있고 사랑받고 싶은 욕구가 강해지면 애정욕구를 채우기 위한 수단이 종종 물질로 바뀌어 물건을 차지하려는 행동으로 나타날 수 있다.

상담 사례 19	엄마와 떨어지려 하지 않는 아이	생활영역	건강·사회생활
생년월일	○○○○년 ○○월 ○○일	이름	○○○

1. 아동 행동 특징

- 아침에 일어나지 않으려 한다.
- 유치원 차량만 보여도 운다.
- 선생님이 친구들만 예뻐한다고 말한다.
- 유치원 가방을 보이지 않는 곳에 숨긴다.
- 친구들이 자기만 싫어하고 함께 놀아주지 않는다고 불만스럽게 이야기한다.
- 선생님이 '오늘은 유치원이 쉬는 날'이라고 이야기했기 때문에 등원하지 않아도 된다고 말한다.

2. 행동 특성의 원인

- 애착관계가 잘못 형성된 경우에 발생한다.
- 한 번도 엄마와 떨어져 있어 본 경험이 없는 경우에 나타난다.
- 분리불안 및 새로운 환경 적응에 대한 불안감에 의해 나타난다.
- 불쾌한 경험에 대한 두려움으로 인해 안전함을 유지하려고 하는 경우에 나타난다.

3. 상담지도 방법

- 아동과의 신뢰감을 형성하도록 한다.
  어떤 말도 없이 아동을 혼자 놔두고 자리를 비운다든지, 아동과 약속한 시간에 기관으로 마중 나오지 않을 경우 아동은 불안감을 느끼게 된다.
- 미디어 매체의 영향으로 인한 심리적인 불안정 상태가 일어나지 않도록 보호자의 지도가 필요하다.
  (예 : 무서운 영화나 비디오 게임을 접했을 경우 아동은 가상세계와 현실세계의 구분이 어려워 상황에 대한 부적절한 이해와 함께 불안심리로 인한 분리불안이 올 수 있다).

상담 사례 20	떼쓰는 아이	생활영역	언어·사회생활
생년월일	○○○○년 ○○월 ○○일	이름	○○○

1. 아동 행동 특징

- 연령에 비해 어린 행동을 하고 엄마에게 의존적이며, 고집이 세다.
- 유치원에서 또래들과의 관계에서도 문제를 보인다.
  (예 : 배려심, 참을성 등이 부족한 이기적인 아이로 보여 따돌림 당할 수 있고, 자율성, 성취감, 판단력이 부족하고 또래보다 정신연령이 낮은 편인 경우가 대부분이어서 또래보다 뒤처지는 아이가 될 수 있다).

2. 행동 특성의 원인

- 까다로운 기질을 타고난 아동들도 있지만 그렇지 않은 경우도 있다.
- 상황에 대한 부모의 잘못된 대처가 문제의 원인으로 나타나게 된다.
  (예 : 왜 떼를 쓰는지 이유를 듣는 시간을 갖기보다는 야단부터 치는 경우)
- 떼를 쓸 때마다 주변 사람들에게 민망한 느낌 때문에 우는 것을 달래기 위해 원인을 찾기보다는 물질적인 것으로 대신하는 경향성을 나타낸다.

3. 상담지도 방법

- 아동의 마음을 정확히 알기 위해 노력한다(떼를 쓰는 원인).
- 떼를 쓰기 시작하면 야단을 치기보다는 무시해야 한다.
- 아동의 고집에 엄마 스스로 감정을 다스리지 못해 자제력을 잃고 충동적으로 소리 지르거나 매를 드는 것은 역효과를 가져올 수 있음을 이야기한다.
- 평소에 아동이 자신의 감정이나 요구사항을 바르게 말할 수 있는 기회를 자주 제공한다.

상담 사례 21	남의 물건을 말없이 가져가는 아이	생활영역	사회생활(도덕성)
생년월일	○○○○년 ○○월 ○○일	이름	○○○

1. 아동 행동 특징

- 자신의 것과 남의 것을 구별하지 못한다.
- 다른 반 교실에 있는 사탕, 과자 등을 몰래 먹거나 마음에 드는 물건을 허락 없이 갖고 온다.
- 친구들이 새로운 놀잇감이나 문구류 등을 갖고 온 경우 함께 놀이하다가 귀가 시에는 자신의 사물함이나 가방에 넣어 간다.

2. 행동 특성의 원인

- 아동이 어떤 물건을 갖고자 하는 충동이 강하게 일어나면 도덕적인 개념과 상관없이 물건을 가져간다.
- 아동이 처음에는 무심코 행했던 행동이 아무런 제재를 받지 않았을 경우 행위에 대한 결과가 없었기 때문에 그 행동을 반복할 수 있다.
- 부모가 남의 물건을 갖고 가는 행동에 대하여 지나치게 화를 내거나 꾸중을 한 경험이 있는 경우 아동은 주변의 관심을 끌고자 물건을 가져가는 행동이 나타나기도 한다.

3. 상담지도 방법

- 자기 물건이 아닌 것을 가져가면 안 되는 이유에 대하여 차분하게 설명한다.
- 아동이 남의 물건을 가져가는 행동으로 인하여 부끄러움이나 죄의식을 느끼게 하면 아동은 자신에 대해 나쁜 감정을 갖게 되므로 주의해야 한다.
- 가족이나 친구의 물건을 가져간 경우에는 모두 같이 있는 자리에서 전체에게 어떤 물건이 없어졌는지 알리고 누구나 그럴 수도 있음을 인정해 준 후, 그 물건을 스스로 자연스럽게 제자리에 갖다 놓을 수 있는 기회를 제공한다.
- 만일 아동이 남모르게 그 물건을 제자리에 갖다 놓았을 때는 아동이 부끄러운 마음이 생기지 않도록 묵인해 주거나, 다른 사람이 모르게 타일러 준다.

생각 키우기

1. 아동이 주변의 이야기에 귀 기울이지 않고 자기 말만 하는 경우 대처할 수 방법에 대해 생각해 봅시다.

2. 거짓말을 자주 하는 아동에게 행동주의 상담이론에서 제시하고 있는 행동수정 기법 중 가장 적정한 방법에 대해 생각해 봅시다.

3. 인간중심 상담이론 중 매슬로우(Maslow)의 동기이론에 대해 생각해 봅시다.

Chapter 06

집단상담

덕이 높은 사람은 외롭지 않다.
반드시 그를 따르는 이웃이 있기 때문이다.

- 공자 -

06

이 장에서는 현재 교육기관 및 우리 주변에서 실행되고 있는 집단상담에 대한 내용, 과정, 다양한 기법 등의 전반적인 내용을 살펴보면서 집단상담의 필요성과 활용 정도를 살펴본다.

1. 집단상담의 기초

상담의 기초가 되는 집단상담의 개념과 정의, 목표, 특성 등 상담에서 필요로 하는 핵심적인 내용들을 자신의 경험에 비추어 살펴보고 집단상담에 대한 필요성과 중요성에 대해 살펴본다.

2. 집단상담의 실제

집단상담의 구체적인 조건인 구성원, 상담의 과정, 상담의 기법 등을 알아보고 아동교육현장에서 효율적으로 실행할 수 있는 집단상담의 방법에 대해 살펴본다.

1. 집단상담의 기초

1) 집단상담의 개념 및 정의

집단상담은 개인이 지니고 있는 문제의 원인을 파악하는 데 있어서 보다 환경중심적으로 이해하려는 입장을 취하며, 집단 구성원 모두가 자신에 대한 새로운 이해와 통찰을 경험하고 자신의 적응력을 높이기 위해 상호 협력하는 과정이라고 할 수 있다. 그러므로 집단상담을 통한 집단경험은 문제를 가진 개인은 물론 정신적으로 건강한 사람에게도 서로 자신과 상대방의 감정을 깊이 이해하는 데 많은 도움을 주게 된다(이병승 외, 2008).

최근에 교육기관에서는 물론이고 각 기업체 등에서도 집단상담에 대한 실시를 매우 중요하게 여기고 실제로 진행하고 있는 경우가 많아졌다. 이와 같은 현상은 각각의 기관에서 추구하는 목표달성과 개인의 성장을 도모했을 때 보다 바람직한 방향으로의 개인과 기관의 성장을 가져올 수 있다는 의도에 의한 것이며, 이는 바람직한 현상이다. 왜냐하면 사회란 다양한 인간 발달단계에 처한 사람들의 복잡한 인간관계이며, 발달단계에 따라 적응기제가 다르기 때문이다. 이러한 긍정적인 경험은 개개인에게 정서적 유대감, 소속감, 이타심의 체험을 제공하며 사회적 적응태도를 향상시키도록 돕는다. 현대사회에서 발생하는 다양한 문제나 개인 및 조직의 성장을 돕는 데 요구되는 집단상담의 정의를 살펴보면 다음과 같다(이장호 외, 1992; Corey, 1994).

이장호 외(1992)는 집단상담이란 생활과정상의 문제를 해결하고 보다 바람직한 성장·발달을 위하여, 전문적으로 훈련된 상담자와 집단 구성원의 역동적인 상호 교류를 통해 각자의 감정, 태도, 생각 및 행동양식 등을 탐색·이해하고 보다 성숙된 수준으로 향상시키는 과정이라고 제시하고 있으며, 코레이(Corey, 1994)는 집단상담은 치료적 목적뿐 아니라 예방적이고 교육적인 목적을 가지며, 의식적인 사고, 감정 및 행동을 강조하는 대인과정과 문제해결 방법과 전략이 포함된다고 정의하고 있다. 이처럼 집단상담은 한 사람(또는 두 사람)의 상담자가 여러 명의 집단 구성원들과의 상호 역동적인 관계를 통해서 참여자 개개인의 문제해결 및 성장과 발달을 촉진시키는 하나의 과정으로 집단상담의 상담자는 자격훈련을 받은 전문가가 비교적 정상범위의 적응수준에 속하는 사람들을 대상으로 하며, 상담의 분위기는 신뢰롭고 수용적이어야 한다. 그리고 집단상담은 역동적인 대인관계의 과정을 의미한다고 정의할 수 있다(김청자, 정진선, 2006 재인용).

2) 집단상담의 목표

집단상담은 집단의 경험을 통해 자신을 탐색하고 이해하며 대인관계의 능력을 향상시키고, 보다 건강하게 적응할 수 있도록 환경을 조성시켜 주는 것으로(이장호, 1991) 구체적인 목표는 다음과 같다(Gazda, 1989).

첫째, 내담자의 중대한 발달적 요구를 충족시켜 줄 수 있다.

둘째, 내담자의 동일성 추구과정을 조력할 수 있도록 관계를 수립한다.

셋째, 자신에 대한 이해와 보다 효율적인 생활 및 행동의 기회를 제공한다.

넷째, 내담자로 하여금 자신의 감정과 태도, 그리고 자신과 세계에 대한 개념을 점검할 수 있는 기회를 제공한다.

다섯째, 자신의 지각으로 타인과 함께 이야기하는 방법을 익히고 점진적으로 행동에 대한 책임을 받아들여 자신에 대해 생각하게 한다.

여섯째, 자기 자신 및 다른 사람들의 행동에 대하여 단순하게 표면적 관찰만으로는 만족하지 않으려는 태도를 배우게 한다.

마지막으로 다른 성원의 견해가 자신의 견해와 일치하지 않아도 그들의 의견과 권리를 존중하도록 도와준다.

3) 집단상담의 특성

집단상담 경험은 개인상담과는 달리 내담자들에게 여러 가지 면에서 편안함과 안정감을 제공한다. 이러한 집단경험을 통해 내담자가 얻을 수 있는 심리적 특성은 다음과 같다.

첫째, 자기와 비슷한 문제를 지닌 사람들이 있다는 것을 알게 됨으로써 고립감을 덜 느끼게 된다.

둘째, 자신의 문제나 잘못이 친구들의 도움에 의해 해결되고 수용되는 경험을 하게 된다.

셋째, 자기 자신도 친구를 편안하게 수용해 줄 수 있고, 친구를 도울 수 있다는 점을 알게 된다.

넷째, 다른 사람을 믿을 수 있다는 것을 배운다.

다섯째, 거짓 없는 자기 감정을 남에게 표현하고, 남의 감정표현을 받아들이는 법을 배우게 된다.

여섯째, 상담자와의 관계를 통해 적어도 한 사람 이상의 성인이 자신을 수용하고 이해한다는 것을 경험하게 된다.

즉, 집단상담은 내담자뿐만 아니라 상담자의 측면에서도 개인상담으로 해결할 수 없는 문제를 집단역할을 이용해 도와줄 수 있으며, 개인상담을 보다 효과적으로 이끌어 가도록 도와주기도 한다. 그러나 집단상담에서는 상담자가 집단을 잘 다루고 지도할 수 있어야 효과를 거둘 수 있기 때문에 상담자에게는 지속적이고 전문적인 연수와 훈련을 통한 자기발전이 필요하다(이병승 외, 2008).

4) 집단상담의 장점과 단점

앞에서 언급한 집단상담의 의미와 목표를 성취할 수 있는 집단상담의 장점을 다음과 같이 설명할 수 있다(조화섭, 2004).

집단상담은 개인상담에 비해 첫째는 시간적인 경제성이 있고, 둘째는 동료집단의 성격이 강하여 구성원들이 자유롭게 자신의 문제를 논의할 수 있어 효과적이다. 셋째는 집단상담을 통하여 동료집단의 성격이 강화될 수 있어 동료집단의 교육적 효과를 얻을 수 있으며, 넷째는 자신과 타인과의 관계에서 문제를 보는 시각이 증진되고, 다섯째는 지도적 역할을 배울 수 있는 기회가 되며, 또한 각기 상담자의 역할을 배운다. 여섯째는 다양한 구성원으로 인하여 상호작용에 의한 학습의 장이 되고, 일곱째는 집단을 통해서 자신을 지각하게 되어 개인상담에도 도움이 된다. 여덟째는 사회성을 키워주며 대인관계에서 자신감을 갖게 하고 개인상담에 적극 참가하게 된다. 아홉째는 자기뿐만 아니라 친구 역시 부적응의 문제를 가지고 있다는 것을 이해할 수 있어 심한 열등의식에서 벗어날 수 있고, 마지막으로 자기의 감정을 다른 사람에게 표현하고, 남의 감정을 받아들일 수 있다는 것을 이해하고 그러한 태도를 학습할 수 있다.

집단상담은 짧은 시간에 많은 구성원들이 자신의 문제를 해결하는 과정이므로 개인상담에 비해 시간의 제한을 경험하게 되고, 현실생활에 보다 잘 적응하고 있는 사람들에게 더 효과적이나 심각한 문제가 있는 경우는 집단상담이 효과적이라고 보기 어렵기 때문에 김형태(2001)는 다음과 같이 집단상담의 단점을 설명하고 있다.

집단상담의 단점은 첫째, 개인상담보다 더 복잡하기 때문에 효과적인 집단상담은 상당한 수준의 기술을 요하며 둘째, 집단상담자는 집단의 방향을 계속 관찰해야 하고, 모든 집단참여자들을 동등하게 대해 주어야 하며, 효과적인 관계를 설정해야 하는 등 여러 가지 역할을 수행해야 하기 때문에 집단상담 실시에는 상당한 에너지가 요구된다. 따라서 한 상담자가 여러 집단을 운영하기가 어렵다. 셋째, 집단상담은 어떤 사람에게는 적절하지 않거나 효과가 없을 수 있다. 예를 들어, 제한된 지적 능력을 가진 사람이나 심각한 정서 또는 행동장애를 가진 사람은 집단상담에 적합하지 않다고 할 수 있다(김청자, 정진선, 2006).

2. 집단상담의 실제

1) 집단상담의 구성원

집단상담은 일대일의 대인관계를 중시하는 개인상담과는 달리 상담 장면을 인위적으로 형성하는 특징이 있기 때문에 유사한 문제를 가진 동년배로 구성하는 것이 바람직하며, 이질적 집단이라도 치료적 기능이 잘 수행될 수 있다면 문제의 다양성이나 집단경험을 더 풍부히 해줄 수 있다는 점에서 집단의 동질성은 필수적인 것이 아니다. 오히려 집단 구성원의 사회적 성숙도의 동질성이 더욱 중요하며, 남녀 혼합 집단으로 구성되는 것도 바람직하다고 할 수 있다.

또한 집단상담의 효율을 높이기 위해서는 내담자가 자발적으로 집단에 참여해야 하며, 다른 사람들과 잘 융화할 수 있어야 한다. 그러므로 지나치게 공격적이거나 자기중심적이며, 수줍음이 심하거나 심각한 부적응을 지닌 개인은 적합하지 않고, 친한 친구나 친척을 한 집단에 소속시키는 것도 바람직하지 않다.

집단 구성원의 수는 6~12명으로 하는 것이 보통이지만 집단 구성원들이 지닌 문제의 성격에 따라 구조의 융통성을 가지는 것이 좋으며, 그 집단의 구성원이 많아질수록 상호작용이 약화되는 경향이 있다는 점을 유의해야 한다(이병승 외, 2008 재인용).

2) 집단상담의 과정

효과적이면서 효율적인 집단상담으로 진행시키기 위한 과정은 구체적으로 참여단계, 과도기적 단계, 작업단계, 종결단계로 구분하여 설명할 수 있다(김청자, 정진선, 2006; 정동화, 2003; 조화섭, 2004).

(1) 참여단계

집단의 분위기를 형성하는 단계로 집단에 참여하게 된 목적을 명료화시켜 주고 수용과 신뢰의 분위기를 형성하여 의미 있고 새로운 경험을 가지도록 이끌어 주는 단계이다.

(2) 과도기적 단계

참여단계에서 생산적인 작업단계로 넘어가는 단계로 이 단계에서는 참여자들의 긴장과 저항이 긍정적인 방향으로 전환되기 시작하므로 상담자의 기술이 중요시된다. 따라서 상담자는 구성원들 간의 느낌이 교환되도록 격려하는 데 노력을 집중해야 하고 집단원 자신이 효율적인 지도자가 되는 것을 배우도록 하며 집단에 참여하는 과정에서 일어나는 망설임, 저항, 방어 등을 지각하고 정리하도록 도와주는 단계이다.

(3) 작업단계

상담의 핵심 분야로 집단상담 과정의 대부분을 차지하며 구성원들이 자신의 구체적인 문제를 활발히 논의하고, 바람직한 관점과 행동 방안을 모색하여 행동의 변화를 가져오도록 하는 것이 목표이기 때문에 상담자는 촉진자나 요약자의 역할을 통해 구성원들이 공동체 의식을 토대로 서로의 문제를 해결하기 위하여 명석한 통찰과 처방을 제공하며 이를 행동으로 실천하게 하는 단계이다.

(4) 종결단계

집단상담의 종결과정은 하나의 출발이라고 할 수 있으며 상담자와 구성원들은 집단과정에서 배운 것을 미래의 생활에 어떻게 적용할 것인가를 생각하게 되는 단계로, 이 단계에서는 집단 구성원들의 이별에 대한 감정을 취급하고, 집단경험을 통한 학습의 결과를 확인, 서로에게 피드백 주기, 작별인사 등을 다루게 된다.

3) 집단상담의 기법

집단상담은 개인이 아닌 집단을 대상으로 하기 때문에 상담자의 역할이 더욱 중요하고 다양하다. 상담자는 집단의 분위기, 구성원에 대한 관찰과 상호작용 정도, 개인 감정에 대한 공감 등을 다룰 수 있어야 한다. 따라서 상담자가 집단상담에서 활용할 수 있는 일반적인 기술을 살펴보면 다음과 같다(김준규 외, 2010; 정동화, 2003).

① 관심 기울이기

의사소통 시 내담자에게 관심을 나타내며 전하고자 하는 메시지를 경청하는 기술이 있어야 한다. 상담자는 자신의 태도나 행동이 내담자에게 어떤 인상을 주는지에 대해 민감해야 한다.

② 경청하기

내담자의 말과 행동에 경청하는 것은 상담을 성공적으로 이끄는 주요 요인이다.

경청은 내담자로 하여금 생각이나 감정을 자유롭게 표현할 수 있도록 북돋아 주고, 자신의 방식으로 문제를 탐색하며 상담에 대한 책임감을 느끼게 한다. 상담에 있어서 효과적인 경청방법은 다음과 같다.

- 내담자가 말할 때 눈길을 보냄으로써 그와 함께하고 있음을 알린다.
- 상담자가 관심이 있음을 나타내는 자연스럽고 이완된 자세를 취한다.
- 내담자의 말을 가로막거나 내담자의 발언 중에 질문을 던지거나 새로운 문제를 제기하지 않도록 한다.

이 외에도 내담자의 말을 잘 듣는다는 것을 얼굴표정의 변화, 손의 움직임, 호흡의 속도, 목소리의 억양 등이 무엇을 말하고 있는지 알아낼 수 있을 때 신실로 내담자가 말하는 것을 이해할 수 있다.

③ 지각확인

지각확인은 상담자가 내담자의 감정을 지각하고 있다는 것을 확인시키는 것으로 지각확인 과정에서 상담자는 지각된 내담자의 감정을 나타내어 자신이 지각한 내용이 정확한가를 확인해야 한다.

④ 피드백

집단상담에서 타인들이 자기를 어떻게 보고 있고 어떻게 반응하고 있는가에 대하여 학습할 기회를 제공하는 것이 중요한 목적 중 하나이며 이러한 목적을 위해 상담자는 내담자에게 피드백을 제공해야 하며 내담자 상호 간에 타인의 행동에 대한 자신의 반응을 솔직하게 이야기할 수 있는 분위기를 마련해야 한다.

⑤ 직면

내담자의 행동이 집단의 기능을 방해하거나 말과 행동이 일치하지 않을 때 이를 지적하는 기술로 자신을 돌아보고 각성하게 하는 기술이다.

⑥ 요약

상담자가 대화에 주의를 기울이고 있음을 보여 주고, 내용을 정확히 파악하고 있음을 내담자에게 전달하기 위해서 필요한 과정으로 요약을 통하여 집단이 나아갈 방향을 제시할 때 사용된다.

⑦ 행동 제한하기

상담자는 내담자의 바람직하지 못한 행동을 제한할 책임이 있으며 개인을 향한 비난이나 공격이 아닌 비생산적인 행동만을 제한하는 것을 말한다.

⑧ 해석

해석은 내담자로 하여금 자기의 문제를 새로운 각도에서 이해하도록 그의 생활경험과 행동의 의미를 설명하는 것이다. 해석은 내담자가 자신의 문제와 갈등의 근원과 적용의 문제성을 부분적으로 이해하고 있고, 자신의 참모습을 직면할 만큼 준비가 되어 있을 때라야 효과적으로 받아들여지고 통찰과 이해를 증진시킬 수 있다.

⑨ 모델링

상담자의 행동을 관찰함으로써 내담자가 학습할 수 있는데 상담자의 행동이 집단의 규범이나 참여방법의 실제적인 예가 될 수 있다.

⑩ 촉진하기

집단과정을 촉진하기 위하여 집단 내 저항에 초점을 두고, 구성원들이 저항의 이유를 알도록 하며 구성원들끼리 직접적으로 순수하게 이야기할 수 있는 안전한 분위기를 만들며, 모험을 격려하고, 새로운 행동을 시도하는 구성원을 지지한다.

⑪ 보호하기

집단에 참여한 내담자에게 심리적·신체적 위험이 있을 때 내담자를 보호하는 것으로 집단의 감정이 한 사람에게만 쏠린다거나 공정하지 못하게 다루어질 때 상담자의 보호가 필요하다.

4) 집단상담에서의 저항

집단상담을 실행하다 보면 내담자들이 심리적인 변화를 통해 상담을 거부하는 저항의 형태를 나타내는데 이 상황을 극복했을 때 집단상담의 효과는 극대화된다. 구체적으로 집단 저항에 관련된 내용을 살펴보면 다음과 같다(조화섭, 2004).

(1) 침묵

집단에서의 침묵은 상담자에 대한 불만, 타 집단원이나 상담자의 반응에 대한 불만 또는 집단에 제시된 정보나 자료에 대한 각 개인의 처리과정 등이 될 수도 있다. 상담자는 침묵의 의미를 정확히 파악하고 반영이나 해석 등을 통해 명료화시키는 것이 필요하다.

(2) 독점

한 사람이 타인의 이야기를 듣지 않고 자신의 이야기만 하거나 집단을 주도하는 것을 의미한다.

(3) 지나친 의존

집단 초기에 집단원은 상담자가 자신들에게 무엇인가를 지시하고 문제를 해결해 주기를 기대하는 현상이 자주 나타난다. 집단 중기에도 다른 주도적인 집단원에 대해 나타나기도 한다.

(4) 집단의 양립화나 소집단화

집단이 두 개 또는 그 이상으로 분리되어 집단 전체적인 역동이 이루어지지 않고 소집단별로 전체와는 다른 주제에 대해 이야기하거나 때에 따라서는 전혀 집단에 참여하지 않고 침묵하기도 하는 현상이다.

(5) 주지화

집단에서 자신의 내면적인 세계를 개방하기보다는 지적인 토론을 벌이는 현상이다.

(6) 역사가 출현

집단에서 옛날에 일어났던 일 또는 떠난 사람에 대해 이야기하는 것 등이다.

(7) 지도자와의 동일시

특정 집단원이 상담자의 역할을 맡아 다른 집단원에게 질문하고 충고하는 현상이다.

5) 유아교육기관 집단상담의 실제

(1) 집단상담 프로그램

아동들은 가족이나 또래집단 생활을 통해 집단에 적응하는 과정을 거치게 되며 그에 따른 소속감과 안정감을 얻게 된다. 그러나 이러한 성장과정에서 여러 가지 요인에 의해 집단에 원만하게 적응하는 기술을 긍정적으로 익히지 못할 경우 아동들은 정상적인 발달과정에 문제가 발생하게 되고 이는 전인적인 발달에 영향을 받게 된다. 집단상담의 상황은 아동들의 실제 세계를 대신하는 사회적 공간이 될 수 있으므로 서로 대화를 나누며 상호작용을 통해 자신의 감정이나 행동에 대한 피드백을 받을 수 있고 사회적 기술도 익힐 수 있다.

아동을 위한 집단상담의 목표는 아동의 개인적 성장을 위한 것으로 정상적인 아동을 대상으로 하는 성장중심 집단상담과 문제를 가진 아동을 대상으로 하는 문제중심 집단상담으로 설명할 수 있다(김충기, 장선철, 2001).

성장중심 집단상담은 아동들이 일상생활에서 부딪히는 문제들에 좀 더 효과적으로 대처할 수 있는 능력을 극대화시키는 데 초점을 둔다. 우정, 자기관리 등과 같은 발달적 과제와 관련지어 자신의 생각, 태도, 느낌 및 행동을 검토하거나 발달시킬 수 있다.

문제중심 집단상담은 아동의 성장에 방해가 되는 개인적 갈등을 치료하거나 문제의 해결을 돕게 된다. 즉 학업의 실패, 비만, 부모의 이혼, 비행 등의 문제를 경험하고 있는 아동들이 대처할 수 있도록 돕는 것이다(정동화, 2003 재인용).

(2) 집단상담 프로그램 운영 예시

아동 집단상담 프로그램은 주로 놀이치료에 의한 프로그램으로 구성되고, 아동들로 구성된 집단상담으로 이루어질 수 있으며 부모-아동이 함께 참여하는 집단상담도 구성하여 운영될 수 있다. 선행연구들에 의하면 아동 집단상담 프로그램을 실시한 결과, 아동의 부적응 행동에 대한 변화 및 자아개념, 조망수용능력, 사회정서적 유능감 등에 대한 향상을 보여주었다(김현진, 2009; 윤윤경, 2005; 이상금, 1999; 하영례, 2009).

아동을 위한 집단상담 프로그램에 대한 사례들의 주제와 회기별 내용들을 구체적으로 살펴보면 다음과 같다.

① 부적응 행동 아동을 위한 집단놀이치료 프로그램(윤윤경, 2005)

회기	활동명	활동내용	준비물
1	나를 소개합니다.	1. 나를 소개합니다. - 프로그램의 소개와 기본 약속을 정한다. - 별칭짓기를 한다. - 자신의 별칭을 소개한다. - 집단원들이 돌아가면서 발표한다. 2. 초콜릿 목걸이 만들기 - 미니 초콜릿을 15개씩 가지고 간다. - 양면테이프를 이용하여 연결한다. - 초콜릿 목걸이를 누구에게 선물할지 정한다. - 이번 회기에서 느낀 점을 이야기한다.	이름표, 크레파스, 사인펜, 초콜릿, 양면테이프, 가위

회기	활동명	활동내용	준비물
2	나 바라보기 I	1. 얼굴표정 알아맞히기 - 얼굴표정 그림을 보고 자신의 평소 얼굴표정과 비슷하게 닮은 그림을 찾게 한다. - 선택한 그림을 소개하고 선택한 이유를 설명한다. - 가족들의 표정도 찾아보고 이야기한다. - 즐거운 표정을 갖기 위해 내가 할 일을 이야기한다.	얼굴표정 그림, 신문지
		2. 신문지 게임 - 게임 시 지켜야 할 규칙에 대해서 이야기한다. - 신문지를 한 장씩 펼치고 양쪽을 선생님들이 잡고 있으면 주먹으로 뚫게 한다. - 한 장씩 늘려가면서 뚫는다. - 가장 많이 성공한 친구에게 달란트를 준다. - 이번 회기에서 느낀 점을 이야기한다.	
3	관계 바라보기	1. KFD그리기 - 유치원 생활 - 나의 유치원 생활에 대해 이야기한다. - 그것을 그림으로 표현하게 한다. - 자신의 그림을 소개한다. - 즐거운 유치원 생활이 되기 위해서 자신이 할 수 있는 일을 생각해 보고 말한다.	A4용지, 4B연필, 지우개, 비눗방울
		2. 비눗방울 놀이 - 두 팀으로 편을 나눈다. - 비눗방울 크게 불기를 팀별로 한다. - 이긴 팀에게는 달란트를 준다. - 이번 회기에서 느낀 점을 이야기한다.	
4	함께해요 I	1. 밀가루 반죽 작품 만들기 - 미리 반죽한 밀가루 덩어리를 나누어 주고 자유롭게 만들기를 한다. - 자신의 작품에 대해서 이야기한다. - 친구의 작품을 칭찬한다. - 칭찬 받을 때의 감정을 이야기한다.	밀가루 반죽, 신문지
		2. 안마로 친숙해지기 - 두 명씩 짝을 짓는다. - 둘씩 서로 등을 맞대고 서서 한 사람씩 들어주기를 한다. - 이번 회기에서 느낀 점을 이야기한다.	

회기	활동명	활동내용	준비물
5	함께해요 Ⅱ	1. 손바닥 찍기 - 작업 시의 규칙에 대해서 설명을 한다. - 자신이 원하는 색깔을 하나 선택해 손바닥을 찍게 한다. - 다른 색을 선택해 반대쪽 손을 찍게 한다. 2. 풍선게임 - 두 팀으로 나눈다. - 풍선을 팀에서 하나씩 불게 한다. - 양다리 사이에 풍선을 끼우고, 풍선이 바닥에 닿지 않게 반환점을 돌아와서 다른 친구에게 전달한다. - 이긴 팀에게 달란트를 준다. - 이번 회기에서 느낀 점을 이야기한다	물감, A4용지, 종이접시, 휴지, 수건, 풍선
6	가족 바라보기 Ⅰ	1. 동물가족 만들기 - 자신의 가족들 이미지를 생각하고 그 이미지에 적절한 동물을 선택해서 동물가족화를 완성한다. - 어떤 생각에서 자신의 가족과 동물이 비슷한지 이야기한다. - 가족에게 바라는 것이 무엇인지 묻는다. - 즐거운 우리 집을 만들기 위해 내가 할 수 있는 일이 무엇인지 이야기한다. 2. 림보게임 - 게임의 규칙에 대해 먼저 이야기한다. - 낮은 단계를 성공할 시 높은 단계로 넘어간다. - 가장 잘한 친구에게 달란트를 준다. - 이번 회기에서 느낀 점을 이야기한다.	동물그림, A4용지, 가위, 풀, 사인펜, 림보게임대
7	나 바라보기 Ⅱ	1. 나의 기억 속으로 - 자신의 기억으로 가장 기뻤던 날과 가장 슬펐던 날에 대해 생각한다. - 자신의 가장 기뻤던 날에 대해서 이야기한다. - 자신의 가장 슬펐던 날에 대해서 이야기한다. - 자신이 지금 느끼는 감정에 대해서 이야기한다. 2. 의자에 앉기 놀이 - 의자 개수는 집단원보다 한 개 적게 놓는다. - 놀이의 규칙에 대해 설명한다. - 비행기 노래를 부르면서 돌다가 앉아라고 말하면 의자에 앉는다. - 마지막 남은 한 명에게 달란트를 준다. - 이번 회기에서 느낀 점을 이야기한다.	의자

회기	활동명	활동내용	준비물
8	가족 바라보기 II	1. 부모님께 카드쓰기 - 자신들이 5회기에서 한 손바닥 찍기를 나누어 준다. - 나의 손을 주신 부모님에 대해 생각해 보고 카드를 쓴다. - 봉투에 넣어 가지고 간다. 2. 고리 던지기 - 게임의 규칙에 대해 설명한다. - 두 팀으로 나누어 경기를 한다. - 개인이 세 번씩 던져서 많이 넣는 팀이 이긴다. - 이긴 팀에게 달란트를 준다. - 이번 회기에서 느낀 점을 이야기한다.	손바닥 찍기한 종이, 사인펜, 고리던지기 게임 도구
9	공동작업	1. 협동화 그리기 - 공동으로 관심 있는 주제를 정한다. - 각자 그릴 수 있는 부분을 의논하여 그린다. - 혼자 그릴 때와 같이 그릴 때의 느낌을 이야기한다. 2. 휴지 빨리 나르기 - 게임의 규칙에 대해서 설명을 한다. - 두 팀으로 나누어 경기를 진행한다. - 입으로 불어서 휴지가 떨어지지 않게 하고 반환점을 돌아 다음 친구에게 휴지를 전달한다. - 이긴 팀에게 달란트를 준다. - 이번 회기에서 느낀 점을 이야기한다.	전지, 크레파스, 휴지
10	마무리	1. 친구 칭찬하기 - 놀이치료 프로그램을 참가하는 동안 집단원이 긍정적으로 변화된 모습을 찾아 이야기한다. - 먼저 선생님이 시범을 보인다. - 친구의 이야기를 듣고 느낀 점을 이야기한다. 2. 다과 나누기 - 앞으로 유치원 생활에 대해서 한 사람씩 이야기해 본다. - 다함께 즐거운 시간을 갖는다. - 지금까지 회기의 느낀 점을 나누어 본다.	다과

② 긍정적 자아개념 형성을 위한 집단상담 프로그램(김현진, 2009)

회기	활동명	활동내용	준비물
오리엔테이션		- 긍정적 자아개념 형성을 위한 집단상담의 성격과 참여 자세에 대해 설명한다. - 자아개념의 의미, 어머니와 유아의 자아개념 발달, 양육자 역할의 중요성을 설명한다. - 긍정적 자아개념의 형성을 돕는 방법에 의해 변화될 수 있다는 것을 강조한다. - 긍정적 자아개념 형성을 위한 집단상담의 내용과 방법을 안내한다.	
1	자아 개념 속으로	◎ 지금 - 여기의 느낌 나누기 1. 이미지 찾기 및 자기소개 - 신분과 나이, 기존의 자아개념에서 탈피하여 구성원 모두 평등한 입장에서 자기에 대한 새로운 이미지를 지향한다. - 별칭 짓고 배부된 종이에 작성한다. - 돌림차례로 집단에서 불리고 싶은 별칭과 의미를 소개한다. - 박수로 환영 및 격려한다. 2. 파트너 데이트 - 두 명씩 짝을 지어 서로를 탐색하는 대화시간을 갖는다. - 파트너에게 꽃으로 표현된 별칭을 선물한다. - 나의 별칭과 받은 별칭을 합한 이름표를 작성한 후 단다. 3. 활동 소감 - 선물 받은 별칭에 대한 느낌을 나눈다. - 사람을 처음 사귀고 남의 기분을 헤아리는 어려움과 필요성에 대한 실감을 이야기 나눈다. ◎ 평가 및 가정학습과제 안내	이름표, 종이, 사인펜, 첫인상 활동지
2	기질 프로필	◎ 지금 - 여기의 느낌 나누기 ◎ 부모교육 - 기질의 정의 및 특성이 개인의 자아개념 형성에 미치는 영향 1. 나의 기질은? - 기질 자기진단 2. 같은 기질은? 기질 판독 결과를 바탕으로 같은 기질별 집단모임을 가진다. - 각 기질의 특성 및 강점, 약점 극복 방법에 대한 대화를 나눈다. - 자신을 긍정적, 부정적으로 평가하는 것이 얼마나 있으며 자기에게 어떤 영향을 미치는지 이야기 나눈다. ◎ 평가 및 가정학습과제 안내 - 각 기질의 독특한 면을 바탕으로 자녀의 기질을 파악한다.	기질 테스트

회기	활동명	활동내용	준비물
3	자녀와 기질	◎ 지금 - 여기의 느낌 나누기 ◎ 부모교육 - 부모·자녀의 자아개념 관계 1. 자녀 기질? - 자녀가 갖고 있는 기질별로 모이기 - 자녀의 행동 관찰을 바탕으로 강점과 약점을 이야기 나눈다. 2. 자녀와 문제행동 - 자녀의 문제행동이 자기에게 어떤 영향을 미치는지 이야기 나눈다. ◎ 평가 및 가정학습과제 안내 - 기질별 이해를 통해 자녀와의 관계를 개선하는 방법을 찾는다.	유인물
4	올바른 자녀양육 I	◎ 지금 - 여기의 느낌 나누기 ◎ 부모교육 - 유아의 자아개념에 영향을 주는 어머니와의 인간관계 1. 문제행동 - 지난 시간 과제를 통해 자녀의 문제행동을 파악한다.(예: 밤에 잠을 자려하지 않음, 자기 물건을 정리하지 않음) 2. 문제해결 - 자녀의 기질별로 집단모임을 갖는다. - 문제행동에 대한 하나 이상의 해결 방안을 탐색한다. - 가상의 문제 상황을 통한 연습과 어머니 - 유아의 역할을 바꾸어 훈련한다. ◎ 평가 및 가정학습과제 안내	밀가루 반죽, 신문지
5	긍정적 자아상	◎ 지금 - 여기의 느낌 나누기 ◎ 부모교육 - 부모·자녀의 자아개념 관계 1. 5가지 약속 - 긍정적 자아개념 형성을 위한 5가지 요인을 알아본다. ① 자기 자신을 칭찬할 때 자신이 행한 일부터 시작한다. ② 자신을 현실적으로 평가하도록 돕는다. ③ 현실적인 목표를 설정하여 자신과 타인을 동시에 칭찬하도록 한다. ④ 자기 스스로를 칭찬하도록 한다. ⑤ 타인을 칭찬하도록 가르친다. - 5가지 요인에 대한 연습과 어머니 - 유아의 역할을 바꾸어 훈련한다. ◎ 평가 및 가정학습과제 안내 - 긍정적 자아개념 향상을 위한 5가지 약속을 실제로 적용해 본다.	유인물

회기	활동명	활동내용	준비물
6	올바른 자녀양육 II	◎ 지금 - 여기의 느낌 나누기 ◎ 부모교육 - 자아개념 발달을 돕는 부모역할 1. 나 - 전달법 연습과 훈련- 자원하는 순서로 한 사람씩 나와서 한쪽에 앉는다. - 맞은편에 자기의 감정(긍정 혹은 부정)을 전할 자녀를 상상하여 앉힌다. - "네가 ~하면(행동) 나는 ~라고 느낀다(느낌), 왜냐하면(결과)"의 순서로 생각과 느낌을 표현한다. 2. 반영적 경청 연습과 훈련 - 지도자가 가상의 상황을 설정한 후 반영적 경청의 방법으로 함께 대답한다.(예: 지도자 - 엄마 난 그걸 못해요. 집단원 - 그것이 정말 어려운가 보구나.) ◎ 평가 및 가정학습과제 안내 - 나의 장점 20가지 기록, 칭찬 편지를 작성해 온다.	유인물
7	칭찬이 최고	◎ 지금 - 여기의 느낌 나누기 ◎ 부모교육 - 칭찬의 중요성 및 효과 1. 칭찬합니다. - 발표자의 장점 20가지를 듣고 칭찬을 해준다. - 칭찬 피드백을 듣고 마음에 와 닿는 칭찬에 감사함과 이유를 말한다. 2. 칭찬은 요술쟁이 - 자녀의 단점을 장점으로 바꾸어 가치관을 전환한다. - 작업 활동 후 생각과 느낌을 나눈다. ◎ 평가 및 가정학습과제 안내 - 자녀에게 칭찬하는 편지를 작성한 후 들려준다. - 첫 회기 파트너에게 그동안 함께 하면서 바뀐 이미지에 대한 편지를 작성한다.	유인물
8	경험 보고서	◎ 지금 - 여기의 느낌 나누기 ◎ 부모교육 - 어머니와 자녀의 긍정적 자아 형성의 관점 1. 개인적 목표 달성 여부 - 어머니, 유아에게 나타난 생각과 행동의 변화에 대한 총평을 작성한다.	

회기	활동명	활동내용	준비물
8	경험 보고서	2. 헤어짐의 아쉬움 나누기 - 파트너에게 처음과 달리 변화된 모습에 관한 편지를 쓴다. - 첫인상 편지와 함께 교환한다. - 전체 집단으로 둘러앉아 돌림차례로 프로그램에 참여한 소감을 나눈다. 3. 밀가루 파티 - 자녀와 함께 밀가루를 가지고 뿌리기, 던지기, 바람에 날려본다. - 밀가루를 모아 물을 붓고 반죽한다. - 재활용품을 이용해 케이크를 완성한다. - 촛불을 붙이고 칭찬 편지를 들려준다. - 촛불을 끄고 안아준다. ◎ 평가 및 가정학습과제 안내	첫인상 편지, 밀가루

③ 역할놀이를 통한 집단상담 프로그램(이상금, 1999)

회기	활동명	활동내용	준비물
1	오리엔테이션 및 내 별명, 네 별명	• 프로그램을 안내한다. • 자기소개를 통해 친밀감과 신뢰감을 형성하도록 한다.	크레파스, 색 마분지, 안전핀
2	술래 및 짝짓기	• 다른 사람들을 이해하고 수용하도록 돕는다.	없음
3	말 전하기	• 그림 자료를 보고 팀원에게 귓속말로 전달한다. • 말 전하기를 진행하는 동안 슬픔, 기쁨 등의 경험을 솔직히 발표하고 듣는다.	그림자료
4	역할놀이 (모자장수 아저씨)	• 집단구성원들의 특성과 상황에 적절한 배역을 정한다. • 여러 가지 역할을 통해 상대를 이해할 수 있도록 한다.	그림자료, 실제 사물, 무대장치 소품
5	역할놀이 (미운 오리새끼)	• 집단구성원들의 특성과 상황에 적절한 배역을 정한다. • 자기 중심에서 벗어나 언어 상호작용을 통하여 상대방의 행동을 이해할 수 있도록 한다.	융판동화, 보자기, 등장인물 가면
6	역할놀이 (작은 암탉 이야기)	• 집단구성원들의 특성과 상황에 적절한 배역을 정한다. • 상대방의 입장에서 생각할 수 있도록 한다.	등장인물 모형자료, 배경그림
7	역할놀이 (숫자 이야기)	• 집단구성원들의 특성과 상황에 적절한 배역을 정한다. • 감정의 표현과 표정을 이해할 수 있도록 한다.	등장인물 목걸이, 배경, 소품

회기	활동명	활동내용	준비물
8	역할놀이 (우주 소년 덜렁이)	• 집단구성원들의 특성과 상황에 적절한 배역을 정한다. • 타인에 대한 이해를 높이도록 한다.	허리 띠 모형 자료, 그림자료
9	역할놀이 (꼬마 삼보의 모험)	• 집단구성원들의 특성과 상황에 적절한 배역을 정한다. • 타인의 역할을 대신해 자신의 감정을 표현함으로써 정서적으로 정화하는 과정을 실행해 본다.	막대 자료, 가면
10	사랑의 그림그리기	• 주어진 자료를 보고 거기에 관련지어 그림을 그리게 한다. • 타인의 장점을 수용함으로써 서로 협동할 수 있도록 한다.	동기선을 그린 도화지, 크레파스

④ 아동 사회정서적 유능감 향상을 위한 집단놀이치료 프로그램(허영례, 2009)

회기	활동명	활동내용	준비물
1	자기소개	1. 자기소개에 대해 이야기 나눈다. 2. 마음과 말과 행동이 일치하는 소개에 대해 이야기 나눈다. 3. 자랑스런 자신의 모습과 소개하는 별칭을 연결시켜 본다. 4. 자기 소개하기 - 박자 가운데에 퓨펫 풍선과 준비물(유성매직, 장식물)이 담긴 바구니를 놓는다. - 퓨펫 풍선을 선택하여 장식을 한다. - 한 사람씩 별칭과 뜻, 장점, 집단구성원에게 부탁하고 싶은 말 등을 발표한다.	이름표, 풍선, 유성매직, 스티커, 연필, 지우개
2	기분이 좋은 몸	1. 명상음악을 듣고 좋은 기분에 대해 이야기를 나눈다. 2. 기분이 좋아질 때 우리 몸의 변화와 마음의 변화에 대해 생각해 보도록 한다. 3. 기분이 좋으면 몸과 얼굴표정은 어떻게 변할지 이야기 나눈다. 4. 기분이 좋은 몸 - 3인 2조 집단에게 유아 전신상이 그려진 8절지를 나누어 준다. - 기분이 좋아졌을 때의 몸을 토의한 후 함께 색칠을 한다. - 색칠을 한 색깔의 이유에 대해 이야기 나눈다. - 색칠을 한 후 유아가 차례대로 느낌에 대해 이야기를 나눈다.	유아 전신이 그려진 8절지, 색연필, 사인펜, 개인평가표, 스티커

회기	활동명	활동내용	준비물
3	감정 온도계	1. 기분에 대해서 이야기 나눈다. 2. 나와 친구의 감정에 대해서 생각해 보도록 한다. 3. 기분은 어떻게 표현해야 하는지 이야기 나눈다. 4. 감정 온도계 - 우리가 느끼는 감정의 종류에 대해 이야기 나눈다. - 우리의 마음에 감정을 나타내는 온도계가 있음을 알린다. - 2인 1조로 의논을 하여 온도계에 5가지 감정 명칭을 쓴다. - 교사가 기쁨, 행복, 슬픔, 마음, 화에 대한 감정을 물으면 짝지에게 자신의 경험을 이야기한다.	개인평가표, 스티커, 4절지 2장, 크레파스
4	기분빙고	1. 유아가 경험한 정서(기쁨, 행복, 슬픔, 미움, 화, 부끄러움 등)에 대해 이야기 나눈다. 2. 자신의 정서와 행동을 연결시켜 생각해 본다. 3. 유아가 경험한 정서가 친구와 같다면 내 마음을 전달하는 방법을 이야기 나눈다. 4. 기분빙고 - 각자에게 다른 감정이 적혀 있는 빙고판 1개와 색연필을 준다. - 빙고카드를 꽂은 통을 가지고 빙고게임을 소개한다. - 유아가 말을 할 때마다 교사는 공감을 해주고 다른 유아도 같은 정서를 느끼고 표현할 수 있도록 배려한다. - 6개의 빙고판을 지우면 게임이 끝이 난다.	개인평가표, 스티커, 감정 빙고판, 색연필
5	친구와 나는 다를 수 있어요	1. 여러 정서의 종류가 그려진 상황 그림을 보며 이야기 나눈다. 2. 여러 상황에 따라 감정을 생각해 보고 친구의 감정도 생각해 본다. 3. 나와 다른 사람이 같은 감정일 수도 있고, 다른 감정이 있을 수도 있음에 대해 이야기 나눈다. 4. 친구와 나는 다를 수 있어요. - 각자에게 상황 그림 1개를 나누어 준다. - 한 명씩 나와 상황 그림을 소개한 후 그 감정을 이야기한다. - 같은 생각이 드는 친구가 나와서 자신의 감정을 이야기한다. - 같은 생각이 들지 않는 친구가 나와서 자신의 감정을 이야기한다. - 교사가 카드를 제시하면 같은 마음을 표현해 보고, 다른 마음일 때를 표현해 본다.	개인평가표, 스티커, 풍선 3개, 6개의 감정을 표현할 수 있는 상황 그림

회기	활동명	활동내용	준비물
6	느린 행동	1. 참지 못하고 행동한 유아의 행동에 대해 이야기 나눈다. 2. 참지 못한 행동과 나의 감정을 연결하여 이야기 나눈다. 3. 다른 친구에게 말하지 않고 먼저 행동으로 옮기면 어떠할지에 대해 이야기 나눈다. 4. 느린 행동 - 야구하는 그림카드를 순서대로 보여 준 후 함께 천천히 동작을 표현해 본다. - 지정된 시간 동안 2명씩 일어나 동작을 취해 본다. - 조절하여 행동을 한 후 자신의 경험을 이야기 나눈다. - 통과한 유아에게는 교사가 준비한 조절상을 준다.	개인평가표, 스티커, 야구공 던지는 순차적 그림카드 5장, 벽시계, 상장
7	기분 채널	1. 친구들과 화가 나서 오랫동안 지속되었던 경험에 대해서 이야기를 나눈다. 2. 화가 났을 때의 정도를 기분 온도계로 표현해 본다. 3. 제일 화가 났을 때 어떻게 했는지에 대해 이야기 나눈다. 4. 기분 채널 - 기분이 나빴을 때를 생각하며 기분 채널을 바꿀 수 있음을 이야기 나눈다. - 기분 채널할 내용을 유아와 함께 나누며 실행한다. - 유아가 기분 채널로 바꾼 후 그 기분에 대해 이야기 나눈다.	개인평가표, 스티커, 온도 조작이 가능한 감정 온도계
8	마음의 우산	1. 유치원에서 너무 화가 난 상황 그림을 보여 주며 그 기분에 대해 이야기 나눈다. 2. 그 상황에서 어떻게 행동을 했으면 좋을지에 대해 생각해 본다. 3. 너무 화가 나서 친구를 때린다면 어떤 일이 벌어질지를 상상해 본다. 4. 마음의 우산 - 화가 날 때 말과 행동하는 적절한 방법에 대해 이야기 나눈다. - 아주 화난 상황일 때 적절하게 행동하는 방법이 적힌 교사의 우산을 소개한다. - 유아들에게 마음의 우산을 그린 종이를 나누어 준 후 자신이 조절하기로 한 방법을 쓰게 한다. - 교사가 물으면 한 명씩 마음의 우산을 말하게 한다.	개인평가표, 스티커, 화가 난 상황 그림카드, 우산이 그려진 인쇄물

회기	활동명	활동내용	준비물
9	하루일과 피자	1. 유치원에 필요한 규칙에 대해 이야기 나눈다. 2. 규칙을 지킨 자신과 지키지 않은 자신의 모습에 대해 이야기 나눈다. 3. 규칙을 지키지 않으면 우리 유치원이 어떨지에 대해 이야기 나눈다. 4. 하루생활 피자 - 하루일과에 해당하는 피자판 그림을 나누어 가진다. - 교사가 일과 규칙 6장이 그려진 그림을 보며 이야기 나눈다. - 짝지와 상황에 맞게 올바른 규칙을 이야기하는 유아에게 스티커를 주면 게임을 계속 진행한다. - 주고받은 후 느낀 점에 대해 이야기 나눈다.	개인평가표, 스티커, 풍선, 하루일과 규칙을 지키는 그림 6장, 피자가 그려진 인쇄물, 장식용 스티커
10	좋은 친구	1. 원 외에서의 규칙을 지켜야 하는 그림을 보며 이야기 나눈다. 2. 규칙을 지키지 않는 유아에 대해 이야기 나눈다. 3. 규칙을 잘 지키는 모습에 대해 이야기 나눈다. 4. 좋은 친구 - 친구가 내 마음을 받아들이는 진심어린 사과를 하는 방법은 어떤 과정이 필요한지 이야기 나눈다. - 두 명씩 나와 그림 순서대로 역할놀이를 한다. - 역할놀이를 해 본 후 친구의 마음을 이해한 것에 대해 이야기 나눈다.	개인평가표, 스티커, 색종이, 테이프, 여러 장면의 규칙 관련 그림, 사과하는 과정의 그림 6장
11	FDT 게임	1. 자신의 생각을 말, 행동, 느낌에 대해 이야기 나눈다. 2. 다른 친구가 발표를 못했을 때 마음에 대해 이야기 나눈다. 3. 발표를 잘하는 모습과 그렇지 않는 모습에 대해 이야기 나눈다. 4. FDT(Feeling, Doing, Talking) 게임 - 게임을 소개한다. - 집단 게임판을 펼쳐서 놀이 방법을 설명한다. - 3인 1조 두 집단으로 게임을 하여 각 집단 중 먼저 도착하는 사람이 있으면 게임이 끝난다. - 왕관을 많이 받은 사람이 이긴다.	개인평가표, 스티커, 행동하기 카드, 정의하기 카드, 정서표현하기 카드, 주사위, 게임판, 말

회기	활동명	활동내용	준비물
12	친구 초대하기	1. 유아 자신과 친한 친구와 친하지 않은 친구와의 관계에서 느끼는 나의 기분을 이야기 나눈다. 2. 친구와 내 마음이 통하는 친한 친구가 되기 위해 지내는 방법에 대해 생각해 본다. 3. 친구가 계속 나하고 함께 놀지 않는 마음에 대해 이야기 나눈다. 4. 친구 초대하기 - 친구 초대하기 게임을 설명한다. - 초대자가 처음과 마지막에 친구를 앉게 한 이유를 말하고, 초대 받은 자리 위치에서 느껴지는 자신의 마음을 말한다. - 친구가 제일 먼저 초대 받는 사람이 되기 위해 어떻게 행동해야 할지 이야기 나눈다.	개인평가표, 스티커, 노래테이프, 녹음기
13	협동동물	1. 협동한 경험에 대해 이야기 나눈다. 2. 친구와 협동한 후의 자신의 감정을 이야기해 본다. 3. 친구와 협동작품을 한 이후에 만든 작품과 그때의 기분에 대해 이야기 나눈다. 4. 협동동물 - 찰흙으로 협동해서 만들 작품에 대해 이야기 나눈 후 결정한다. - 협동에 필요한 규칙을 설명한다. - 찰흙을 나눠준 후 교사가 먼저 작품의 틀을 시작해준다. - 협동한 동물의 이름을 함께 지어 본 후 발표한다. - 협동한 동물작품에 대해 이야기 나눈다.	개인평가표, 스티커, 찰흙과 색찰흙
14	달라진 내 모습	1. 칭찬을 받은 경험에 대해 이야기 나눈다. 2. 칭찬과 기분과의 관련성에 대해 이야기 나눈다. 3. 칭찬을 어떻게 하는 것이 좋을지에 대해 이야기 나눈다. 4. 달라진 내 모습 - 한 명씩 나와 친구들을 등지고 의자에 앉는다. - 다른 구성원들이 의자에 앉은 친구에게 진심 어린 칭찬이나 잘하는 점을 말해 준다. - 칭찬을 들은 친구는 돌아서서 칭찬한 친구에게 감사의 말을 전한다. 5. 파티케이크를 만든다.	개인평가표, 스티커, 회기별 촬영 사진, 케이크 재료

(3) 유아교육기관 집단상담 운영

유아교육기관에서 실행되고 있는 상담은 형식적인 상담과 비형식적인 상담으로 분류할 수 있으며 형식적인 상담은 개별상담과 집단상담으로 세분화할 수 있고 비형식적인 상담은 전화상담이나 아동들의 등·하원 지도를 하면서 자연스럽게 일상 속에서 이루어지는 것을 말한다. 이러한 상담과정은 아동들의 건강한 발달에 도움이 되기 때문에 매우 중요하며 신중해야 한다. 따라서 유아교육기관에서 매년 실행되고 있는 집단상담의 준비과정과 운영 형태에 대해 살펴보고자 한다.

① 집단상담의 오리엔테이션

가. 집단상담의 시기 : 학기 초에도 가능하나 아동들이 유아교육기관에 적응되는 4월 또는 1학기 말에 1회, 2학기에 1회, 즉 1년에 2번을 실시해야 한다.

나. 집단상담의 안내 : 집단상담의 시기와 내용, 참석 여부 등의 조사를 위한 집단상담의 안내는 상담이 이루어지기 3~4주 전에 가정통신문과 유아교육기관 홈페이지를 통해 지속적으로 안내하고 상담 하루 전 재확인 연락을 통해 상담시간의 조정 및 상담 상황에 대한 준비를 철저히 해야 한다.

다. 집단상담 시간 : 상담시간은 40분~1시간 사이가 적당하며, 그룹별로 상담시간이 지체되지 않도록 유의해야 한다.

라. 집단상담 준비사항 : 아동의 유아교육기관 생활을 안내할 수 있는 관찰기록, 포트폴리오, 행사 및 활동 참여 사진 및 자료 등을 준비하여 부모님들이 궁금해하는 내용, 즉 선호하는 놀이, 또래관계, 활동 참여 정도 등의 정확한 정보를 줄 수 있도록 노력해야 한다.

마. 집단상담 환경구성 : 일반적으로 집단상담은 각 학급에서 이루어지기 때문에 처음 부모님들이 교실에 입실했을 때 따뜻하고 편안한 분위기를 느낄 수 있도록 환경을 구성하여야 한다(예: 상담 전 어색한 분위기를 부드럽게 해줄 음악, 다과 준비, 게시판에 아동들 작품 전시 등).

바. 집단상담의 운영 : 집단상담 실행 시 한 집단에 8~10명 정도의 부모님이 참석할 수 있도록 계획하고 참석한 부모님들이 자신을 소개할 수 있는 시간을 마련한 다음 부모님들이 자녀에 대한 고민거리에 대해 자유롭게 말할 수 있는 기회를 준다. 이때 교사는 문제해결방법을 제시하기보다 부모님들이 대화를 통해 자연스럽게 해결방법을 찾을 수 있는 기회를 제공해야 하며 부모님들의 이야기를 기록하고 상담이 끝나는 시점에서 제시되었던 의견들을 종합, 요약하여 들려준다. 마지막으로 집단상담에 참석해 주신 부모님들께 감사의 인사와 함께 언제든지 아동들에 대한 상담이 가능하다는 것과 공지사항을 전하며 마무리를 하는 것이 일반적이다(곽현주 외, 2010).

② 유아교육기관에서 실행되는 집단상담의 실제

아동들과 생활하다 보면 교사는 생각지도 못한 다양한 경험을 하게 된다. 때로는 이러한 경험들이 상처도 되고 기쁨으로 전환되기도 한다. 아동들과 함께하면서 경험하는 모든 일들이 좋은 교사가 되는 기초가 되기 때문에 다음에 제시될 집단상담의 실제들을 보며, 걱정하기보다는 유아교육기관과 가정과의 연계성을 고려하면서 집단상담을 어떻게 준비하는 것이 효과적인지에 대해 긍정적으로 생각해 볼 수 있는 기회가 되길 기대해 본다. 그리고 유아교육기관에서 이루어지는 집단상담은 면담의 형태로 많이 이루어지기 때문에 심각한 문제보다는 일상생활에서 빈번하게 일어날 수 있는 활동에 대한 고민의 연장이라는 것을 기억하고 상담사례들을 살펴보기로 한다.

사례 1	내 똥이 아니에요 (볼풀장에서 생긴 일)
대상	만 4세
인원	20명
목표	- 함께 지켜야 할 규칙의 중요성에 대해 알아보고 실천한다. - 실수에 대해서 솔직하게 이야기할 수 있는 마음가짐을 갖도록 한다.

1. 어떤 일이 있었나요?(문제 상황 재현)

찌는 듯한 더위가 기승을 부리는 7월 초에 발생했던 일이다. 이 시기가 되면 아이들은 늘 시원한 그늘을 찾아 자유놀이를 한다. 그러던 어느 날 어느 때와 같이 자유놀이를 하던 중 볼풀장에서 활동하던 아이들이 갑자기 볼풀장에서 냄새가 난다며 코를 막고 밖으로 나오고 있는 것이다. 아이들의 웅성거림에 볼풀장 쪽을 보게 되었고 볼풀장의 상황을 살펴보던 나는 눈앞의 광경에 어찌해야 할지 막막했다. 상황인즉, 아이들은 무엇인가를 피해 급히 볼풀장을 빠져나오는 상황이었고 난초만이 볼풀장 안에 그대로 서 있었는데 자세히 살펴보니 누런 변이 공에 엉켜 있었고 냄새가 너무 심해서 일단 볼풀장 문을 닫고 아이들을 귀가시킨 다음 정리하기로 결정했다. 모두들 밖으로 뛰쳐나오는데 볼풀장 안에 서 있었던 난초.

한바탕 소란스러운 일이 있었음에도 아무 말 없는 난초를 보며 오늘 이 상황을 만든 주인공이 난초라는 생각이 점점 확고해졌다. 그러나 다음 날, 우리 모두는 어제의 일로 얼굴이 화끈거렸다. 볼풀장에 실례를 했던 아이는 난초가 아니라 미리 냄새가 난다고 소리치며 도망친 아이들 중에 있었던 것이었다. 학부모들의 자원봉사를 통해 볼풀장은 깨끗하게 정리되었지만 난초에 대한 미안한 마음은 부끄러움으로 다가왔다.

2. 함께 이야기해 봅시다(지도하기)

이야기 나누기를 마치고 연계활동으로 아이들에게 들려주려 했던 동화 대신 어제 있었던 일과 관련된 동화로 변경하여 들려주었다.

교 사: 오늘은 선생님이 캥거루반 친구들에게 들려줄 동화가 있어요.
아이들: 무슨 동화지?
교 사: 모두 "듣는 귀" 하고 잘 들어보세요.

아이들에게 "누가 내 머리에 똥쌌어?"라는 동화를 들려주자 아이들은 호기심 어린 눈으로 그림동화에 집중하고 있었다. 동화가 끝난 후 자연스럽게 어제의 일에 대해 이야기를 유도했다.

교 사: 캥거루반 친구들, 어제는 볼풀장에서 어떤 일이 있었는지 기억하나요?
아이들: 네. 난초가 똥쌌대요~ / 아니야, 난초가 그러지 않았어~
교 사: 그래요. 어제는 볼풀장에 좋지 않은 일이 있었는데 우리 캥거루반 친구들은 왜 그런 일이 생겼다고 생각하나요? 함께 이야기해 보기로 해요.
아이들: 너무 열심히 놀아서 화장실 가는 것을 깜빡 잊었나 봐요.
아이들: 아니에요. 약속을 지키지 않았어요.
교 사: 우리가 볼풀장에서는 어떻게 해야 하는지 정한 약속을 기억하나요?

아이들: 네. 친구에게 공을 던지지 않아요.

아이들: 친구들이 다치지 않게 조심해야 돼요.

교　사: 또 어떤 약속이 있었나요?

아이들: 맞다. 놀이하다가 쉬가 마려우면 바로 화장실에 가야 해요.

아이들: 그래요. 그런데 어제는 그 약속을 지키지 않아서 볼풀장이 더러워졌어요.
냄새도 났구요.

교　사: 그럼 약속은 왜 하는 걸까요?

아이들: 지켜야 하는 거예요. 같이 사이좋게 지내기 위해서 필요해요.
선생님 다음부터 약속 꼭 지킬게요.

교　사: 그래요. 모두 잘 알고 있네요. 그럼 혹시 실수하거나 어려운 일이 있을 때에는 어떻게 하면 좋을까요?

아이들: 선생님께 이야기해야죠, 그죠~
맞아, 어제 꽃님이는 나빴어요.
선생님께 이야기하지 않아서 난초가 힘들었어요.

교　사: 그렇구나. 선생님도 난초에게 너무 미안해서 사과했는데 선생님도 앞으로는 잘 살펴보고 이야기하도록 노력할게요. 그리고 우리 캥거루반 친구들이 이야기한 것처럼 누구나 실수하거나 어려운 일이 있을 때에는 선생님께 꼭 이야기해 주면 좋을 것 같아요. 그렇게 할 수 있나요?

아이들 : 네~ 꼭꼭 약속할게요.

캥거루반 아이들과 "꼭꼭, 약속해"라는 노래를 부르며 친구들과 함께 정한 규칙을 왜 지켜야 하는지에 대해서 알아보면서 교사로서 아이들의 모든 상황에 예민하게 대처하지 못한 나 자신에 대해 반성해 보는 하루였다.

3. 교사의 경험

한 아이의 상황을 이해하려고 하기보다 어른들의 눈높이에서, 그리고 눈에 보여지는 상황만의 판단으로 인하여 의도하진 않았지만 아이에게 큰 상처를 준 것이다. 난초에게 진심으로 사과하고 난 후에도 눈을 마주칠 수 없을 만큼 미안했고, 이번 일을 계기로 작은 일에도 세심하게 배려하고 아이들의 눈높이에 맞추어 생각하는 교사가 될 수 있도록 자극을 받았던 소중한 시간이었음을 정중히 받아들였다. 혹 초임교사로서 이와 같은 상황이 주어진다면 충분히 아이의 입장에서 생각하고 무조건 밀어붙여 아이의 마음에 흠집을 남기는 일이 없도록 신중해야 함을 이야기하고 싶다.

사례 2	힘센 수선화
대상	만 3세
인원	10명
목표	- 원만한 또래관계를 형성하도록 도와준다. - 다른 사람의 입장에서 이해하는 이타심과 협동심을 배울 수 있는 기회를 제공한다.

1. 어떤 일이 있었나요?(문제 상황 재현)

수선화: 장난감도 내 거야. 나보다 힘센 사람은 없지?
아이들: 선생님 말씀도 듣지 않는 말썽꾸러기잖아!

수선화는 수줍음이 많은 아이이며, 가끔 돌발적인 상황을 만들어 교사와 친구들을 당황스럽게 한다. 어쩌다 상황이 자신에게 불리하게 적용된다 싶으면 친구들과 사이좋은 관계로 지내려고 노력하는 편이지만 자신의 노력에 비해 마음에 들지 않거나 놀이를 할 때 주도권이 자기에게 오지 않으면 주먹으로 치고, 발로 차는 공격적 특성이 있는 편이다. 이런 자신의 과격한 행동으로 인해 또래관계가 좋지 않았고, 놀이에 끼워 주지 않기 때문에 힘을 행사하는 버릇이 생긴 것이다. 이런 행동이 자주 지속되다 보니 당연히 친구들 사이에서 따돌림을 당하게 되고 그때마다 놀이에 끼워 달라고 하소연을 하게 되지만 대부분 거절당하고 혼자 놀이를 하게 되는 경우가 많다.

2. 함께 이야기해 봅시다(지도하기)

그러던 어느 날 소나기가 내렸고 천둥과 번개가 치는 날씨의 변화에 대해 아이들과 살펴보면서 자연스럽게 "힘"에 대한 이야기 나누기 시간을 갖게 되었다.

아이들: 선생님 천둥, 번개가 진짜 힘이 세요?
(미처 교사가 대답하기도 전에 아이들끼리 대화가 이어졌다.)
그래. 그래서 번개가 치면 나무도 쓰러지고 불도 나잖아.
에이, 아니네~ 공룡이 힘이 가장 세단 말이야.
아니네, 우리 아빠가 힘이 제일 세네.
교 사: 와! 정말 꽃님이 아빠가 힘이 그렇게 세구나. 선생님은 오늘 처음 알았네.
(그때 잠자코 있던 채송화가 손을 번쩍 들며 누군가를 가리킨다.)
채송화: 그런데 선생님 수선화가 우리 유치원에서 제일 힘이 세지요?
아이들: 맞아, 맞아. 진짜 힘세지~(한결같은 목소리로 대답한다)
교 사: 와! / 수선화는 좋겠다.
아이들: 아니예요. / 우리들은 싫어요.
교 사: 수선화가 힘이 센게 왜 싫을까요?
(아이들은 서로 마주 보며 답변을 회피하면서 겸연쩍은 웃음만 짓고 있었다. 예상은 했지만 참으로 당혹스러운 상황이었고, 수선화는 긴장으로 가득한 얼굴표정을 하고 있었다.)
수선화가 힘이 세면 우리 코끼리반 친구들도 많이 도와주지 않을까요?

아이들: 맞다. 옛날에 우리가 의자 옮길 때 도와줬잖아.
(수선화의 얼굴이 조금 밝아졌다.)

교 사: 그런 일이 있었구나! 사실은 선생님이 어젯밤 꿈을 꾸었는데, 수선화가 우리 코끼리반 의자를 정리해 주는 아주 착한 행동을 했다고 원장선생님께 칭찬받는 꿈이었어요…
(수선화를 바라보며)

교 사: 꿈인 줄 알았는데 수선화가 평소에 친구들을 도와준 적도 있구나! 그렇다면, 선생님과 친구들이 가끔 보았던 수선화는 가짜였었나? 지금부터는 친구들을 도와주고 사이좋게 지내는 진짜 수선화가 우리 곁에 있을 거라고 생각해도 될까요?

아이들: 수선화야~

교 사: 수선화야 친구들과 약속할 수 있겠니?

수선화: 네!

교 사: 코끼리반 친구들, 수선화는 이제부터 친구들의 어려운 일을 도와주는 해결반장으로 불러주면 어떨까요?(모두들 적극적인 대답은 없었지만) 교사의 말에 순응할 뜻으로 "네!" 하고 대답한다.

그 후 수선화는 식당에서 물을 가져오는 일이며, 교실을 정리하는 일을 기쁘게 처리해 주는 멋쟁이 친구로 점점 변해 가고 있었다. 수선화의 변화되는 모습에서 아이들은 긍정적인 강화를 통해 자신의 행동을 변화시키려고 노력하는 마음이 있음을 발견할 수 있었다.

3. 교사의 경험

아이들의 마음에 날개를 달아줄 수 있는 행동과 언어의 자극을 통한 칭찬은 아이들에게 큰 힘이 되는 만큼 아이가 한 행동 자체를 칭찬해 줄 수 있는 자세가 필요하다. 그렇다고 아무 때나 칭찬을 해주라는 뜻은 아니며, 반드시 칭찬을 받을 만한 일을 했을 때 칭찬해야 한다고 생각한다. 시도 때도 없이 칭찬해 주면 교사의 말이 진심이 아니라 그저 건성으로 하는 말이라고 생각하게 될 것이고 그렇게 되면 무언가를 해보려는 동기부여의 의지를 꺾어 놓는 격이 될 수 있기 때문에 "격려와 칭찬을 하되 어린이를 칭찬하기보다는 어린이가 한 일을 칭찬해 주는 것이 바람직하다."라는 말을 항상 기억하고 실천하고자 노력해야 함을 이야기하고 싶다.

사례 3	선생님은 어떻게 하실래요? “규칙 때문에 생긴 일 - 물을 떠 왔다고 해서 꼭 먼저 먹어야 되나요?”
대상	만 3세
인원	15명
목표	- 타인과 협력하는 방법에 대해 알 수 있도록 한다. - 타인과 원만한 의사소통하는 방법에 대해 경험해 보게 한다.

1. 어떤 일이 있었나요?(문제 상황 재현)

유난히 따뜻했던 5월.
신체활동을 마치고 땀에 젖은 아이들이 물을 마시기 위해 음료수대 앞에 줄을 지어 섰다. 그런데 갈증 때문인지 주전자의 물이 곧 떨어졌고

아이들: 선생님 물 없어요.
목말라요.

저마다 한 마디씩 외치는 아이들.

교　사: 얘들아, 선생님이 얼른 주방에 다녀올게요.

이런 상황을 놓칠세라 맨 앞줄에 서 있던 들국화와 물망초가

들국화: 선생님, 우리가 다녀올게요.
물망초: 주방에 가서 물 많이 담아올게요, 얘들아 조금만 기다려.
교　사: 고마워요. 친구들아, 들국화와 물망초가 다녀올 동안 조금 기다릴 수 있겠죠?
아이들: 네~

그리고 잠시 후, 1층에 있는 주방에 갔던 들국화와 물망초가 주전자에 물을 가득 담아 돌아왔고 아이들은 환호성을 지르며 줄을 다시 서고 있었다. 이때 자연스럽게 돌아온 들국화가 맨 앞에 다시 줄을 섰고 순서에 따라 물을 마시려고 하는 순간 소국이가 큰 소리로 “야, 맨 뒤로 가”라고 하며 주전자를 뺏으면서 싸우기 시작한다.
들국화와 물망초가 앞에 서 있다 물을 떠오는 사이 소국이가 제일 앞에 서 있었기 때문에 제일 먼저 물을 마셔야 된다고 주장하고 있었고 아이들은 난감해하는 상황이 일어났다.

2. 함께 이야기해 봅시다(지도하기)

교사인 나는 이 상황을 신속하게 해결해야겠다는 생각을 했고 행동으로 옮기게 되었다.

교　사: 우리 소국이가 물을 빨리 먹고 싶구나. 그런데 다른 친구도 물을 빨리 마시고 싶대. 어떻게 하면 좋을까?
소　국: 그래도 제가 먼저 마셔야 돼요.

교 사: 그래, 하지만 들국화와 물망초가 신체활동을 마치고 힘들어도 초록반 친구들을 위해 물을 마실 수 있도록 주전자에 물을 담아왔기 때문에 먼저 마시도록 해주면 어떨까?

아이들: 좋아요.

소 국: 싫어요. 물을 떠왔다고 해서 꼭 먼저 먹으라는 법이 있나요?

교 사: 물론 법으로 정해져 있진 않지. 하지만 물을 떠오기 전 들국화와 물망초가 맨 앞에 서 있었기 때문에 먼저 물을 마시도록 해주고 싶은데….

소 국: 싫어요.

아이들: 야, 그럼 네가 물을 떠왔는데 들국화나 물망초가 먼저 먹으면 좋겠냐?

소 국: 아니.

아이들: 그러니까 들국화부터 먹어야지.

소 국: (아무말도 못하다가) 그래도 싫어, 내가 먼저 먹을 거야.

아이들: 지금 너 때문에 우리도 물을 못먹고 있잖아~
소국이 네가 제일 뒤로 가!
(한 아이가 소리치자 다른 아이들도 동조하는 분위기로 흘러갔고 소국이는 정말 맨 뒷줄에 가서 줄을 선다. 그리고 잠시 후 서글프게 우는 소국이를 발견하였다.)

교 사: 소국아, 먼저 물을 먹지 못해서 많이 속상했지? 그리고 친구들이 맨 뒤로 가서 줄 서라고 한 것도?

소 국: 네~(힘없이 대답하며 계속 운다).

교 사: 우리 소국이가 많이 속상했나 보구나(교사인 나는 소국이를 꼭 안아주며 조금 전 상황에 대해 다시 이야기해 주며 달래주었다).

우는 소국이를 보며 안타까운 마음과 함께 오늘 아이들과 나눈 대화로 인해 소국이가 마음의 상처를 입지 않았을까 하는 불편함에 당황스러웠고 오늘 하루를 되돌아보며 교사로서의 역할에 대해 다시 한 번 되돌아 볼 수 있는 기회가 되었다.

3. 교사의 경험

몇 해가 지난 지금도 그날의 일을 떠올리며 더 이상 말을 못하고 친구들의 의견에 따라 동의하면서 울먹이던 소국이의 모습이 잊혀지지 않는다. 만약, 여러분들이 이런 상황을 경험한다면 어떻게 문제를 해결하시겠는가? 사실 어린 아이들을 이해시키는 데는 많은 시간과 노력이 필요하다. 성인의 입장에서가 아닌 아이들의 눈높이에 맞추어 인내하면서 아이들이 스스로 문제를 해결할 수 있는 기회를 주는 지혜가 필요하지 않을까!

- 유아교육기관의 집단상담(소그룹 면담) 안내문 예시 -

유아교육기관에서 집단상담에 대한 안내를 위해 작성하여 각 가정으로 배부한 안내문 예시이다. 안내문의 형식과 내용은 각 유아교육기관의 특성에 따라 다양한 방법으로 작성된다는 점을 기억하기 바란다.

캥거루반 부모님께

안녕하세요. 차가운 바람이 봄을 시샘하고 있는 3월!
소그룹 면담에 대해 안내해 드립니다.
소그룹 면담은 어머님들과 약 1시간 동안 유아들의 캥거루반 생활 및 지도방법에 대해 함께 이야기합니다.
편안한 마음으로 오셔서 같은 고민을 가진 어머님들과 함께 이야기를 나눌 수 있는 소중한 시간이 되었으면 좋겠습니다.
소그룹 면담 시간표를 임의로 작성하여 안내해 드립니다. 날짜를 변경하시고 싶으시거나 참석이 어려우신 경우 21일(월)까지 메모 부탁드립니다.

일시	유아명
3월 29일(화) 3:20~4:20	○○○, ○○○, ○○○, ○○○, ○○○, ○○○, ○○○, ○○○, ○○○, ○○○, ○○○, ○○○, ○○○, ○○○, ○○○, ○○○
3월 30일(수) 4:40~5:40	○○○, ○○○, ○○○, ○○○, ○○○, ○○○, ○○○, ○○○, ○○○, ○○○, ○○○, ○○○, ○○○, ○○○, ○○○, ○○○

면담일 유아가 집으로 귀가하지 않고 유치원에 남아 있어야 하는 경우는 출석카드에 메모 부탁드립니다.
별도의 메모가 없으면 정상 귀가합니다.
그럼, 다음 주에 기쁜 마음으로 뵙겠습니다.

20○○년 3월 18일 캥거루반 교사 ○○○, ○○○ 드림

– 유아교육기관의 집단상담(소그룹 면담) 평가서 예시 –

학부모와 진행했던 집단상담을 마무리한 후 전체적인 상담의 내용(날짜, 장소, 참석 인원, 평가 분위기 등)의 정리를 통해 누락된 부분은 없는지, 계획대로 진행되었는지를 살펴보기 위한 과정이다.

<table>
<tr><th colspan="5">캥거루반 집단상담(소그룹 면담) 평가서</th></tr>
<tr><td>날짜</td><td>20○○년 3월 29일~30일</td><td>시간</td><td colspan="2">3:20~4:20 / 4:40~5:40</td></tr>
<tr><td>장소</td><td colspan="4">캥거루반 교실</td></tr>
<tr><td>참석 인원</td><td colspan="4">27명</td></tr>
<tr><td>교사 전달 내용</td><td colspan="4">• 소그룹 면담자료 참고하기
① 하루일과 소개
② ○○○○년 1학기 행사 안내
③ 유아의 강점, 약점
④ 만 5세 중점 지도 내용</td></tr>
<tr><td>면담내용</td><td colspan="4">① 영역별 활동 내용을 소개하고 지도내용을 교사가 이야기하고 궁금한 점에 대해서 부모가 질문함(특히 알림장, 독서수첩, 이야기 나누기 자료 준비하는 방법)
② 기본생활습관 지도방법(가정에서의 하루일과, 정리, 식습관)에 대해서 토의함
③ 친구관계
④ 가정에서 유아의 지도방법</td></tr>
<tr><td rowspan="2">평가내용</td><td colspan="2">좋았던 점</td><td colspan="2">아쉬웠던 점</td></tr>
<tr><td colspan="2">① 유아들의 기본생활습관 지도에 대해 관심이 많았음
② 부모님들이 유치원 교육에 대한 호응도와 이해도가 높음
③ 유치원에서 이루어지는 교육활동에 관심을 갖고 질문을 적극적으로 함.</td><td colspan="2">① 질문이 많아서 시간이 연장됨
- 동생과 시간이 겹친 경우가 있었음</td></tr>
</table>

영역	영역별 지도내용
건강	**학습능력도 체력이 뒷받침되어야 함** • 신체활동(평균대, 매트, 훌라후프, 공 주고받기, 줄넘기) : 매주 2회 • 가정에서도 규칙적으로 운동을 할 수 있도록 지도(훌라후프, 줄넘기, 산책하기, 달리기 등) **음식을 골고루 섭취-소박한 혀** • 바른 자세로 맛있게 먹기(모델링-식사예절) **기본생활습관(규칙적인 생활, 스스로 하기, 예절 바르게 행동하기, 질서와 규칙 지키기)** • 모델링: 어떤 행동을 하거나 하지 않기를 원할 때 반드시 그 이유를 설명해 주기 예) 식당(교실)에서 뛸 때 "뛰지 말아라"라고만 이야기하기보다는 뛰면 왜 안 되는지 그 이유를 설명 • 따뜻함과 사랑/때로는 엄격하게 지도 • 다른 유아와 비교하지 않기 • 좋은 습관이 형성되기까지는 많은 시간이 필요-사랑과 인내로 반복하여 지도
사회	**'나'를 소중히 여기는 아이** • 자아존중감이 높은 아이는 자신을 사랑하고 가치 있게 느끼며, 자신감을 가지고 행동, 행복한 삶에 중요한 역할 **역할과 선택권을 주면, 주도성과 책임감이 형성됨** • 자기 일은 스스로 하기(자기 물건 스스로 챙기기, 식탁 차리기, 놀이 후 정리하기) • 선택권 주기 : 오늘 어떤 것을 할지 또는 언제, 어떻게 할지를 결정하고 실행해 보는 경험 • 주도성 **행동에 구체적이고 명확한 칭찬하기** • 아이가 칭찬받을 만한 행동을 한 순간에 사실에 초점을 맞추어 칭찬하기 • 칭찬은 구체적일수록 좋음 ('정리를 잘 했구나'보다 '장난감을 제자리에 잘 찾아 넣었구나'라고 칭찬) **"안 돼"라고 말할 순간을 놓치지 않기-해야 할 일과 하지 말아야 할 일 구분** **바람직한 사회적 행동을 보여 주면 아이도 그렇게 행동하게 됨** • 대화 시 미소 짓기, 눈 마주 보기, 친절한 목소리로 말하기, 관심을 보이며 질문하기 • 식탁에서 예절 지키기, 공공질서 지키기 등 **친구 사귀기 격려하기** • 사회적 기술을 모방하고 배우고, 확장해 나가는 시간, 또래를 사귀면서 행복해하고, 자신감을 갖게 되고, 친근감을 느끼게 됨-친구 초대하기, 친구 집에 놀러가기

표현	스스로 감정과 충동을 조절하는 능력 기르기 • 떼를 쓰는 경우 잘 설득하여 욕구를 지연하는 방법 가르치기 • 부모 자신이 감정을 잘 조절할수록 자녀의 감정조절 능력이 더 잘 발달함 • 부모 자신이 화가 난 상태에서 자녀를 야단치지 말고 합리적으로 꾸중 아이에게 큰 세상을 보여 주기 • 예술은 기술이 아니라 감동에서 출발 • 학원보다는 주변 공원, 공연장, 미술관, 박물관을 경험할 수 있도록 지도 그리기, 만들기 • 주제에 대한 구체적이고 다양한 표현 • 격려해 주기	
언어	똑똑하고 말 잘하는 아이로 키우려면 생각과 느낌을 말로 표현하게 도와주기 • 개인적 경험을 말할 때 언제, 누구와, 무엇을, 어디서, 어떻게 했는지 생각하여 말할 수 있도록 도와주기 • 유치원에서 진행되고 있는 주제에 관심을 갖도록 지도 : 자료를 찾아보는 것(책, 컴퓨터, 물건 등) : 주간교육계획안의 이야기 나누기 주제와 관련된 자료를 준비하여 발표하기/질문하기 그림책을 정기적으로 읽어주기 • 그림책을 읽어주고 주인공의 행동에 대한 생각과 느낌, 그림책 주인공의 마음상태에 대해 이야기 • 독서에 취미를 갖게 되면 지속적으로 읽고, 쓰는 것을 즐기는 성인으로 성장 • 읽기를 강요하면 오히려 읽기를 싫어하기 됨(예: 자모음 읽기 반복) 쓰기놀이 즐기기 • 부모가 글쓰기 모델을 많이 보일수록 유아도 글자를 써서 표현하기를 좋아함. • 친구 이름 쓰기, 편지 쓰기, 시장에서 살 물건 품목 적기 등 • 독서수첩(제목, 지은이, 그린이, 출판사, 주인공 등 기록) • 도서대여 활동(3월 4주 시작) : 책을 유아와 함께 읽고 활동지를 함 • 알림장 쓰기(5월), 계획하기 등 점차적으로 띄어쓰기, 획순 지도하기, 문장 부호 사용하기	
탐구	수학	1. 수 : 일의 자리 간의 덧셈과 뺄셈 이해, 큰 수 세기 2. 기하(도형/공간) : 기본 입체도형 및 평면도형의 특징 및 상관관계 이해 3. 분수 : 생활 속의 나누기 개념 경험 4. 측정 : 무게와 길이, 온도에 대한 표준화된 단위 사용 5. 시간 : 바늘시계의 시각 인식하기, 하루일과와 연관하여 이야기해 주기 6. 패턴과 분류

	과학	1. 물체와 물질의 변화과정(실험) 2. 탐구하는 태도 형성(주제 탐구) 3. 생명체와 자연환경(산책, 관찰) : 자연에 대한 사랑 생활 주변에서부터 다양한 동·식물을 접하면서 생태적 감수성 갖도록 유도 4. 자연현상(날씨, 우주) 5. 도구와 기계의 장·단점(생활도구) 6. 전통사회의 도구와 기계
자녀와의 대화 기술	① 명령과 지시는 아이와의 대화를 단절시켜요. "빨리 장난감 치워라." ② 경고하고 협박하는 것은 아이의 반발심을 유발해요. "장난감 정리 안 하면 모두 버려버릴 거야!" ③ 훈계하고 설교하는 말은 부모의 생각을 강요하는 것이에요. "인사를 잘해야 착한 사람이지. 남자아이답게 씩씩하게 걸어야지." ④ 충고하고 해결책을 주는 것은 아이가 시도하고자 하는 의욕을 꺾게 돼요. "그렇게 만들면 다 무너진다." ⑤ 비난하고 탓하는 말은 아이의 마음에 상처를 주어요. "너 때문에 시끄러워서 엄마가 이걸 틀렸잖아." ⑥ 과잉 칭찬은 부모에 대한 신뢰감을 떨어뜨리게 해요. "그래 네 말이 모두 맞아, 넌 정말 천재야." ⑦ 비웃거나 욕하는 것은 아이의 자존심을 상하게 해요. "똑같은 말을 몇 번이나 해야 하니?" ⑧ 지나치게 동정하는 말투는 아이 스스로 해결하려는 의지를 저하시켜요. "휴~, 쯧쯧 안 됐다." ⑨ 심문하듯이 철저히 조사하는 듯한 말투는 부모가 자신을 믿지 않는다는 느낌을 갖게 해요. "왜 그런 행동을 했니? 틀림없이 뭔가 잘못했을 거야." ⑩ 주의를 돌리고 대화의 화제를 바꾸는 것은 아이가 무시당한 느낌을 갖게 해요. "친구가 날 자꾸 놀려요."/ "그 일은 걱정 마. 어! 만화할 시간이다."	
협조사항	1. 텔레비전 시청과 컴퓨터는 부모님과 함께 정한 프로그램만 보거나 시간을 정해서 해주세요. 2. 지각, 결석은 되도록 안 하도록 해주세요. 3. 모든 활동을 하기 전에 약속을 정하고 할 수 있도록 해주세요(지속적으로 지도). 4. 짧은 시간이라도 아이와 함께 의미 있는 시간을 보내주세요. (간지럼 태우기, 씨름하기, 말놀이, 게임하기 등) 5. 아이를 지도할 때 일관성 있게 지도해 주세요. 6. 신체활동, 산책이 있는 요일에는 활동하기 편한 옷을 입혀 주세요. 7. 참관 후 다른 유아에 대한 이야기는 전해 주지 말아 주세요.	

출처: 원광대학교 부속유치원(2010). 집단상담 평가서.

생각 키우기

1. 공격적인 아동들을 대상으로 실시할 수 있는 집단상담의 과정에 대해 생각해 봅시다.

2. 집단상담에서 필요한 상담기술에 대해 생각해 봅시다.

3. 유아교육기관에서 실행하기에 적합한 집단상담에 대해 생각해 봅시다.

Chapter 07

미래 생활지도 방향

인생은 자전거를 타는 것과 같다.
균형을 잡으려면 움식여야 한다.

- 알버트 아인슈타인 -

07

이 장에서는 생활지도의 방향을 이해하기 위해 사회화를 위한 공동체 지향의 유아교육기관의 역할과 사회화 전략을 소개한다.

유아교육기관에서는 가치규범과 사회에서 수용해야 할 행동 등을 습득할 수 있는 기회를 제공하고 있는데 하루일과 안에서 공동체 의식을 구성하는 것은 결코 쉬운 일이 아니디. 어렵지만 유아교육기관에서 갖게 되는 여러 가지 경험을 통하여 기본적인 생활 질서와 태도를 익힐 수 있도록 도와야 할 것이다.

1. 사회화를 위한 공동체 지향

사회화는 아동이 처음으로 사회의 전통을 배우는 방법이라는 점에서 대응사회화 과정과 균형을 맞춰야 한다. 이에 공동체 정신이 어떤 일정한 규범이나 규칙에 묶여 고정된 집단이 아닌 또래들끼리, 아동과 교사, 더 나아가 아동과 지역의 사람들과의 관계 속에서 사물이나 문화를 매개로 새롭게 탄생되는 내용을 살펴본다.

2. 사회적 공동체 이론

공동체 정신은 사회적인 관계 속에서 성장·발달해 갈 수 있도록 도와야 한다. 아동들에게 공동 의식과 공동의 감정을 키워줄 수 있는 공동체 이론의 내용을 살펴본다.

3. 공동체 구성

공동체 안에서 사회성을 향상시킬 수 있는 주아 육성, 주아와 객아의 균형을 생각하는 교육구조, 유아교육기관에서 실천할 수 있는 내용들을 살펴본다.

1. 사회화를 위한 공동체 지향

1) 아동 사회화 방향

모든 현상의 현재 모습은 어느 날 갑자기 만들어지는 것이 아니다. 코로나19 이후의 시간들을 뒤돌아보면 수많은 변화와 격동의 시간을 보낸 게 사실이다. 우리는 이런 과정을 통해 공동체의 정신과 지혜의 성찰이 얼마나 중요한지 깨달아야 하고 아이들에게 무엇을, 어떻게, 왜 가르치고 교육해야 하는가를 분명히 알아야 한다. 일반적으로 유아교육기관 내의 사회적 구조는 소수의 기관운영자로서 원장, 원감이 가장 중요한 역할을 맡고 있으며 전문성을 요하는 교원집단이 있다. 또 인위적으로 형성된 집단으로 공동의 학습을 하는 많은 수의 집단으로 구성되어 있다. 유아교육기관 체제는 다른 체제와 같이 전문화, 분업화, 대규모화, 관료화되어 가는 경향이 있다. 이런 경향은 통제구조를 강하게 만들고 교사의 자율성을 약하시킬 우려가 있다. 따라서 유아교육기관에서 실행되고 있는 교육과정과 일상생활내용을 통해 가치규범과 사회에서 수용해야 할 행동들을 습득하기도 하고 교육기관에서 갖게 되는 여러 가지 경험을 통하여 기본적인 행동의 방식과 가치관을 몸에 익힌다. 특히 아동은 그들이 속한 공동체 중 하나인 또래와의 공동생활을 경험하면서 다른 사람의 존재를 인식하게 되고 다른 사람과 함께 생활하기 위해서는 규칙을 준수하고 책임 있는 행동을 해야 한다는 것을 배우게 된다(Cooner, Hutchison, & Costigan, 1996).

우리나라 국가수준에서 제시하고 있는 교육과정을 살펴보면, 2019년 개정된 누리과정은 우리 아이들이 놀면서 성장하고 배울 수 있도록 내용을 구성했으며 미래 지향적 교육과정으로 아동교육의 혁신을 이끌 것이다. '개정 누리과정'의 교육목적과 목표는 다음과 같다. 누리과정의 목적은 아동이 놀이를 통해 심신의 건강과 조화로운 발달을 이루고 인성을 바르게 하며 민주시민의 기초를 형성하는 데 있다. 이를 실현하기 위한 구체적인 목표는 '자신의 소중함을 알고 건강하고 안전한 생활습관을 기른다, 자신의 일을 스스로 해결하는 기초능력을 기른다, 호기심과 탐구심을 가지고 상상력과 창의력을 기른다, 일상에서 아름다움을 느끼고 문화적 감수성을 기른다,

사람과 자연을 존중하고 배려하며 소통하는 태도를 기른다'는 것으로 제시하였다. 2019년 9월 개정된 4차 표준보육과정과 누리과정 내용은 "아동의 전인적인 발달을 도모하는 것"을 교육의 목표로 제시하였으며 생활영역을 통해 조화로운 발달을 도울 수 있도록 구성되는 것을 기본 원칙으로 삼고 있다.

사회성 발달영역은 생활 속에서 아동이 흔히 경험할 수 있는 교육적 상황을 제시하여 아동이 보고, 느끼고, 생각하면서 주어진 상황에 대처하는 능력을 키워주는 영역이다. 그러므로 사회성 발달 영역의 지향점은 집단생활에서 아동들의 의견을 존중하고 문제해결능력을 키워주는 것이 중요한 과제가 된다. 그러므로 교사를 포함한 전체 아동이 공동생활에 필요한 규칙을 결정하는 데 있어 서로의 의견을 존중해 주는 것을 기본 과제로 삼아야 한다. 이에 국가수준에서 제시하고 있는 '2019 개정 누리과정', '제4차 표준보육과정'은 영아동의 개성을 고무시키며 사회생활을 돕기 위하여 협동심을 증진시키는 데 힘써야 하고, 교육의 기회는 균등하게 부여해야 한다. 그리고 목적을 달성하기 위하여 각 영역의 목표를 기술하고 세부 사항의 실현을 위해 끊임없이 노력해야 한다. 이러한 노력의 일환으로 유아교육기관에서 실행할 수 있는 사회성 발달영역의 교수 전략을 소개한다.

아동 사회성 발달 교수 전략은 대응사회화 쪽보다는 사회화 쪽에 치우치고 있다. 대부분의 사람들은 유아교육기관에서 배우는 학습내용을 통해 아동들이 사회화되어 간다고 믿는다. 아동의 사회화(socialization) 과정은 가정에서 성장하면서 점차 현존하는 관습·전통·규칙 등과 같은 복잡한 사회체제 속에서 통합이라는 느낌을 유지하면서 사회집단에 적합하다고 생각되는 행동양식을 습득하고 사회생활의 기초가 되는 자율성과 독립성을 키워나가면서 인간관계와 그것을 조정하는 과정을 배우게 되는 것이다. 이렇게 사회화되어 가는 기제로서는 언어적 상호작용, 처벌과 보상, 그리고 모방과 동일시 등을 들 수 있다. 이와 같은 넓은 의미의 사회화 과정은 사회화와 대응사회화를 포괄적으로 포함하고 있다. 사회화는 사회가 가지고 있는 기존의 관습·전통·규칙 등의 관행을 지속시키기 위하여 부모, 교사, 대중매체들을 통해 이끌어 가는 것이다. 이와 같은 순응과정은 사회적 입장에서 구조기능론적 입장이라고 할 수 있으며 대다수의 사회 구성원 간에 사회 유지를 보장하는 것에 어느 정도 일치하는 묵계가 형성되어 있다.

대응사회화(counter-socialization)는 다양한 개인의 능력을 합리적이고도 신중한, 그리고 독립적인 민주시민의 능력으로 신장시켜 주는 과정을 말한다. 이러한 주장은 어떻게 보면 갈등이론적인 입장과도 일맥상통하는 면이 있다.

문화인류학의 상징적 상호작용의 입장에서 미드(Mead), 블러머(Blumer), 쿨리(Cooley) 등은 사회문제의 분석을 구조, 기능 혹은 체제 조직과 같은 거시적 관점에서 전개하였던 종래의 사회학이 인간들이 상호작용하는 미시적 사회관계를 소홀히 다룸으로써 사회화 과정의 주체자로서의 인간의 주체적 존재가 무시되었다는 점에 착안하여 또 다른 입장에서 사회화를 설명할 수 있는 상징적 상호자용 이론으로 발전시켰다.

위에서 말한 사회화와 대응사회화 과정의 특성에 관하여, 엥겔스(Engles)와 오초아(Ochoa)는 다음과 같이 규정하고 있다(정세구 역, 1989).

(1) 사회화

어느 한 개체가 사회적 상호작용을 통해서 그 사회에 적응하고 그 사회가 지닌 문화가 몸에 밴 성원을 사회화되었다고 한다. 즉 사회화란 사회의 기존 질서가 무엇인지도 모르는 어린아이가 그 사회에 어울려 살아갈 수 있도록 지식, 가치관, 사회적 행동을 습득하는 과정이다.

첫째, 본질적으로 보수적인 과정이다.

그 사회의 과거 경험에 기초한 전통과 가치들을 전달해 주는 역할을 한다. 여기에서는 미래사회의 가치와 관습의 변화에 대비하여 다음 세대를 준비시키는 데에는 무관심하다. 전통을 강조하는 면에서 사회화에 관련된 관습들은 기존 생각들과 일치되는 선을 고수하고 조장한다.

둘째, 사회 내의 지배적인 관습과 가치들을 보존하고 사회의 결속력을 강화시킨다.

기존 사회질서에 순응하도록 교육받는 과정이 사회화이며, 사회화는 지능, 창조성, 독립성을 강조함으로써 개개인을 발전시키는 데에는 관여하지 않는다. 신중하고 합리적인 시민끼리의 타협이 요구되는 다원적이고 변화하는 사회에서 특별한 관심을 가질 만한 것이 바로 사회화의 자질이다.

셋째, 사회화는 반성적인 것이 아니다.

개인이 생각하고 분석하고 자신의 견해를 추론과 증거에 의해 입증할 수 있도록 하는 것을 촉진하지는 않는다. 그래서 사회화는 독단적인 것이 되려고 한다. 목표를 달성하기 위해 감정과 권위에 의존한다. 그러한 입장에서 지적인 경향이 아직 잡혀지지 않은 어린아이들은 특히 사회화 과정에 의해 영향을 훨씬 많이 받게 된다. 아동에게 보상이나 승인을 제공함으로써 사회화는 아동이 성인이나 사회의 기존에 순응하도록 그들의 행동을 조작한다.

(2) 대응사회화

교육의 현상을 사회과학적인 방법으로 기술, 분석, 설명하는 방법이다. 존재하는 실제를 분석하고 설명하는 이론이다.

첫째, 독립적인 사고와 책임 있는 사회비판을 강조한다.

이는 급변하는 다원적인 사회에서의 민주적인 생활의 질을 향상시키는 데 중요한 몫을 한다.

둘째, 독립적인 사고와 정치적 자유의 핵심이 되는 사회비판을 할 수 있도록 의도된 학습과정이다. 성인으로 하여금 독립적으로 자신이 어렸을 때 배운 가치를 재평가할 수 있도록 활발한 추론을 장려한다.

셋째, 대응사회화 과정이 반드시 초기 사회화 과정에서 배운 것을 완전히 거부하는 것은 아니다. 오히려 초기 사회화 과정에서 개인이 습득한 전통적인 가치가 재검토될 가능성이 있는 불확실한 미래에 대비해서 자신의 결론을 위한 신중한 고려를 하게 된다. 그래서 자신의 신념을 신중하게 그리고 비판적으로 분석함과 동시에 공공문제의 복잡성을 알고 있는 시민들은 능동적인 민주적 생활에서 요구하는 합의에 효과적으로 기여하게 된다.

위와 같은 사회화와 대응사회화와의 관계에서 사회화는 민주사회의 시민교육에 불가피한 측면이며 어린아이들이 처음으로 사회의 전통을 배우는 방법이라는 점에서 사회화 과정은 대응사회화 과정에 의해 조정되어야 한다. 이러한 맥락에서 보면, 대응사회화는 사회화 교육의 과정을 거부하는 대립적인 개념이기보다는 사회화 과정의 문제점과 한계를 조율하기 위한 일종의 반성적 사고라고 볼 수 있기 때문에(도성달, 1990) 학습자의 민주시민교육에 적절한 내용과 방법을 선정하는 데 중요한 역할을 하게 되고 이때 학습자의 능력과 성숙도가 주요 관심사가 된다. 그러므로 민주주의 사회가 유지·발전되려면 사회화 과정이 대응사회화 과정과 균형을 이루어야 한다.

균형 잡힌 교육은 아동 개개인의 기본적인 생활습관 위에 공동사회를 유지하기 위한 시민으로서의 자질을 갖추어 가는 사회성의 발달을 도모하는 것이다. 여기에서 사회성이란 인간이 공동체 속에서 타인에 대한 자신의 생각과 행동을 조절하여 다른 사람과 더불어 함께 살아가는 기능을 말한다. 이와 같은 기능을 몸에 익힘으로써 자신과 타인 상호 간의 통합되는 느낌을 유지하고 합리적으로 사회생활을 누려 갈 수 있는 자질을 발달시켜 가는 것이 대응사회화 과정이다. 따라서 다음 사례를 통해 공동체를 지향할 수 있는 방안을 모색하고자 한다.

2) 공동체 지향

공동체란 어떤 일정한 규범이나 규칙에 묶여 고정된 집단을 의미하는 것이 아니고, 또래끼리, 아동과 교사, 그리고 나아가서는 아동과 지역의 사람들과의 관계 속에서 사물이나 문화를 매개로 하여 끊임없이 새롭게 탄생해 가는 것을 의미한다. 그러므로 아동 개개인의 개성과 정신이 타인과의 감정을 공유하기도 하고 또 서로 갈등을 초래하면서 서로 자극을 주고받는 관계를 갖게 된다. 또한 이러한 과정에서 성장해 가는 것을 배우기도 한다.

현장에서 실시되었던 공동체 구성의 [사례 1, 2]의 내용을 배경으로 첫째, 서로 배우는 공동체, 둘째, 공동체 의식 키우기, 셋째, 첫째와 둘째를 바탕으로 유아교육기관의 역할을 제시한다.

(1) 서로 배우는 공동체

어떤 것을 '아름답다'고 생각하거나 혹은 자신과 타인의 행위에 대해 '바르다'든가 '조금 잘못 되었다'고 느끼는 개개인의 감정이나 판단 속에는 사실상 "공동체 감정"이라는 것이 잠재되어 있다. 예를 들면 장미꽃을 보고 아름답다고 생각하는 것은 개개인이 각기 따로따로 갖는 감정이 아니고 우리 서로가 아름답다고 느끼고 있는 것이다. 사람의 감정이나 판단을 포함하는 마음은 이와 같이 서로 교감하며 생각하는 것을 가능하게 하는 여러 특색을 지닌 사람들과의 만남 속에서 성장해 간다. "아동교육의 공동체" 또는 "공동체 지향의 아동교육"이라는 생각을 소중하게 다루어야 한다고 하는 것은 "공동체" 속에서만이 아동의 마음 혹은 정신이 성장해 가기 때문이다. 이러한 생각을 매일매일의 교육환경 속에서 어떻게 활성화시킬 것인지 구체적인 방법을 생각해보아야 한다. 다음에서 구체적인 "공동체 사례 두 가지"를 생각해 보려고 한다.

① [사례 1] 감정과 분위기 공유

점심식사 후 아이들은 대부분 실내 또는 실외에서 자유놀이를 한다. 실내에 있는 아이들은 동적인 활동보다는 정적인 활동을 좋아하기 때문에 내성적인 성향을 가지는 경우가 있다. 교사는 이런 아이들의 특성을 고려하여 음악을 들려주면서 주말에 어떻게 지냈는지 이야기를 시켜봤지만 언어 표현력의 한계 때문인지 말을 하지 못하고 수줍어한다. 교사는 작은 종이 한 장씩을 주면서 그림으로 주말의 이야기를 듣고 싶다고 한다. 아이들은 점선을 그리며 동물원의 코끼리라고 말을 하고 다른 아이들은 공을 그리고 아빠가 축구하고 있는 모습이라고 자랑하기도 한다. 이러한 환경 속에 실외놀이를 하지 않는 아동들은 그림 그리는 일이 자유스러워졌고 교사와의 상호작용도 익숙해져 가고 있었다. 그림을 그리다가 벌레에 대한 이야기를 하면, 자신의 그림 속에 또 다른 벌레를 그리는 아이들을 종종 발견할 수 있다. 그림 그리기 활동을 통해 서로 공통점을 가지고 있다는 것을 발견하면서 그림 그리는 것을 좋아한다. 이 교실의 '점심 후 그림 그리기' 시간은 '개개인의 개성을 가진 아이들이 각각의 그림을 그리고 있다'고 말하기보다는 '감정과 분위기를 공유하는 공동체 속에서 하나하나의 개성이 생겨나고 있다'라고 하는 편이 좋을 것이다. 이것이 감정과 공유가 생기는 첫 번째 공동체의 장면이다.

② [사례 2] 갈등 속에 피어나는 그 무엇인가를 찾아야 한다.

5세반 학급상황이다. 체육활동을 마치고 땀에 젖은 아이들이 물을 마시기 위해 음료수대 앞에 모였다. 갈증 때문인지 주전자의 물이 곧 떨어지고 말았다. "선생님 물 없어요. 물 먹고 싶어요". 저마다 한 마디씩 외치는 아이들. 이런 상황을 놓칠세라 맨 앞줄에 서 있던 들국화와 물망초가 물을 떠오겠다고 주방으로 내려가 물을 가득 채워 왔다. 돌아온 들국화가 물을 마시겠다고 소국이와 싸우기 시작한다. 들국화는 앞에 서 있다가 물을 떠오는 사이 소국이가 맨 앞줄에 서 있었기 때문에 먼저 물을 마셔야 된다는 것이다.

교 사: 소국이도 다른 친구들처럼 물을 빨리 먹고 싶구나? 그러나 다른 친구도 빨리 물을 마시고 싶단다. 어떻게 하면 좋을까?

소 국: 그래도 제가 먼저 마셔야 해요.

교 사: 들국화는 우리 반 모두가 물을 마시게 하려고 물을 가져왔는데 먼저 마시라고 하면 어떨까?

아이들: 좋아요!

소 국: 싫어요. 물을 떠 왔다고 먼저 물을 먹으란 법이 어디 있나요?

교 사: 물론 법으로 정해져 있진 않단다. 물을 떠오기 전 들국화는 맨 앞에 서 있었고 또 물을 떠왔기 때문에 먼저 먹어도 된다고 생각한단다.

아이들은 소국이 생각에 비난을 퍼붓는다.

소국이는 더 이상 말을 못하고 자신의 생각보다는 친구들의 의견에 동의했다. 아이들을 이해시키는 데는 다소 시간이 걸리지만 인내하는 자세와 문제를 아이들이 해결할 수 있도록 기회를 제공해야 한다.

이상과 같은 대화를 보면 아동들 사이에는 가치적인 갈등이 있고 또 그 갈등 속에서 무엇인가 중요한 것이 태어나고 있는 것을 우리는 알아차릴 수 있다. 그리고 이러한 아이들끼리의 갈등의 배후에는 '아동'과 '어른'의 갈등도 잠재되어 있다. 갈등 속에서 무엇인가 중요한 것이 생겨나고 있는 것이다. 이것이 공동체의 두 번째 장면이다.

(2) 공동체 의식 키우기

앞에서 두 가지 공동체의 장면을 소개하였다. 여기에서는 각 장면에 관해 보다 심도 있게 검토하여 '아동의 공동체 의식을 키울 수 있는 내용'을 심화시키려 한다.

① [사례 1]에 대한 공동체 의식 고찰

가. '분위기'의 중요성

[사례 1]의 '그림 그리기'에서 주목하고 싶은 것은 '공동의 감정', 그리고 '분위기'이다. '그림 그리기' 활동은 앞에서 본 바와 같이(처음에는 교사가 작은 종이를 건네주었다고 해도) 아동들에 의해서 자발적으로 시작되었다. 그리고 이 '시작'을 잘 보면 개개인의 아동의 생각(감정)이 있어서 그들 감정이 잘 모아졌다고 하기보다는 '공동의 감정'이 먼저 생겨나고 있는 것이다. 사람의 감정이라는 것은 개인이라기보다는 집단에 더 가깝다고 할 수 있다. 혹은 개인의 감정은 잠재적으로 집단적인 것(공동감정)이 받침대 역할을 하고 있는 것이라고 말해도 좋을 것이다.

따라서 [사례 1]에서는 공동의 감정이 교사의 제안에 의해 무엇인가 탄생시키고 싶은 '분위기'로 이어지는 것이다. 이러한 교사의 말이나 동작은 무엇인가를 지시하는 것이 아니고 아동들을 '감싸 안는 것'이다. 아동들 공동의 감정과 교사의 아동들을 감싸 안는 말과 행동하는 바가 서로 작용하여 분위기가 탄생된 것이다. 그리고 이러한 분위기는 교육철학자 볼노우(Bolnow)가 말하는 '교육적 분위기'라고 말할 수 있다.

볼노우(1903~1991)가 말하는 교육적 분위기를 한마디로 말하면 그것은 아동에게 '피포용감(被包容感)'을 느끼게 하는 분위기이다. 피포용감이란 포용되고 지켜준다고 하는 감정·감각으로, 그 원점은 아동과 모친과의 관계에 있다. 포용하고 지켜주기 때문에 모친을 통해서 타인이나 세계에 대한 신뢰를 아동은 획득할 수가 있는 것이다. 그리고 볼노우는 이와 같은 피포용감(모자관계뿐만 아니라)을 교육의 영역에서도 만들어 낼 것을 강하게 호소하고 있다.

즉, [사례 1]에서 아동들은 피포용감을 느끼고 있었던 것이다. 그래서 피포용감을 느끼게 하는 분위기 속에서 개개인의 개성이 태어나고 있는 것이다. 이것은 그림 그리기 그룹 속에서 일어나고 있는 아동 또래들의 구체적인 상호작용을 보면 잘 이해할 수 있을 것이다.

나. 또래와의 상호작용

두 명의 아이들이 그림 그리기에 열중하고 있다. 드레스를 입은 공주를 그리고 있는 아동에게 다가가 이 그림이 "누구인지" 물으니 결혼한 이모라고 대답했다. 또 다른 아이는 드레스 입은 여자의 몸속에 아기집을 그려 넣고 있었다. 이 그림을 그리고 있는 아이 옆으로 다가가 "무엇을 나타내고 있는지" 물어보니 "나도 이모가 있는데 결혼 후에 아기가 생겼다"고 말한다. 이러한 상호작용은 유치원이나 어린이집에서 자주 볼 수 있는 광경이다. 아동들 공동의 감정과 교사의 도움에 의해 생긴 분위기 속에서 먼저 주제의 공유가 생기고 새로운 상황에서 상호작용이 일어나는 과정에서 개별 아동의 개성이 나타나는 것을 알 수 있다. 개개인의 개성이 공동체를 만들고 있다고 하기보다는 공동체 속에서 개개인의 개성이 생겨나는 것이다.

② [사례 2]에 대한 공동체 의식 고찰

가. 갈등 상황

[사례 2]에서 말하고 싶은 것은 또래끼리의 갈등, 또 그 배후에 있는 교사와 어린이 간의 갈등 속에서 무엇인가 중요한 것이 생긴다는 사실이다.

담임교사는 갈등을 해결하는 방법을 가르쳐 주었다. 교사의 마음속에는 개개인의 기분을 생각한 갈등이 있었다. 그러나 또 새로운 갈등의 배후에는 목이 말라 물을 먹고 싶어 하는 '아이'와의 갈등도 있었다.

어른의 관점에서 보면, 물을 떠온 아이가 먼저 먹고 싶어 하는 것이 당연할지 모른다. 그러나 아이의 관점에서 보면 물을 떠왔다고 해서 먼저 먹으라는 법은 없다고 생각할 것이다. 그러므로 [사례 2]에서는 어른과 아이 간 가치의 갈등이 숨어 있는 것이다. 바꾸어 말하면 그때 이 상황에 대한 갈등을 교사나 아동이 경험하고 있었던 것이다.

아동과 아동, 아동과 교사와의 갈등 경험에는 어떤 의미가 있는 것인가? 그것은 상대방의 기분(상대가 소중히 하고 있는 가치)을 서로 느낀다는 것이다. 선생님이 '잘 도와주지 못했던 것'은 한편으로는 개개 어린이의 기분을 배려했기 때문이었지만 다른 한편으로는 어른과는 다른 아동의 가치를 느꼈기 때문에 '제대로' 말을 할 수 없었을 수도 있다.

나. 갈등을 해결할 수 있는 교사의 도움

물론 어떤 상황에서는 곧장 물을 떠 온 사람이 먼저 물을 마실 수 있게 할 수도 있다. 그러나 최종적으로 어떤 하나의 행위를 선택하는 것과 그 앞에 서로 다른 가치관을 느낀다고 하는 것은 모순되는 것은 아니다. 서로 교감하기 때문에 상대방에게 '양보'할 수 있는 것이며 교사는 그러한 장면을 소중하게 다룰 것을 염두에 두어야 한다.

또 아동끼리의 갈등에 대해서 지켜보고만 있는 것은 좋지 않다. 그것은 또래끼리의 갈등이 그대로 개개인의 학습에 연결된다고는 볼 수 없기 때문이다. 때로는 교사가 아동들 사이에 들어가 각각의 아동의 기분을 대변하거나 또 관점을 바꿀 힌트를 내놓거나 새로운 활동을 제안하거나 하는 일이 필요하다. 또래끼리의 갈등을 해소하기 위한 교사의 적절한 조언에 의해서 공동체는 생성되는 것이다.

이와 같이 [사례 2]에서 또래와의 갈등, 아동과 어른과의 갈등에서 중요한 경험(가치의 교감)이 생기는 것을 알 수 있다. 이와 같이 아동과 아동, 아동과 어른이 서로 가치를 교감하는 장이야말로 '아동을 양육하는 공동체'라는 칭호에 들어맞는 것이라고 할 수 있을 것이다.

이상과 같이 [사례 1, 2]의 의미 탐색을 통해서 아동의 공동체 의식을 키워주는 것이 무엇인가를 고찰해 보았다. 다음에서는 '사회적 구성주의'라고 부르는 이론을 참조하면서 아동의 공동체에 관한 이론을 심화시키려고 한다.

2. 사회적 공동체 이론

1) 사회화 이론

사회화에 대한 이론은 사회인류학적 접근이론, 성숙론적 접근, 유전학적 접근, 인지발달론적 접근, 정신분석학적 접근 등이 있다.

(1) 사회인류학적 접근이론

문화적 요인이 인간행동에 결정적인 영향을 미친다는 전제하에 문화전수를 위해서는 사회화의 역할이 매우 크다는 것을 강조하는 입장이다.

(2) 성숙론적 접근방법

인간의 성장과 발달은 생득적인 요인에 기인한다는 결정론적 입장을 취하고 있는 게젤(Gesell)의 이론을 중심으로 모인 사람들은 아이의 행동을 연령별로 행동 규준을 만들어놓고 이 규준에 비추어서 아동의 사회화를 평가하고 있다.

(3) 유전학적 접근방법

유전학적·체질학적 관점으로 유전적으로 결정되는 신체적·체질적인 요인들이 사회화에 영향을 준다고 믿고 있는 입장이다. 이 입장은 인간의 생리적 특징이 행동 발달을 결정하는 주요 요인이 되기 때문에 사회적 반응, 정서적 반응 등은 유전적인 요인에 의해 좌우된다고 믿고 있는 입장이다.

(4) 인지발달론적 입장

이 접근방법에서는 사회화 과정에서 중요한 요인이 되는 것이 바로 경험을 소화하는 인지구조이기 때문에 사회화 과정을 이해하기 위해서는 아동의 내적인 변화에 대한 이해가 있어야 한다는 입장이다.

(5) 정신분석학적 입장

프로이트는 영아기부터 성인에 이르기까지 발달을 중요시하였으며, 이 발달과정을 사회화 과정으로 보았다. 그의 이론의 주요 개념인 리비도나 오이디푸스 콤플렉스 등은 가족 내에서의 인간관계 발달에 초점을 맞추어 가족 간의 차이가 사회화 및 성격의 차이를 만든다고 하였다. 인간의 사회적 행동양식은 구체적으로 모두 열거할 수는 없으나 다른 사람과의 관계를 성공적으로 유지하려는 태도가 다른 이유를 이론적인 관점에서 설명하였다.

다음으로는 지금까지 [사례 1, 2]에 관한 고찰을 통해 개개 아동의 학습과 성장(양육)이 '공동의 감정', '분위기'를 바탕으로 한 '상호작용', '갈등'이라고 하는 타인과의 교류, 교섭에 의해서 실현되는 것을 살펴보았다. 조금 말을 바꾸면, 적어도 '여러 가지 의미나 지식은 또래끼리 또는 아동과 어른과의 사회적인 교류, 교섭에 의해서 구성되어 간다'고 할 수 있다.

2) 사회적 공동체 이론

(1) '공동활동'의 중요성

사회적 구성주의 이론은 철학자 듀이(Dewey, 1859~1952)와 사회심리학자인 미드(Mead, 1863~1931)의 생각에서 비롯된 것이라고 할 수 있다(Garrison, 1998). 이들은 아동의 학습과 양육에 대해 다음과 같이 밝히고 있다.

미드는 아동의 학습과 양육에 대한 내용을 제시한 첫 문장에서 "아동은 남에게 작용하는 것과 똑같은 방식으로 자기 자신에게 작용한다"고 말하고 있다. 성인은 자기의 마음속에서 자신만의 대화를 하며 자기 스스로 자신에게 작용할 수 있다. 그러나 아동은 성인처럼 자신에게 작용할 수는 없다. 그래서 아동은 "어떻게 하면 자신에게 스스로 작용할 수 있게 될 것인가"에 대해 고민을 하게 된다. 이것은 먼저 남에게 작용하는 것을 통해서 자기 자신에 대해 작용하는 방식을 배워 가는 것이기 때문이다. 두 번째 문장에서, "특히 그는 남에게 말을 거는 것"이라고 한 바와 같이 '말을 거는 것'을 강조하고 있다. 바꾸어 말하면 두 번째 문장에서 '말'의 역할이 강조되고 있다. 왜 말의 역할을 강조하고 있는가 하면 남에게 작용한 말은 그대로 자기 자신에게 작용하는 말로서 마음속에서 사용할 수 있기 때문이다. 그리고 남에게 말을 거는 것을 자신에게 거는 말로 전용해 감으로써 아동은 정신을 구성해 가기 때문이다. 그러나 이와 같이 말을 중요시하는 것은 말은 말이 생겨나는 활동(공동활동)과 결코 따로 떼어놓아서는 안 된다는 주장을 전체적으로 이해할 필요가 있다.

이어서 미드는 "적어도 인간의 의사소통(communication)의 시작은 모방이 아닌 한 사람의 활동이 다른 사람의 활동으로 반응을 보이거나 또는 타인의 활동을 불러일으키거나 하는 공동활동 속에 있다"고 하였다(Mead, 1909). 이와 같이 미드는 '공동활동' 속에서 생기는 의사소통을 중요시하였다. 왜냐하면 공동활동 속에서 생겨나는 말이야말로 정말 의미가 풍부한 말이기 때문이다.

철학자 듀이도 미드와 마찬가지로 '공동활동'을 중요시하였음을 알 수 있다. 듀이(Dewey, 1997)는 우리들을 둘러싼 여러 가지 사물의 '의미'을 파악하기보다도 '활동이 가져다주는 것'을 먼저 생각하라고 하였다. 그리고 그 활동은 '공동활동이 되지 않으면 안 된다'고 하였다. 왜냐하면 공동활동 속에는 "타인의 활동 속에 스며들어가는 것 같이 타인과 같은 방식으로 사물에 작용해 간다"고 하는 것이 자신과 타인 사이에서 서로 이루어지고 있다는 것이다.

즉, 듀이가 말하는 바와 같이 공동활동 속에서는 타인에게 작용해 갈 뿐만 아니라 타인의 활동 속에 스며들어가 타인과 똑같은 방식으로 사물에 작용하는 일이 일어나게 된다. 그래서 공동활동 속에서 생겨나는 말의 의미는 주관적인 것이 아닌 공동적인 것이 되는 것이다. 바꾸어 말하면 공동활동 속에서 생겨나는 말에는 자기와 타인의 감정이나 신체적인 것을 둘러싼 의미의 팽창이 있는 것이다. 그러므로 듀이는 인지적인 의미뿐만 아니고 미적·도덕적 의미를 포함하는 모든 의미가 공동활동에서 생겨나는 것이라고 말한다.

(2) 주아(主我, I)와 객아(客我, Me)

미드는 타인에게 작용하는 것을 통해서 정신이 구성되어 간다는 것을 강조함과 동시에 정신의 구성을 인격 내부의 '주아(主我, I)'와 '객아(客我, Me)'와의 관계에서 파악하려고 하였다. 미드는 우리의 인격 내부에는 여러 장소에서 여러 종류의 타인과 관계를 갖는 것으로 새로운 '자기'가 태어난다고 한다. 미드는 이와 같이 다양한 장소에서 다양한 타인과의 관계 속에서 태어나게 되는 '자기'를 '객아'라고 부르고 있다. 그리고 그 객아는 자아가 주체적으로 낳는다고 하기보다는 타인 또는 사회의 요구에 따라서 태어난다는 생각을 더 강하게 가지고 있다. 그러나 또 미드는 자아 속에는 그 '객아'를 재구성해 가는 것 같은 작용이 존재하고 있다고 보고 그 작용을 '주아(主我)'라고 부르고 있다. 주아(主我)란 객아(客我)에 반응해서 그것을 재구성해 가는 것 같은 주체적·자발적인 작용이다.

이상에서 미드의 이론을 중심으로 살펴본 결과, 미드와 듀이가 제시한 이론(사회적 구성주의)을 한마디로 말하면 '아동은 공동활동에 참가하는 것을 통해서 주체적으로 정신을 구성해 간다'라는 것이다.

그러나 여기에서 새삼스럽게 주의를 촉구하고 싶은 것은 '집단활동'과 '공동활동'을 단순하게 동일한 것으로 생각해서는 안 된다는 것이다. 집단활동은 교사에 의해서 주어진 활동, 과제를 아동이 교사의 지시대로 행하는 활동이다. 거기에서 아동은 교사의 지시 혹은 다른 아동들이 움직이는 바대로 '동조'할 것이 강하게 요구된다. 여기에 대해 공동활동에서는 오히려 아동 개개인 간의 '차이'가 중요시된다. 그러나 또 공동체의 이론은 아동 개개인의 개성을 출발점으로 한다는 것과도 조금 다르다.

지금까지 말해 온 바와 같이 공동체의 이론에서는 오히려 개성이 공동체 활동 속에서 태어나는 것이라고 본다. 가령 아동들은 어떤 활동 속에서 공동의 감정을 경험한다. 이것은 하나의 '동조'적인 경험이다. 그러나 또 그러한 경험 속에서 또래끼리의 사이에 '차이'가 생기고 상호작용이나 갈등의 경험을 준비하게 되는 것이다. 공동체의 이론에서는, 개성이란 이와 같은 경로 또는 역동성 속에서 생겨나는 것으로 본다.

이와 같이 공동체의 이론이란 어린이가 개성 혹은 정신을 구성하고 있는 역동성을 나타내고 있는 이론이다. 그러므로 공동체의 이론은 어린아이를 단순히 문화를 전달하는 존재로서뿐만 아니라 '문화와 창조적으로 관련되는 존재'로 보는 것이다.

[사례 2]에서 본 바와 같이 아동의 감정, 감각, 가치관은 성인의 문화와의 갈등을 품고 있는 경우도 있다. 그와 같은 갈등을 의미가 있는 갈등이 되게 하려면 교사는 아동을 문화와 창조적으로 관련되는 존재로서 보는 것이 중요하다. 다시 말하면 아동과 아동, 아동과 성인 혹은 아동과 문화적 갈등의 과정 속에서 어떤 새로운 학습과 성장의 가능성이 생겨나고 있는가를 끊임없이 성찰하는 것이 교사에게 부과된 임무인 것이다.

3. 공동체 구성

여기에서는 공동체 구성의 요점에 관해 다음과 같이 주아육성, '주아'와 '객아'의 균형을 생각하는 교육의 구조, 놀이 후 주변 정리정돈, 유아교육기관의 사회적 기능 등으로 나누어 다음과 같이 설명한다.

1) 주아의 육성

앞에서 소개한 바와 같이 미드와 듀이의 이론에 단순히 따르면 아동이 타인과 관련을 맺는 공동활동을 수없이 많이 받아들이게 된다는 것을 곧 알 수 있다. 그러나 공동활동의 도입과 공동활동에 아동을 이끄는 것을 성급하게 행하여서는 안 된다. 왜냐하면 교사가 아동들이 타인과 어울리는 것을 중요시함과 동시에 아동의 주아의 육성이라는 것을 생각할 필요가 있기 때문이다.

앞에서 본 바와 같이 주아란 다양한 객아(客我)를 통합, 재구성해 가는 주체적·자발적인 작용이다. 그러므로 이 주체적·자발적인 작용으로서의 주아가 충분히 성장되지 않으면 아무리 타인과의 어울림을 통해서 다양한 객아가 생겨난다 해도 그것들을 제대로 재구성해서 정신을 형성해 가는 것이 어렵게 된다. 공동활동이 개개인의 아동에게 참으로 의미 있는 것이 되기 위해서는 아동 개개인의 주아가 충분히 육성되지 않으면 안 된다.

아동 개개인의 주아를 육성시키기 위해서는 먼저 교사의 존재가 무엇보다 중요하다. 교사는 아동과 공감(共感), 공고(共苦)할 수 있어야 한다. 예를 들어, 교사는 한 아동이 '의사선생님이 되었다'고 즐거워하는 것에 공감하거나 아동의 슬픔에 함께 동조하는 것에 의해 스스로 여러 가지 감정을 받아들임으로써 주아가 태어나게 되는 것이다. 이러한 교사의 도움은 때로는 아동을 껴안거나 때로는 진지하게 '들어주거나' 하는 다양한 방법을 생각해 볼 수 있다. 그러므로 여기에서도 '타인과 어울리는 것으로 자신과 어울린다'고 하는 미드 이론의 요지를, 아동이 교사(타인)와 어울리는 것으로 자신(주아)을 형성시켜 간다고 하는 뜻으로 파악할 수 있을 것이다.

2) '주아'와 '객아'의 균형을 생각하는 교육의 구조

교사의 공감, 공고에 의해서 주아가 충분히 육성된 아동은 다른 아동과 어울리는 가운데 다양한 자신(객아)을 낳게 되고 그것을 인격으로서 재구성해 갈 수 있게 된다. 유치원에서 만 3, 4, 5세 아동으로 구성된 집단에서는 나이가 만 3, 4세 아동에게는 주아를 육성할 수 있는 마음의 밭을 가꾸는 것이 실현되어야 하고 만 5세 아동에게는 공동활동을 중시하는 교육에 마음을 쓴다고 하는 이중의 관점을 슬기롭게 살려가는 교육의 구조를 생각해 볼 수도 있는 것이다.

(1) 함께 노는 즐거움

무엇보다도 '공동체'를 하나하나의 장면으로서 생각하는 것이 중요하다. 무엇인가 하나의 상상(image)에 맞추어 공동체를 만들어 가기보다는 하루 생활 중에도 다양한 공동체의 장면이 있고, 그 속에서 교사는 적절하다고 생각되는 활동에 도움을 주고 그런 후에 장면의 의미를 성찰하여 다음 실천에 반영해 가는 것이 중요하다고 생각한다. 그러므로 여기에서 말하는 '공동체의 생성·발전'이란 발전의 직선적인 맥락이 아니고 어디까지나 실천·성찰을 위한 하나의 관점이라고 생각하는 것이 좋을 것이다.

공동체의 생성을 생각했을 때 제일 중요한 것은 아동이 다른 아동과 함께 노는 즐거움을 충분히 느껴야 하는 일이다. 몸 전체로 서로 익살스럽게 함께 노는 즐거움, 서로 깔깔대며 웃는 즐거움, 상대방에게 자신이 잘하는 것을 말하거나 보여주거나 하는 것의 즐거움 등 우선은 함께 있다는 것, 함께 노는 즐거움을 아동이 느끼는 것이 공동체의 초점이 된다.

"오늘 친구들과 함께 놀아서 즐거웠기 때문에 내일도 함께 놀고 싶다."라는 감각이 당연한 것이며 이는 공동체의 출발점이 되고 결국 가장 소중하게 생각할 것이다(앞에서 [사례 1]은 '함께 노는 즐거움'의 사례로 볼 수 있을 것이다).

(2) 개개인의 존재 알리기

마음에 맞는 또래끼리의 즐거움에 덧붙여서 다른 아동과 어울릴 수 있도록 도움을 주는 것도 중요하다. 가령 만 5세 아동은 다른 아동에게 보다 적극적인 관심을 갖게 되는 한편, 어느 특정한 아동에게 강한 편견을 갖거나 그 아동을 배척하는 일이 종종 일어나게 된다. 공동체의 발전을 생각할 때 이러한 배타적 또는 적대적 관계를 아동 나름대로 초월해 가기 위한 도움이 교육자에게 요구된다.

[사례 2]에서 등장한 교사는 '한 사람 한 사람의 존재를 모두에게 알리는 것'에 마음을 기울여 시도한 것이다. 그 속에서 배척받는 경향이 있는 아동을 학급 전체의 공동

활동으로서 넓혀 가는 것을 통해서 타인의 존재를 알아간 것이다. 아동들이 편견을 초월해서 '저 아이에게는 저런 모습이 있었구나'라고 하는 경험을 갖게 되는 대화 그리고 공동활동을 실천한 것이다. 마음에 맞는 또래를 넘어서 여러 가지 활동 속에서 아동들이 서로 응대하며 즐기는 것을 경험하는 것은 공동체 구성에서 빼놓을 수 없는 것이라고 할 수 있다.

(3) 함께하는 즐거움을 통해 창조적인 능력 향상

공동체의 발전에는 함께 노는 즐거움을 충분히 경험하는 것에서부터 시작하여 아동 개개인이 마음에 맞는 또래뿐만 아니고 그 외의 아동의 존재들 아동 나름내로 눈여겨보고 받아들이게 되는 도움이 필요하다. 그리고 이러한 과정을 거쳐 아동들은 '함께 의미를 창조해 가는' 것이 가능하게 되어 가는 것이다.

앞의 [사례 2]에서는 물 때문에 일어난 갈등을 통해서 문제해결능력이 향상되었다고 볼 수 있다. 아동교육의 공동체는 아동이 함께 의미를 창조해 가며 새롭게 발선해 가는 것이다. 그러나 함께 의미를 창조해 간다는 것은 사물의 의미를 하나로 집약하거나 혹은 하나의 의미를 공유해 가는 것은 아니다. 즉, 함께 의미를 창조해 간다는 것은 상대방의 가치관을 서로 느껴보는 것을 통해서 개인의 가치관을 넘어서 의미의 세계를 보다 풍부하게 이끌어 가는 것에 각자가 공헌하는 일을 말한다.

[사례 1]이나 [사례 2]에서도 엿볼 수 있듯이 어떤 의미에서는 우연히 생겨난 아동들의 감정 갈등에 교사가 적절하게 어울려주는 것으로 '생겨났다'고 말할 수 있다. 이러한 의미에서 공동체 구성의 요점이란 우연을 살려 호흡하는 것이라고 말해도 좋을 것이다. 또 교사에게는 우연히 생겨난 아동들의 흥미, 관심을 아동과 함께 하나의 주제로서 재구성하고 또한 다양한 활동을 통해서 그 주제를 아동들이 심화시켜 가도록 도움이 요구된다고 할 수 있다. 이러한 점에서 이탈리아의 레지오 에밀리아 유치원이나 미국의 유치원에서 '프로젝트(project)'라고 부르는 하나의 주제를 추구하는 실천은 큰 시사를 준다고 생각된다.

3) 놀이 후 주변 정리정돈

주아와 객아의 균형 잡힌 교육의 구조를 이해하기 위해 하나의 관점을 부연하려고 한다. 그것은 가령 '놀이 후 주변 정리정돈하기' 등의 반복되는 활동을 소중히 여기는 관점이다.

놀이 후 모두 함께 놀이기구를 정리하는 일은 [사례 1]에서 본 것같이 공동의 감정을 낳게 한다. 또 그러한 활동은 유치원에서 지내는 것이 소중하다는 공통의 감정을 길러준다. 우리가 실생활에서 '지식구성' 또는 '의미칭조'라고 하는 관점만을 강조하면 매일매일 살아가는 것을 소중하게 생각하는 감정을 잃고 마는 일도 있을 것이다.

진정한 생활의 의미는 매일 반복되는 활동을 몇 번이든지 함께 다시 해보는 과정에서 생겨난다는 것을 잊어서는 안 될 것이다.

4) 유아교육기관의 사회적 기능

아동 사회화를 위해 기관의 역할은 두 가지 관점에서 생각해 볼 수 있다. 하나는 교육기관 자체가 아동의 행복을 추구하는 것이어야 하고, 또 다른 하나는 공동체 의식은 아동의 사회적 행동과 밀접한 관계가 있으며 이는 교사, 부모, 또래와의 밀접한 관계에 의해서 이루어진다는 것이다. 유아교육기관의 사회적 기능은 사회유지 기능, 사회개혁적 기능, 사회통합적 기능으로 설명될 수 있다.

첫째, 사회유지 기능은 기존 사회의 지식, 기술, 가치관, 신념체계를 유지하고 계승하는 기능을 말한다. 유기체와 마찬가지로 사회는 각기 다른 여러 부분으로 구성되어 있으며 각 부분은 전체의 존속을 위하여 필요한 각각의 기능을 수행한다. 둘째, 사회개혁적 기능은 사회를 개혁하고 발전시켜 보다 나은 사회를 건설하고 새로운 문화를 창조하는 기능을 말한다. 셋째, 사회통합적 기능은 기관에서 실행되는 공동생활을 통하여 사회의 계층문화가 융화되는 기능을 말한다. 즉 상류층의 문화가 하류층으로 흐르고 하류층의 문화가 상류층으로 스며든다. 이처럼 유아교육기관은 상호관계에 의한 공동체 의식을 갖고 공동의 경험과 공동의 이익을 공유하고 있는 집단이어야 한다. 이것은 인간관계를 유지하는 인간집단이라고 할 수 있다.

(1) 행복을 실현하는 공간

유아교육기관의 교육은 초등학교의 교육을 위한 '준비교육'이라는 관점이 있다. 이러한 견해는 자칫 아동기 학습의 풍부한 가능성을 떨어뜨림과 동시에 아동들의 '행복'에 대한 배려가 결여된 것이라 하겠다.

아동은 공동의 감정을 경험하고 또 공동활동 속에서 정말 의미가 부풀어 있는 언어를 획득하는 과정을 통해 성장·발달해 간다. 그리고 이러한 성장과 학습의 과정을 개개인에게 보장하는 것이 그대로 아동 개개인의 행복을 실현해 가는 것이라고 말할 수 있다. 아동기의 교육을 단순히 초등학교 교육의 '준비교육'으로 생각해 버린다면 이러한 아동의 행복을 실현하는 성장과 학습의 가능성을 떨어뜨릴 위험성이 있다.

유아교육기관에서는 아동들이 공동의 감정, 공동의 시간을 경험하는 것, 아동들이 성인의 문화에 창조적으로 어울리는 것을 중요하게 생각하지 않으면 안 된다. 그러나 이러한 경험은 앞에서도 말한 바와 같이 때로는 성인 문화와의 갈등을 내포하고 있다. 예를 들어, 아동이 또래끼리 어울리는 과정에서 생겨나는 감정 혹은 시간의 감각은 소위 시간표의 구속을 받는 감정이나 감각과는 다른 것이다. 유아교육기관은 이와 같은 감정이나 감각을 소중히 하는 것을 출발점으로 해서 아동이 성인의 문화와 창조적으로 어울려 가면서 그에 필요한 힘을 기를 수 있는 하나의 주체가 된다고 하겠다. 왜냐하면 이와 같은 힘이야말로 아동기 이후의 성장과 학습에 진정한 지름길이 되기 때문이다.

(2) '학급붕괴'에 대한 의구심

근래 초등학교 저학년의 '학급붕괴'의 원인에 관해서 '유아교육기관이 아동들을 자유롭게 선발하고 있기 때문이다'라고 하는 의견이 있다. 또한 그 배후에는 '아동의 예의범절을 잘 가르쳐 어떻게든지 초등학교의 일제수업에 적응할 수 있도록 해주면 좋겠다.'라는 의견이 조심스럽게 일고 있다. 그러나 이와 같은 의견은 사태의 본질을 전혀 잘못 보고 있는 것이다. 초등학교 저학년의 학급붕괴의 특징을 들면 다음과 같다.

첫째, 충동적 경향이 강하고 갑자기 겁을 먹거나 자기통제가 잘 안 되고 작은 폭력을 자주 휘두른다.

둘째, 의사소통 기술의 결락(缺落)이다.

셋째, 기본적 생활습관의 미확립으로 집단성을 전제로 한 학교 규율을 붕괴시킨다.

넷째, 부모의 사랑을 받고자 '얌전한 아이'로서의 역할을 지속하지 않으면 안 되는 초조함이 스트레스가 되어 갑자기 겁을 먹거나 무기력 증상을 나타낸다.

이러한 문제를 해결하기 위해서는 공동의 감정, 상호작용, 또 다른 가치를 서로 느껴보는 경험을 갖게 할 필요가 있을 것이다. 이에 대응하기 위해서 가령 유치원에서 많은 시간을 '일제수업'과 비슷한 형태의 수업으로 진행하는 것은 아이들의 경험을 뿌리째 뽑아버리는 일이 될 수밖에 없다. 유치원, 초등학교에서 일어나는 학급붕괴는 아동의 행복을 실현하는 진정한 학습과 육성이 아동으로부터 탈취된 것에 기본적인 원인이 있는 것이다. 그래서 위에서 본 저학년 학급붕괴의 네 번째 특징인 부모의 사랑을 받고자 '얌전한 아이'로서의 역할을 지속하지 않으면 안 되는 아이의 문제를 해결하기 위해서는 유치원, 어린이집의 부모의 역할에 관해 생각해 볼 필요가 있다. 그러한 경우 부모와의 어울림 또는 부모와의 공동협력(partnership)이 대단히 중요하다.

(3) 부모와의 공동협력(공육자의 관계 형성하기)

인간은 생물적인 존재일 뿐 아니라 그가 속한 집단의 규범 속에서 생활하는 문화적 존재이다. 따라서 인간은 사회생활에 필요한 지식, 기술, 태도, 가치관, 생활양식 등을 학습하지 않으면 안 된다. 저자가 교육현장에서 느끼던 교직생활은 대단히 인상 깊었다. 물리적 공리주의가 사회의 풍조를 왜곡시키고 부모나 교사는 교육관의 정체성을 상실하고, 마음의 교육을 소홀히 하는 경향을 확실하게 체험하였다. 가정이나 교육현장을 잘 알고 있었던 저자는, 가정이나 학교에서 드러나기 시작한 아이들의 비행이나 폭력은, 어른들이 실생활에서 보여주고 있는 가치관의 혼란에서 오는 벌이라고 판단하였다.

가정이나 학교에서의 비행이나 폭력을 보도하는 매스컴을 통해, 교육현장의 걱정스러운 붕괴가 전국적인 현상이 되어버린 것을 알 수 있었고, 이전에는 상상도 할 수 없었던 집단 따돌림이나 괴롭힘으로 인한 소동은, 사회에 강한 충격을 주고 있다. 학생이 자살한 학교의 교장은, 전교생 앞에서 눈물을 흘리며 이구동성(異口同聲)으로 이렇게 말했다. “여러분! 제발 사람의 아픈 마음을 아는 사람이 되어주세요.” 그 순간, 저자는 이렇게 말한 사람에게는 죄송한 일이지만, 맥 풀린 기분이 되어 다음과 같은 말로 되받은 것을 고백한다. “그렇다면, 당신들 교직원은 아이들의 아픔을 알려고 해서 따뜻하고 자상한 마음으로 학생들을 맞이하였는가?”라고. 그 무렵 저자는 많은 아이들이나 현장교사, 어머니들과의 대화를 통해, 예상 밖으로 아이들에게 차갑게 대하고 있는 교사들의 태도와 교사를 신뢰하지 못하고 미워하는 감정이 앞서 학교를 거부하는 학생이 많다는 사실에 놀라움과 슬픔을 금치 못했다.

이러한 상황에서 나 자신에게 그리고 나를 포함한 교육기관에 몸담고 있는 모든 이들이 책임을 다하기 위해서 우리는 무엇을 어떻게 해야 할 것인가에 대해 진지하게 생각해 보아야 한다.

우리나라의 부모나 교사는 교육에 있어서 아이들을 일방적으로 가르쳐 외우게 하는 교사 주도적인 자세를 바꾸지 않으면 안 된다. 그리고 겸허한 자세로 아이들의 생생한 마음을 자상하게 받아들여 이해하고, 나 자신이 모든 행동이 어떻게 작용하고 있는가를 살펴볼 필요가 있다. 한 예로 일상생활을 하다 보면 아이들을 통해 깨닫는 경우가 있는데 이때 솔직하게 너를 통해 얻은 것이 많다고 이야기해 주는 교사와 부모라면 아이가 마음에 날개를 달 수 있을 것이다. 저자 또한 교사의 영역권 안에서 생활하면서 깨달음이 있다면 이런 순수한 영혼을 통해 정서적인 편안함을 취할 수 있었다는 점이다. 그런 의미에서 부모는 자녀에게 좋은 행동의 모델상을 보여주고 적절한 상과 벌을 통한 행동의 강화방법이 있을 수 있으며, 자녀의 기본적인 퍼스낼리티의 형성은 가족집단 내의 사회화에 영향을 줄 수 있다. 이해를 돕기 위해 교사의 관점에서 바라보았던 현장사례를 소개해본다.

5월 8일 어버이날이었다. 아이들은 편지와 카네이션을 준비해서 집으로 갔다. 다음날 아이가 얼굴을 찌푸리며 화가 난 장면을 목격할 수 있었다. 이유인 즉, 어처구니없게도 어버이날 준비한 선물을 그냥 지나치거나 팽개쳐 버렸다는 것이다. 이것은 아이의 마음을 공유하고 있지 않기 때문이다. 이러한 부모를 보면 “좀 더 아이의 마음을 이해해 주십시오”라고 말하고 싶어진다. 그 이유는 대개 다음과 같다.

첫째, 부모가 가령 아이들과 함께 즐거워해 주는 것이 중요한 일이라고 알고는 있어도 아이에게 다른 요구를 가지고 있거나, 부모 자신도 현재 사회에서 살아가는 데 여러 가지 스트레스를 받기 때문에 자녀에게 따뜻하게 눈길을 주는 것이 어렵기 때문이다.

둘째, 부모는 유치원에서 행하여지고 있는 다양한 놀이가 도대체 어떤 의미로 아이의 학습과 성장에 연결되는 것인지 구체적으로 알지 못하기 때문이다.

이와 같은 이유를 생각해 보면, 교사가 할 수 있는 일이 부모에게 안 되는 것은 오히려 당연한 것으로 보인다. 부모의 사정을 생각하면 유치원, 어린이집에 요청되고 있는 첫 번째 문제는 현대의 육아가 가져다주고 있는 스트레스를 부모와 공유하고 대화를 나눌 수 있는가 하는 것이고, 두 번째 문제는 아동의 학습과 성장이 이루어지는 교육의 구체적인 것을 보여 주는 것을 통해서 어떻게 알아차리게 할 것인가 하는 것이다. 그리고 이 두 가지 일은 교사가 부모를 '가르치는' 형태가 아니고 정말 부모를 '파트너'의 위치에 두고 현대의 아동 문제를 함께 생각하고 서로 힘을 합침으로써 비로소 가능한 것이라고 생각한다. 따라서 부모는 유치원 교육의 공동체 일원인 것이다.

오늘날 아동을 둘러싼 심각한 문제를 생각한다면 이와 같이 부모가 교육 공동체의 일원으로서 자리매김하고 진정한 의미 있는 부모와의 공동협력(파트너십)을 달성해 가는 것은 유아교육기관의 중요한 역할이다. 그리고 이러한 사고의 연장선상에서 유치원, 어린이집은 부모를 포함하는 원외의 여러 가지 물적·인적 환경을 교육의 공동체 혹은 공동체의 일원으로서 생각해 가는 것도 중요하다.

유아교육기관 속에서 자라나는 공동의 감정, 공동의 시간을 중요하게 생각하면서 원외의 다양한 문화나 사람들을 만나게 하는 것은 유아교육기관의 과제라고 할 수 있다.

종합적으로 아동의 사회화를 위한 공동체 지향의 아동교육 방향을 다음과 같이 제시할 수 있다.

첫째, 유아교육기관에서 행해지고 있는 하루일과 속에서 공동체 의식을 구성하는 것은 개개 아동의 학습과 성장(양육)이 '공동의 감정', '분위기'를 바탕으로 한 '상호작용', '갈등'이라고 하는 타인과의 교류·교섭에 의해서 실현될 수 있다. 이처럼 아동이 또래집단에 속함으로써 사회화 과정을 통해서 많은 것을 주고 받으며 한 사람의 인간으로 성장·발달한다는 점에서 교육적 의의가 크다.

둘째, 사회적 구성주의의 이론이란 '여러 가지 의미나 지식은 아동끼리 또는 아동과 어른과의 사회적인 교류, 교섭에 의해서 구성되어 간다'고 할 수 있다.

셋째, 공동체 구성의 요점은 아동 개인의 주아의 육성은 타인과의 공동활동 속에서 커나가는 것이다. 또한 주아와 객아를 육성시키기 위해서는 교육구조가 발달에 적합해야 할 것이다. 그러기 위해서는 또래와 함께 노는 즐거움과 집단에 개인의 존재를 알리는 일이 우선시되어야 하고 놀이를 통해 창조적인 능력이 개발될 수 있도록 해야 할 것이다.

넷째, 공동체 의식은 키워주기 위해서는 유아교육기관의 역할이 크다고 볼 수 있다. 교육기관 자체가 아동의 행복을 추구해야 한다. 공동체 의식은 아동들의 사회적 행동과 밀접한 관계가 있으며, 이는 교사·부모·또래와 밀접한 관계에 의해서 이루어진다.

생각 키우기

1. 유아교육기관에서 사회화와 대응사회화 과정을 비교하여 생각해 봅시다.

2. 유아교육기관에서 지향하고 있는 공동체 정신에 대해 생각해 봅시다.

아동생활지도의 현장사례

현장사례 1

●● 나의 이야기 좀 들어봐요
(나는 할머니를 지켜드려야 해요 / 할머니가 불쌍해요)

팬지는 엄마, 아빠 모두가 전문적인 직업을 가진 가정에서 자라고 있기 때문에 할머니와 함께 생활을 하다가 토요일 오후가 되면 엄마, 아빠를 만난다. 이런 생활 때문인지 팬지에게 할머니는 대단한 존재다. 혹시 할머니마저 자신을 떼어 버릴까 봐 항상 염려하는 상황이었다. 이러한 상황에서 할머니와 떨어지는 것이 불안했는지 유치원에 오면 울기 시작한다. 팬지는 유치원 등원 시작부터 교사의 치마를 붙잡고 애원한다.

팬 지: 선생님 우리 할머니가 보고 싶어요. 우리 할머니가 불쌍하단 말이에요. 내가 보고 싶어 울고 있을 거예요. 아마 밥도 안 먹고 울고 있을 거예요.

교 사: 그렇구나! 우리 팬지가 할머니가 보고 싶어서 울고 있었구나. 팬지 우는 모습을 보니까 선생님 마음도 아픈 것 같아. 그런데 할머니도 팬지가 유치원에서 재미있게 놀고 집에 오길 바라고 있을 거야. 할머니는 팬지를 사랑하고 선생님은 팬지가 매일매일 유치원에 오기를 기다리고 있는데 유치원에 오지 않으면 선생님과 친구들은 무척 보고 싶어 할 거야!

그러나 사실은 유치원에 오지 않겠다는 이유는 다른 곳에 있었다.

어느 날 팬지를 무릎에 앉히고 꼭 안아주자 우는 이유가 다른 데 있었다는 것을 알게 되었다. 팬지가 적응 못한 진짜 이유는 할머니가 보고 싶어서가 아니라 옆에 있는 짝이 남자였기 때문이다.

■■ 교사의 지혜

아동들은 전혀 다른 곳에 의미와 목적을 두기 때문에 성인들을 혼란스럽게 만드는 경우를 종종 볼 수 있는데 아마 이번과 같은 상황은 교사가 아이의 마음을 무조건적으로 받아들이려고 나름대로 최선을 다했지만 넓은 의미에서 생각하면 아동의 특성을 이해하지 못한 부분에서 벌어진 상황이라고 생각한다.

현장사례 2

●● 옷에 대해 고민하는 아이

민들레 엄마: 민들레야! 어서 옷 입고 유치원에 가야지.
민들레: 엄마! 옷 입었어요.
민들레 엄마: 아니! 이게 웬일이냐!

민들레는 계절과 날씨에 상관없이 옷을 입는 아이이다. 어느 날은 앞치마와 타이즈만을 입고 오고, 또 어느 날은 유치원 가방 대신 엄마 핸드백을 가지고 온다. 아주 특별한 옷을 입고 등원하게 되면 반 아이들은 굉장히 신기하다는 듯 특별한 관심을 보였지만 차츰 별다른 반응을 보이지 않는 것이 아이들의 특성이다. 이런 특별한 행동이 자주 반복되자 민들레에 대한 고정된 편견이 자리 잡게 되었는데, 반 아이들보다 부모의 관심이 문제였다. 뭔가 내 아이만큼은 아주 특별하기를 바라면서도 민들레처럼 특별한 옷차림의 자녀이기보다는 때로는 어른들 앞에서 성숙한 모습을 보여 주길 원하는 부모였다. 민들레의 엄마와의 관계는 심각할 정도였다. 고집이 센 민들레와 이런 고집을 대화로 풀기보다는 협박과 강요로 억압하는 어머니….

민들레 엄마: 이 옷 입고 가면 엄마가 인형 두 개 사줄게.
머리핀을 하고 가면 비디오테이프 빌려줄게.

서로가 부둥켜안은 고슴도치처럼 찌르고 상처를 내면서도 자신에게 잘못이 없다고 주장하는 상황이었다. 대부분 아이들은 상황에 맞지 않는 옷차림을 통해 특별하다는 느낌을 받게 되지만 자신의 옷차림이 현재 상황에서는 어울리지 않는다는 생각을 하게 된다.

■■ 교사의 지혜

우리는 이런 아이들을 어떻게 이해하겠는가? 대부분 만 5세 유아가 되면 자아개념이 발달하게 되고 외모에 대한 자기의 생각을 표현하려 한다. 날씨와 계절에 상관없이 의상을 선택해서 입으려는 민들레의 행동과 같이 만 5세 유아들에게 옷의 선택 문제로 갈등이 생겼을 때 부모가 자녀의 의견을 존중해 주고 수용해 주는 것이 바람직하다. 혹 계절에 맞지 않는 옷을 선택할 경우 옷의 기능과 중요성에 대해 설명해 주는 것이 아이가 이해하고 수용하기가 쉬워지리라 생각된다. 아마 자신의 옷차림이 자연스러운 옷차림이 아니라는 것, 불편하다는 것에 쉽게 익숙해지기 때문에 큰 문제가 아니라 생각한다. 하지만 엄마에게는 이보다 더 큰 문제가 어디 있겠는가. 아이가 엄마의 생각이 옳다는 마음을 가질 때까지 기다려줄 수 있는 인내심이 민들레 엄마에게 있기를 기대해 본다.

현장사례 3

●● 줄 서기 교육

철 수: 엄마! 나 유치원에 가지 않을래요. 선생님이 자꾸 줄 서라고 해요.
엄마! 나 벌 받았어요. 그래서 유치원에 가기 싫어요.

가정이라는 울타리에서 벗어나 유아교육기관에 들어오면서 겪게 되는 "줄 서기 교육." 우리 성인들도 사회의 질서를 몸에 익혀야 되는 과제가 있듯이 아동에게도 반드시 치르고 넘어가야 할 과제가 있다. 생후 18개월 이후부터 3세 사이에는 자율성이 생기고 자아가 확립되는 시기이기 때문에 고집과 떼가 늘고 전혀 예측할 수 없는 행동을 자주 하게 되는 발달적 특성을 지니는 이 시기에 줄 서기 교육은 아동이나 교사 모두에게 힘든 상황일 수밖에 없다.

■■ 교사의 지혜

아동이 줄을 왜 서야 되는지에 대해 잘 이해하지 못하는 것은 실제 경험이 없기 때문이다. 그래서 기본생활습관을 이해할 수 있도록 처음에는 여러 가지 예를 들어 설명하고 직접 체험해 볼 수 있도록 계획해야 한다.

위의 활동을 통해 서서히 기본생활습관에서 강조하고 있는 질서교육이 습득된다고 생각한다. 따라서 오른쪽과 왼쪽 구분이 잘 되지 않는다면 서두르지 말고 직접 체험해 볼 수 있는 실천적 교육의 장이 필요하다.

| 효과적인 줄 서기 방법 |

루프를 사용해 반듯하게 서는 방법과 달팽이 모양으로 줄 서는 방법(게임의 형태로 진행하면 효과적이다)이 있다.

현장사례 4

억압과 강요

유 아: 유치원에 가기 싫어요.
부 모: 그럼 넌 바보가 될 거야.
너는 착한 사람이 아니야.
인형을 사주지 않을 거야.

학부모와 상담을 하게 되면 종종 "한 명을 키우기도 힘이 드는데 선생님은 어떻게 이 많은 아이들을 지도하세요?"라는 질문을 많이 받는다. 사실 가정에서처럼 모든 것을 다 받아주면서 한 사람만을 위한 공간을 마련하기란 현실적으로 어렵지만 가능하면 자신의 감정을 솔직하게 표현할 수 있도록 기회를 주려고 노력하는 편이다.

얼마 전에 있었던 일이다. 두 명의 아동이 유치원에 오지 않겠다는 이야기를 듣고 밤새 고민한 적이 있다. 혹 아이들의 말에 귀를 기울이지 못한 건 아닌가? 편애하지는 않았는가? 무시하지는 않았는가?

교사의 지혜

아동이 유치원에 가기 싫어하는 갑작스런 이유에 대해 원인을 알고 도와주어야 한다. 유치원에 가기 싫은 아이한테 무조건 유치원에 가지 않으면 '바보가 될 거야', '착한 사람이 아니야', '로봇을 사주지 않을 거야'라는 위기적이고 협박적인 언어보다는 '유치원에 가면 친구들을 많이 만날 수 있을 텐데', '선생님이 너를 많이 기다리실 거야'라는 언어로 순화하여 말해 주어야 한다.

위와 같은 심리적 특성을 자극하여 자연스럽게 닫힌 마음을 아동 스스로 열 수 있도록 자극하는 것이 교사의 역할이다.

현장사례 5

●● 유치원에 새로 들어온 아이

자신에 대해 긍정적인 감정을 지닐 때 배움의 효과가 배가 된다는 사실은 아이가 어떤 감정을 갖고 있느냐 하는 것이나, 아이가 무엇을 알고 있느냐 하는 점보다 훨씬 더 중요한 것이다. 만약 아이가 자기 자신과 타인에 대해 긍정적인 느낌을 갖지 못한다면 배움에 악영향을 미칠 것이다. 난 별 볼 일 없는 사람이라는 느낌을 가진 경우 그 아이는 어떤 일에도 열성을 다하지 않을 것이며, 잘 배우려 들지도 않고, 잘해 보려고 신경 쓰지 않게 되어, 결국 학습장애를 일으킬 수도 있다.

이 사례의 경우는 낯선 상황을 싫어하기 때문에 적응이 어려운 아이의 상황이다. 대부분의 아이들은 타인과의 접촉이나 처음 보는 낯선 환경을 두려워하는 것이 일시적으로 나타나는 현상이지만 무궁화는 달랐다. 엄마에게 의존하는 정도가 높은 무궁화는 엄마가 자신을 낯선 환경인 교육기관에 보낸다는 이유 때문에 엄마에 대한 불신감이 싹트기 시작한 것이다. 불신감 형성의 원인은 "왜 우리 엄마는 나를 유치원에 보낼까?"에서 시작되었다.

사실 처음 겪게 되는 상황에서 익숙한 사람들처럼 완전한 관계가 충족되리라는 생각은 하지 않았지만 교사를 믿고 따르며 신뢰감을 형성시켜 주는 것이 첫 번째 해야 할 일이라고 생각했다.

■■ 교사의 지혜

유아교육기관에 처음 접하는 경우, 엄마와 처음으로 떨어지기 때문에 대부분의 아동은 불안감과 공포감을 느끼게 된다. 그렇기 때문에 엄마와의 분리불안을 겪지 않도록 차근차근 나아가야 할 필요가 있다.

1단계 - 아동의 마음을 진정시키면서 편안함을 느낄 수 있도록 함

(무궁화야! 엄마가 많이 보고 싶구나!)

2단계 - 아동의 관심거리가 무엇인지 확인함(장난감, 음식, 친구)

3단계 - 교사의 마음을 표현함

(매일매일 선생님은 무궁화가 재미있게 놀기를 바란다. / 내일도 선생님은 기다릴 거란다.)

그리고(서두르지 말고, 비교하지 말고, 재촉하지 말고) 기다려줄 수 있는 마음의 여유가 부적응 기간을 단축시킬 수 있는 최선의 방법이라고 생각한다.

현장사례 6

길을 잃어버린 아이
(혼자서 노는 아이 / 다른 아이들과는 생각이 달라요)

아이들 나름대로 친구와 그룹지어 즐겁게 생활하는 모습이 보인다. 그런데 다른 아이들에 비해서 유독 혼자놀이를 많이 하는 목련이의 모습이 눈에 들어왔다.

"왜 혼자서만 놀이를 하는 걸까?"라는 의문에 목련이를 지켜보기로 했다.

동물원으로 견학을 가는 날이었다. 평소에도 친구들과 서로 의견대립이 많은 터라 오늘도 뭔가 화가 났구나라는 생각이 들었다. 결국, 목련이와 친구는 싸웠고 각자 교사의 손을 잡고 동물원 견학을 해야만 했다. 아이들과 사진을 찍고 계획한 대로 사자를 보러 가기로 했는데 화장실에 다녀온 순간 목련이가 없어졌다. 결국 우리는 계획을 포기하고 목련이를 찾아야 했다. 왔던 길로 되돌아가니까 우리와 동떨어진 곳에서 목련이가 아주 태연스럽게 걸어오고 있는 것이다.

아이들은 친구를 찾았다고 매우 기뻐하고 있는데 목련이의 표정은 너무나도 태연해 보였다. "목련아, 우리들과 헤어져서 놀라지 않았니? 우리는 목련이를 많이 걱정했는데" 하고 물어 보았다. 그러나 목련이의 반응은 생각과는 정반대인 것이었다. 목련이는 고개를 저으며 놀라지 않았다고 한다. 그 후로도 교실 카펫에 앉아서 이야기 나누기를 할 때에 목련이의 주변 친구들은 "선생님 목련이가 사라지고 없어요"라고 한다.

아마 목련이 나름대로 질서가 있고 그 질서를 바탕으로 방해받고 싶지 않기 때문에 친구들을 때리고 함께하는 놀이를 회피하는 것 같다는 결론을 내렸다. 목련이의 입장에서는 친구를 괴롭히는 것이 아니지만 친구들의 입장에서는 괴롭힘을 받는다고 느끼는 것이다.

교사의 지혜

친구들과의 사이에서 교사의 중재 역할이 얼마나 중요한지 알 수 있다. 목련이가 친구들과 잘 어울리고 타협하는 과정을 통해 모든 일을 해결할 수 있도록 관심 있게 지켜보고 도움을 주어야 한다.

현장사례 7

●● 규칙을 싫어하는 아이

아카시아는 만 4세로 신입원아이며, 가족은 엄마, 아빠, 누나, 동생이 있고 입학 전 다른 유치원에 다녔다.

3월 입학식을 마치고 2~3주간 정도는 잘 적응하며 유치원 생활을 했다. 교사 자신이 생각할 때도 아이와 래포 형성이 잘 되어 간다고 믿고 있는 중이었다. 며칠 후 부모와의 전화통화 중에 아카시아가 유치원에 가기 싫다고 울었다는 뜻밖의 이야기를 들었다. 이유는 지켜야 할 규칙이 너무 많다는 것이다. "우리 아카시아가 마음이 곧고 여린데 규칙을 잘 지켜야만 하는 것이 스트레스를 받았나 보다"라고 생각했기에 지켜야 할 규칙들(기본생활습관)에 대해 느슨하게 대처하는 방법과 아카시아에게 더 많은 애정과 관심을 보이기로 했다.

그 후 아카시아 엄마로부터 전화를 받았다. 유치원에 가기 싫다고 울기 때문에 귀가시간에 데리러 온다는 것이다. 아이를 데리러 온 엄마는 그날도 의기소침해 있을 아카시아를 생각하며 왔는데 유치원에서 밝은 얼굴로 생활하고 있는 아카시아를 보고 당황스러워하는 모습을 보이는 한편 안심이 된다고 말씀하셨다. 그 이후 교사 자신도 잠을 이루지 못하며 아카시아에 대한 더 많은 고민을 했다. 유치원에서는 항상 밝고 자신 있게 발표하며 때때로 친구들도 잘 도와주어 친구들 사이에 인기 있는 아카시아가 선생님을 무서워하고 유치원 생활에 적응하지 못한다는 사실이 적지 않은 충격이었다.

여러 가지 원인들을 찾아보다가 혹시 엄마, 아빠의 관심을 끌려 하는 것이 아닐까 하는 생각이 먼저 들었다. 아카시아에게는 이제 5~6개월 된 동생이 있기 때문에 욕구불만이 생겼을 것으로 판단하고 가정에서의 관찰을 부탁드렸다. 그러나 다음 날 어머니는 유치원에 가지 않겠다고 떼쓰는 이유는 선생님의 관심을 끌기 위해 하는 행동이라고 이야기하면서 교사인 나의 행동을 의심하는 인상을 받았다. 이런 상황에서 유치원에 가지 않겠다는 아이의 말에 지나친 관심과 과잉보호가 더 큰 문제를 만들고 있다는 생각이 들어 부모를 초대하여 수업하는 모습을 공개하기로 했다. 부모님과의 신뢰감 형성에 조금이나마 도움이 될 거라고 생각했다.

■■ 교사의 지혜

하루아침에 아이의 행동을 바르게 형성시키도록 하는 것이 어려운 일이겠지만 부모의 적극적이고 건설적인 협조가 우리 아이가 하루빨리 적응하는 지름길임을 알려주어야 한다.

현장사례 8

●● 음식물을 씹지 않고 침으로 녹이는 아이

봉숭아는 점심과 간식시간이 되어도 먹는 것에 관심이 없고, 교사에게 이끌려서 할 수 없이 먹기 시작하지만 입속에 들어간 음식물이 침에 녹아 없어질 때까지 기다리는 아이이다. 체육시간 또한 흥미가 없어 하고 동적인 활동보다는 창밖을 내다보는 등의 정적인 활동이 대부분이어서인지 또래집단 아이들보다 신체발달과 정서발달이 불안한 상황이다.

"봉숭아의 식욕부진 이유"

첫째, 신체 발육이 다른 아동에 비해 느린 점

둘째, 부모님의 태도 [어머니는 봉숭아가 좋아하는 음식(햄, 옥수수 등)만 먹이고 막내라고 하여 밥을 직접 떠먹이는 등 과잉보호 속에서 생활하다가 유치원에 오면 모든 일을 스스로 해야 하는 것이 불만임]

원인이 무엇인지를 알았기 때문에 처음에는 음식을 권하는 단계였고, 그 다음에는 봉숭아와 약속을 하고 실행에 옮겼다.

첫째, 일주일간 엄마가 준비해 주시는 반찬과 유치원 반찬 중 한 가지만 먹기로 했다.

둘째, 일주일간 선생님이 먹여 주고 그 다음에는 혼자 먹기로 했다.

셋째, 혼자 먹기 그리고 유치원에서 제공하는 반찬을 먹기로 했다.

5월이 된 지금 약속은 어느 정도 이루어지고 있다.

봉숭아가 전혀 먹지 않았던 김치도 조금은 먹는다. 식사의 양은 아직도 적으나 개인차를 인정해 조금만 주고 있다. 그리고 점심시간이 재미있다는 생각을 가질 수 있도록 환경을 꾸미는 일이 교사의 과제로 남아 있다.

■■ 교사의 지혜

아이의 그릇을 작은 것으로 바꿔주고, 밥의 양은 한 숟가락 정도로 줄여준다. 이는 "다 먹을 수 있구나 생각할 수 있도록" 하는 것이다. 그리고 먹고 난 후에는 칭찬과 격려를 아끼지 않고 많이 해 준다(식욕은 감정에 좌우).

현장사례 9

●● 유치원 물건에 욕심내는 아이

평소 욕심이 많기 때문에 새로운 것이나 갖고 싶은 물건이 있으면 조절이 안 되고 가방에 넣기를 좋아하는 라일락이다. 교실에 있는 지우개, 색종이, 풀 등을 가방에 넣어 가지고 가면 어머니가 다시 되돌려 보내기를 여러 차례였다.

귀가 시간이었다.

아이들: 선생님! 라일락 가방에 다른 반 블록이 가득 들어 있어요.

몇몇 아이들은 큰일이나 난 듯 소리를 지르며 교사에게 고자질한다.

교　사: 잠시 생각했다.
(가방을 열고 블록을 빼낼 것인가? 아니면 꾸짖을 것인가?)

라일락을 무릎에 앉히고 이야기를 들어보기로 했다. 그러자 라일락은 아무 말도 없이 눈물만 흘렸다.

교　사: 라일락이 우리 반 교실에 없는 블록이라 갖고 싶었구나!

교사는 아이들에게 내일은 우리 반의 장난감과 옆 반의 장난감을 바꿔서 놀아보자고 제안하자 박수를 치며 좋아했다.

■■ 교사의 지혜

다른 사람의 물건을 이유 없이 가져왔을 때 다그치지 말고 잘 알아듣도록 차근차근 설명해 주고, 도덕성이 자리 잡을 때까지 기다려 주자. 단, 다른 사람 물건이나 기관에서 가져온 물건에 대한 죄의식을 느끼면서도 가져온다면 그때는 따끔하게 혼낸다고 말을 한 뒤 계속 더 지켜본다.

현장사례 10

●● 반대로 말하는 아이

처음 유치원 생활을 시작하는 아이들에게 낯설고 서먹한 느낌을 즐겁고 친근한 분위기로 만들기 위해 어린이들이 좋아하는 노래, 율동, 동화 등의 활동을 하면서 이야기를 많이 나누었는데, 바이올렛은 노래를 부를 때는 가만히 앉아 이야기도 하지 않고 교사를 쳐다보기만 하고, 친구들이 모두 신나는 율동을 할 때도 귀를 막고 시끄럽다고 투정을 부렸으며 선생님의 이야기에는 거꾸로 반응하였다.

처음에는 '낯선 환경에 적응하느라 힘이 드는구나'라고 생각을 하고 안아주고 눈높이에 맞추어 이야기를 나누는 등 많은 관심을 주었다. 바이올렛도 선생님의 사랑을 조금씩 느꼈는지 점점 웃음을 짓고 아이들과 함께 활동에 참여하기도 했지만 여전히 선생님의 이야기에는 반대로 반응을 하였다. 문제해결을 위해 부모님과의 상담이 필요하다는 것을 느꼈고, 그 과정을 통해 교사의 관심을 끌기 위한 행동은 부모의 입장에서 기관을 선택하고 결정한 것에 대한 불만에서 비롯되었음을 알게 되었다. 이전에 생활하던 유치원에는 바이올렛과 마음이 통하는 친구가 있어 유치원에 가는 것이 즐거웠는데 새로운 곳으로 옮기자 마음을 나눌 친구가 없어 불만이 생긴 것으로 해석되었다.

사람을 좋아하는 순수한 마음은 소중한 것이다. 바이올렛을 이해하고 아끼는 마음으로 여자친구(루다)에 대한 이야기를 꺼내보았다. 자신이 좋아하는 친구에 대해 선생님이 알고 있어서인지 그 사실에 놀라면서도 마음을 열어 루다 이야기를 하며 쉽게 더 친해지고 공감대를 형성할 수 있었다.

교　　사: 루다도 바이올렛이 유치원에 즐겁게 다니기를 바라고 있을 거야.
가끔 선생님한테 루다에 대한 이야기 많이많이 들려줘.

이후로 바이올렛은 유치원에 오자마자

바이올렛: 선생님! 루다는요….

이렇게 시작되는 것이 바이올렛의 생활이었다.

어느 날부터인가 루다에 대한 이야기에 조금씩 흥미를 잃었고, 주위의 친구를 살펴보게 되었다. 바이올렛이 도움을 주는 곳에는 항상 칼라라는 친구가 있었다. 칼라를 쳐다보는 얼굴에 항상 웃음이 있었고, 칼라의 생활(출석카드, 간식, 점심, 양치질 등)에 도움을 주려 노력하였고 곁에 있고 싶어 했다. 칼라 또한 바이올렛의 관심을 받고 좋아하며 사이좋게 지낸다. 바이올렛의 마음속에 자리한 루다 대신 바이올렛의 말대로 귀엽고 예쁜 칼라가 자리한 것이다. 한 달이 지난 요즘 유치원 생활은 즐거운 듯하다.

■■ 교사의 지혜

겉으로 보여지는 행동만으로 아이의 상태를 확인하기보다는 아이의 마음을 읽어줄 수 있어야 한다. 간혹 표현을 잘 하지 못하는 아이가 혼자 마음의 상처를 받고 있을지도 모르기 때문이다. 즉, 내면을 관찰하는 태도를 가지는 것도 교사의 지혜가 아닐까 생각한다.

현장사례 11

●● 저만 예뻐해 주세요

여기에 소개되는 히야신스는 교사인 아버지와 주부인 어머니, 언니가 있는 평범한 가정의 여섯 살 여자아이이다.

입학식이 있던 다음 날 교사에게 달려와 두 팔로 교사의 다리를 감싸고 목에 매달리며 꼭 끌어안고 좋아했던 히야신스의 행동이 조금은 의외였다. 동화 읽는 시간이 끝난 다음 자유놀이 시간엔 늘 교사에게 매달려 있으려고 하고, 또 그것을 보는 다른 아동들도 그 행동을 따라 하려고 했다. 다른 반 교사가 교실에 들어왔는데 히야신스가 가슴에 묻고 매달리면서 조금만 놀다 가라고 한다. 줄을 설 때도 항상 먼저 서야만 하고 밥을 먹을 때도 맨 먼저 서기 위해서 옆에서 기다리는 것을 볼 수 있다. 다른 아이들은 히야신스의 행동을 불만스러워했다.

교사는 히야신스가 매달려 있으면 "선생님 힘들다" 혹은 활동을 시작하려고 할 때 매달리려고 하면 "친구들과 함께 카펫에 앉아서 동화를 같이 들어보자"라고 하며 그 행동을 제지시키기도 한다. 여자친구들보다는 남자친구들과 많이 어울리는데, 먼저 친구에게 말을 거는 모습은 보기 어렵다. 집에 가기 위해 귀가 차량에 탑승 후에도 항상 차가운 표정으로 앉아 있다. 식사 시간, 음식을 먹을 때도 먹기 힘들 만큼의 많은 양을 담는 행동을 종종 볼 수 있다.

아이의 이러한 행동은 관심 끌기 위한 행동으로 보여졌는데 최근에는 모든 활동에 잘 참여하고 교사를 곤란하게 하지는 않는다. 그러나 언제 변할지 모르는 히야신스의 행동을 더욱더 관심 있게 지켜볼 필요가 있다고 생각한다.

■■ 교사의 지혜

단시간에 특별한 행동이 고쳐지는 것이 아니라고 생각하고 꾸준히 자신의 소중함과 다른 사람의 감정을 이해하고 공유하는 데 관심을 가질 수 있도록 유도한다.

현장사례 12

●● 눈물이 많은 아이

매년 학기 초가 되면 유치원 생활에 적응하는 과정에서 우는 아이가 생기기 마련이지만 코스모스를 통해 교사로서 무능함을 빌견할 수 있었다. 우는 이유는 엄마가 보고 싶다는 것이 대부분이었다. 그런데 이상하게도 교사와 마주치기만 하면 깜짝 놀라면서 우는 것이었다. 한 번 울기 시작하면 집에 갈 때까지 눈을 감고 울어댄다. 단, 간식시간이나 점심시간은 우는 것에서 제외되는 상황이었다.

다른 친구들 때문에 유치원에 오기 싫다는 언어적 의사표현을 울음으로 대신하는 것 같았다. 결국 부모와의 상담을 요청하게 되었고 이번 기회에 하소연할 셈이었다.

코스모스는 무남독녀로 독립심이 강하고 무엇이든지 제일 먼저 해야만 하는 성격을 가지고 있었고 집에서는 아이의 행동에 아무런 제지가 전혀 없는 반면 유치원 생활을 하면서 여러 가지 규칙을 지켜야 하는 상황이 코스모스에게 많은 스트레스가 되는 것 같았다. 또한 주변 사람들 모두 완전하게 자기 편을 만들어 놓고서야 안심하고 놀이를 한다는 이야기를 듣고서 허탈감이 온몸을 감는 듯한 느낌, 아니 더 정확하게 표현하자면 싸움에서 패배한 패자의 기분, 부끄럽지만 아이에게 진 듯한 느낌이 들기도 했다.

미운 마음도 잠시 아이의 행동을 조금이라도 이해할 수 있는 방법을 찾고 있는 중 코스모스에게 울음은 스트레스 해소의 한 방법이란 걸 알게 되었다.

얼마 전, 식당에서 있었던 일이다. 밥을 먹고 있다가 갑자기 울기 시작했다. 그 이유는 간식시간에 손을 다쳤는데 아프다는 것이었다. 상처를 살펴보니 흔적도 없었다.

어이가 없었지만 어리광이라고 생각하고 "아! 우리 코스모스 아프겠네! 선생님 같으면 하루 종일 울 텐데, 그동안 잘 참았구나. 정말 대단하구나!"라고 이야기하자 순간 코스모스는 "선생님 이제는 아프지 않아요"라고 대답한다.

■■ 교사의 지혜

아이와 대화를 통해 먼저 상대방의 마음을 읽어주고 지혜롭게 대처할 수 있는 방법을 터득해야 할 것이다.

현장사례 13

●● 적응하는 데 두려움이 있는 아이

우리 반에는 장미라는 이름을 가진 친구가 두 명이 있다.

한 명은 아주 활발한 친구인 반면에 다른 한 명은 유치원 생활에 익숙해지는 데 오랜 시간이 걸렸다. 장미라는 친구가 입학식이 끝나고 처음으로 등원하는 날 교실 문을 열고 들어와 한자리에 가만히 서 있었다. 첫날이어서 그런 것 같아 장미를 불러서 출석카드에 스티커 붙이는 방법을 가르쳐 주고, 개인 물품은 사물함에 넣는 거라고 이야기해 줬다. 그날 장미는 아이들과 어울리지도 못하고 자기 자리에 앉아 있거나 내 옆에 있기만 하였다. 다른 아이들은 서로 모르는 친구지만 같은 반이라는 소속감 때문인지 잘 어울려서 노는데 장미는 모든 것에 낯설어했다. 며칠 동안 말을 걸어도 별 반응이 없고 이야기도 잘 하지 않아서 이러면 안 되겠다는 마음으로 백합이라는 여자친구를 소개해 주었지만 어울리지 못하고 우두커니 서 있는 장미를 발견할 수 있었다.

친구들은 장미를 말도 못하는 나무라고 놀려대기 시작했지만 친구들과 어울리지 못하는 데는 이유가 있을 것 같아 장미 부모님과의 상담을 통해 그동안 집에서만 생활을 해서 밖에서 친구들을 사귄 적이 거의 없다는 이야기를 듣게 되었다. 아마 장미는 새로운 환경에서의 생활이 조금은 두렵고, 무서워서 마음을 열지 못했던 것 같다.

매일 이야기를 조금씩 나누는 과정에서 차츰 적응이 되어 가는 모습을 보며 안심이 되고 이제는 제법 장난도 하고 그림 그리기를 좋아해서 점심시간에는 조형영역에서 많은 시간을 보내는 편이다.

■■ 교사의 지혜

아이들마다 적응기간에 어려움을 느끼는 경우가 종종 있다. 그렇기 때문에 일괄적으로 모든 아이들에게 같은 방법으로 적응기간을 두기보다는 개인에 맞는 방법을 활용해야 하는데 무엇보다 부모의 도움이 절실히 필요하다.

현장사례 14

●● 그림 그리기를 거부하는 아이

매주 월요일에는 주말에 지낸 이야기를 나누며 서로 느꼈던 새로운 경험들을 찾아낸다. 그리고 소중한 경험들은 그림을 통해 표현된다. 일반적으로 학급 전체 아이들 모두 자신의 느낌, 생각 등을 그림으로 표현하는 것은 아니다. 소극적인 아이는 자신의 경험을 그림으로 표현하는 데 어려움을 느끼는 경우도 있지만 다른 친구들의 이야기를 통해서 혹은 실제 그림활동에 몰두하는 모습을 지켜보면서 배우기도 한다.

그러나 2주 정도 그림 그리기를 포함한 모든 표현활동에 참여하지 않는 금잔화이다. 금잔화가 활동에 참여하지 않는 이유를 학습 상황이 발달단계에 적합하지 않거나 혹은 이미 습득된 인지적인 내용들이 반복되어 학습 상황에 대한 흥미를 잃어버려서 활동에 참여하지 않을 것이라 나름대로 판단한 후 부모님과 상담을 하게 되었고, 상담을 통해 금잔화가 이미 가정에서 미술 선생님에게 그림 그리기 개별지도를 받고 있다는 사실을 알게 되었다. 교사인 나는 교육과정의 전반적인 내용에 대해 자세하게 안내한 후 유치원 생활에 적극성을 가지고 생활할 수 있도록 협조를 구했다.

어머님과 상담 후 "주말에 지낸 이야기" 시간에 금잔화는 사촌동생이 집에 와서 똥과 오줌을 쌌다는 이야기를 한 후 그 상황과 관련된 그림을 그렸고, 그 다음 주에는 자신이 보았던 영화에 대해 신나게 이야기하더니 드디어 도화지를 가져왔다.

아무것도 그려져 있지 않은 '하얀 도화지'. 금잔화는 이 하얀 도화지를 보여 주며 이렇게 말했다.

금잔화: 선생님, 이것은 아직 영화가 시작되지 않아서 그릴 수가 없었어요.
(실제로는 영화의 장면이 정확하게 생각나지 않아 그릴 수가 없었던 것)

그 후 월요일마다 "주말 지낸 이야기" 시간에 금잔화는 별 어려움이 없이 활동에 적극적으로 참여하고 내용에 대한 표현도 자유스럽게 했다. 이번 주(5월 1주)에는 '어버이날'이라는 주제로 어버이날의 유래, 부모님께 감사의 마음을 전하기 위해 활동을 계획하고, 준비하고, 실행하기로 했다. 그런데 금잔화가 갑자기 편지 쓰는 활동이 싫다며 몇 번을 쓰고 지우기를 반복하더니 결국에는 책상에 드러누워 버렸다.

교　사: 엄마, 아빠가 편지와 그림을 받고 기뻐하실 모습을 이야기해 보자.
　　　　다시 한 번 생각하자.
금잔화: "엄마 아빠 사랑해요"라는 말만 쓰고 더 이상 못 쓰겠어요.
(글씨 쓰기에는 전혀 어려움이 없을 정도로 한글을 모두 깨우친 상황)

그리고 그 이튿날에는 가족에 대한 그림을 그리는데 종이가 너무 작다고 투덜거리더니 "지금은 그림을 그리고 싶지 않아요"라고 말하며 나중에 그리고 싶을 때 그리겠다고 이야기하는 금잔화에게 "그럼, 네가 그리고 싶을 때 그리렴" 하고 아이의 상황을 이해해 주었다. 그런데 금잔화가 집으로 귀가할 시간이 되자 이번에는 집에서 그려온다고 하며 종이를 달라고 했다. 금잔화와 나는 이렇게 약속을 하고 집으로 갔다.

그림 그리기를 싫어하는 이유가 처음에는 주말을 지낸 이야기가 '생각나지 않아서'라고 하여 먼저 주말 동안 어떻게 지냈는지 잘 생각해 보고 이야기를 하도록 유도한 후 그림 그리기를 하니 그 후에는 잘 그렸다.

금잔화가 간헐적으로 그림 그리기를 싫어하는 행동을 보이고 있어 이 점에 대해서는 더 관찰하고 살펴볼 예정이다.

■■ 교사의 지혜

아이들을 흥미롭고 재미있는 미술활동으로 유도하기 위해서는 다음에서 제시하고 있는 세 가지 사항이 도움이 되리라 생각된다.

① 표현활동을 하는 데(그림 그리기) 있어서 필요한 환경이나 자료들에 대한 고정관념을 무너뜨리는 일

예) 일반적으로 어른들이 '미술활동'이라고 하면 떠올리는 재료들, 즉 스케치북, 크레파스뿐만이 아니라 투명 아세테이트지, 신문, 우유팩, 돌, 다양한 크기의 봉투, 색종이, 색색의 빨대, 폐품 등을 이용하면 활동하는 데 있어 훨씬 효율적이고 창의적이며 아동들의 만족도 또한 높게 나타난다고 볼 수 있다.

② 이유 없이 짜증을 내고 그리기를 거부하는 경우

예) 어떤 색을 주로 사용하는가?(어떤 관점에서 해석하느냐에 따라 달라질 수 있다)

- 파랑, 빨강, 주황, 노랑 : 외향적, 활동적인 성격
- 초록, 파랑 : 내성적이며 조용한 것을 좋아함
- 보라 : 질병과 관련이 있다고 함

③ 구체적 사물에 대한 인식의 차이가 없을 경우

활동 주제와 관련된 실물을 먼저 보여 주거나 교실에 주제와 관련된 실물 모형, 사진이나 자료 등을 전시하여 아동들이 직접 관찰하면서 자신들이 느낌을 자연스럽게 표현하도록 한다.

현장사례 15

●● 알고 싶어요(性)

해당화는 만 5세 말경에 부모님들을 깜짝 놀라게 만든 일이 있었다. 피아노 학원에서 친구들끼리 놀이하는 도중 자신의 생식기를 만지는 일로 빚어진 일이 바로 그것인데 처음 하마반으로 해당화가 들어왔을 때 많은 고민과 걱정이 앞선 것은 사실이었다.

하지만 해당화와 한 달 동안 생활하고 난 지금은 즐겁게 유치원 생활을 할 수 있다는 생각을 하게 되었다. 해당화는 놀이 도중에 그리고 의자에 앉아서 수업을 들을 때도 종종 그런 행위가 나타났다. 유난히 키가 크고 또래에 비해 신체발달이 빠른 해당화이다. 그래서 더욱 성숙하게만 느껴지는 아이였다. 해당화의 행위가 눈에 들어올 때마다 아이가 수치심이나 죄책감을 느끼지 않도록 하면서 이 일을 어떻게 지혜롭게 대처할 수 있을까라는 고민을 하게 되었다.

해당화는 교사가 이야기하지 않아도 행위 도중 교사와 눈이 마주치면 스스로 '이럴 땐 하지 말아야지'라며 죄의식을 느끼는 것 같았고, 그런 해당화를 바라보면서 마음 한구석이 답답해지면서 미안함에 가슴 아팠고 마침내 나는 결심했다. 대집단 활동이나 놀이 도중 해당화의 이상 행동이 나타나면 재빠르게 새로운 손유희나 주제를 바꾸었다. 이렇게 노력했지만, 해당화의 행동이 완전히 소거된 것은 아니었다.

"스킨십을 유난히 좋아하는 아이!" 해당화의 이러한 행동을 어떻게 조절해야 할지 정말 어려웠다. 부모님도 정확히 해당화가 왜 그런 행동을 하게 되었는지 모르셨고, 해당화와 단둘이 이야기할 수 있는 시간을 갖게 된 어느 날, 해당화와 많은 이야기를 나누었는데 자신의 행동에 대한 죄의식을 갖고 있는 것 같았다.

■■ **교사의 지혜**

유아교육기관에서 그러한 행동을 줄이기 위한 방법들을 서로 이야기하며 친숙함을 계속 표현하기도 하고 일관성 있게 진행하도록 한다. 또한 교사의 계속적인 협력을 통해야 한다. 그리고 언젠가는 아이가 편안하게 교사에게 다가와서 이야기할 수 있는 분위기를 만들어 주어야 한다.

현장사례 16

●● 포기하기 싫은 아이

카네이션은 전에 다른 기관에 두 달 정도 다녔던 경험이 있다. 말을 못하는 것은 아니나 거의 말이 없는 편이며 고개를 끄덕이는 행동으로 모든 질문에 대한 답변이나 의사표현을 하는 정도이다. 처음에는 인사를 시키면 고개만 꾸벅 숙이는 정도였고 교실외의 주변 환경에 대해 관심이 많았으며 다른 모든 교실을 탐색하는 것을 즐겼다. 같은 반 친구들보다는 다른 반에 있는 사촌과 같이 어울리며 간식 먹을 때와 집에 가는 시간을 제외한 대부분의 시간을 교실 밖의 다른 장소에서 지냈다. 손유희나 율동 또는 노래를 부를 때면 아무런 반응 없이 선생님을 바라보기만 했고 틈만 나면 교실 밖으로 나가려고 했다. 처음에 카네이션은 말이 없고 여기저기 탐색하는 것을 좋아하는 것 같아 나름대로의 탐색이 끝나기를 기다렸다. 그런 후 카네이션에게 자신이 초록반이며 선생님과 친구들이 이야기 나누는 시간에는 카네이션도 함께 교실에 있으면 좋겠다고 이야기해 주었고 이런 기회를 통해서 소속감을 심어 주고자 했다.

친구들과 함께 자연스럽게 어울리게 하고자 놀이에 교사가 함께 참여하면서 카네이션이 친구들 앞에서 이야기할 수 있도록 배려해 주고 교실 환경을 새롭게 변화시키고자 다양한 종류의 교구를 교체 또는 재배치하여 카네이션의 관심을 교실로 유도하기 위한 나름대로의 노력으로 인해 교실 안에서 생활하는 시간이 점점 길어지고 있었다.

마침내 카네이션은 같은 반 친구들과 어울리며 다른 반이었던 사촌과는 놀이터에서 만나는 시간 외에는 찾지 않게 되었다.

■■ 교사의 지혜

지금은 선생님의 물음에 고개를 끄덕임과 동시에 '네'라는 대답을 하며 질문에 대해서도 자신의 상황을 정확하게 이야기할 줄 알고 교실 안에서의 생활에 점차 익숙해져 가는 모습을 보이고 있다.

현장사례 17

●● 엄마와 떨어지는 것이 불안한 아이

유채화는 영아기 때에는 다른 기관에 다녔으나 적응이 어려웠다고 한다.

우리 기관에 새로 등록은 했지만 활동에 참여하지 않았고, 입학식 날은 엄마와 분리되는 것에 불안을 느껴서 계속 엄마 곁에 있었다. 가방과 출석카드를 주려 했지만 받지 않았고 오히려 화를 냈다. 교사로서 제일 먼저 생각하고 노력을 기울였던 점은 유치원은 재미있게 노는 곳이라는 것을 느끼게 하는 것이었다. 월요일, 유채화는 처음 등원하는 날 할머니와 같이 왔다. 여전히 교사에 대한 거부감이 있었고, 대화를 하려고 하면 불퉁거리며 화를 냈다. 다른 아이들은 교실 밖의 장소에서도 재미있게 놀았지만 유채화는 할머니 곁에서 집에 가자고 재촉만 할 뿐이었다. 유채화에게 호의를 보이고 싶었지만 때가 아니라는 생각이 들었다. 새로운 환경에 대한 두려움이 큰 것 같아서 최소한의 관심만을 나타냈다. 간식을 먹은 후 유채화는 블록놀이를 했고, 집에 가기 전에는 놀이터에서 미끄럼을 타기도 했다.

다음 날도 할머니와 같이 온 유채화는 만나서 반갑다는 인사를 하자 화를 냈지만, 오자마자 할머니와 떨어져 놀이를 했다. 다른 친구들과 이야기를 하기도 하고 소꿉놀이, 블록놀이를 함께 했다. 간식시간에 내게 간식을 먹여 주었고, 집에 가기 전에는 카펫에 앉아서 나의 이야기를 귀 기울이고 들었으며, 인사까지 하고서 집에 갔다. 수요일, 놀이에 열중하고, 친구와의 상호작용을 시작하였으나, 할머니가 밖에 나가시거나 눈앞에 보이지 않으면 화를 내고 불안해했다(할머니께서는 유채화가 노는 모습을 보시더니 내일부터는 오지 않아도 된다고 판단하셨는지 내게 그런 의도를 이야기하셨다).

목요일, 유채화가 엄마와 함께 왔는데(감기에 걸려 병원에 다녀옴) 엄마가 일하러 가야 한다며 가자, 엄마가 보고 싶다는 말과 집에 가고 싶다는 말을 하며 30분을 울었다. 나는 유채화를 안고 위로해 주었지만 효과가 없었다. 계속 우는 유채화에게 화도 나고 짜증이 났지만, 부드럽고 따뜻한 마음을 가지고 이해해 주려고 노력했다. 유채화를 앞에 내려놓고 동화를 들려주었다(유채화가 울고 있는 상황이었지만, 다른 아동들을 위해서 그리고 유채화가 동화 듣는 것을 좋아하기 때문에 동화를 읽어주기로 했다). 그러자 동화를 들으려고 유채화는 울음을 그쳤다. 금요일, 유채화가 드디어 혼자 왔다(등원하자마자 유채화의 이런 변화에 대해 칭찬해 주었다). 유채화는 활발하게 그리고 즐겁게 놀다가 귀가하곤 했다. 오후에 할머니와 통화를 했는데, 스스로 유치원에 가야 한다는 사실을 알고 적응하려고 한다고 하셨다.

■■ 교사의 지혜

유치원 생활에 적응할 수 있도록 도움이 되었던 요인은 다음과 같다.

① 유치원은 친구들과 함께 신나게 노는 곳이라는 것을 다른 아동들의 놀이를 통해 직접 경험할 수 있었다는 점

② 선생님은 아이들과 친구처럼 놀아주고, 어렵거나 위험한 상황에서 자신을 보호하고 보살펴주는 사람이라는 것을 느끼게 해주었던 점

③ 아동이 유치원 생활에 대한 두려움을 최소화할 수 있도록 가능한 한 아이의 입장에서 생각하고 아이들의 이야기에 귀 기울였던 점

④ 3월에는 가능한 한 아이들이 흥미 있어 하는 주제의 입체동화를 들려주고 동화의 주인공과 아동이 대화할 수 있는 기회를 주었던 점

⑤ 모든 사람은 실수를 할 수 있다는 것에 대해 알게 했던 점

예) 유채화는 예전에 다녔던 기관에서 실수를 해서 선생님께 혼난 경험이 있었다. 우리 반 아이가 지나가면서 실수로 소꿉놀이를 바닥에 떨어뜨려 굉장히 큰 소음이 나서 모든 시선이 한 곳에 집중된 적이 있었다. 넘어뜨린 아동은 스스로 놀라 그대로 멈추어 있었고 나는 다가가서 이야기해 주었다. "지나가다가 모르고 넘어뜨렸구나. 소리가 크게 나서 놀랐지, 괜찮아, 사람은 누구나 실수할 수도 있는 거야." 내가 친구를 혼내지 않아서인지 유채화가 "소꿉놀이 넘어뜨렸는데 괜찮아요?", "정말로 괜찮아요?"라는 질문을 세 번이나 하면서 아무렇지도 않다는 것을 확인하려고 했다.

현장사례 18

●● 간식 때문에 적응이 빨랐던 아이

채송화는 낯선 환경에 대한 불안감과 타인에 대한 공포를 가지고 있어서 엄마에게 의존하는 편이다.

첫째 날, 선생님과 엄마 때문에 자기가 낯선 곳에 있어야 한다는 불안감 때문이었는지 자꾸 교실 밖으로 나갔고, 다른 교사(체육 선생님)에게 집으로 전화해달라고 부탁을 하더니 하루 종일 체육 선생님 뒤만 졸졸 따라다녔다.

둘째 날, 아침에 엄마와 헤어졌을 때 전날 따라 다녔던 체육 선생님을 찾기 시작했고, 체육 선생님이 보이지 않자 또다시 울기 시작한다.

셋째 날, 전날처럼 부모님이 데리고 왔지만 진전된 것은 없었다.

교사 입장에서 채송화를 관찰했을 때 내성적이고 다른 사람과의 접촉이나 사귀어 본 경험이 거의 없는 편인 것 같았고 그로 인해 타인에 대해 불안함을 보였기 때문에 채송화가 엄마를 찾으며 울 때는 안아주면서 이야기했다. 유치원에서 즐겁게 생활하는 동안 엄마는 채송화가 좋아하는 맛있는 간식을 준비하면서 기다리고 계실 거라는 확신을 주려고 노력하였다. 또한 내가 다른 장소로 이동해야 할 경우에는 채송화에게 잠시 다른 교실에 가야 하는 이유라든지 혹은 주방에 가야 하는 등의 이유에 대해 이야기해 줌으로써 항상 채송화랑 함께 있음을 인식시켜 주었다. 이렇게 노력하는 가운데 채송화의 가장 큰 관심사가 무엇인지 알게 되었다. 채송화는 맛있는 음식, 즉 친구들이 준비해 오는 다양한 간식에 관심이 많았다. 아이들이 서로 간식을 나누어 먹도록 함으로써 유치원 생활에 빨리 적응할 수 있도록 돕고 그로 인해 친구들의 좋은 점과 유치원 생활에 대한 즐거움을 느낄 수 있도록 해주었다.

■■ 교사의 지혜

어느 정도 교사인 나를 믿고 따르게 되었을 때 교실 상황 및 장난감의 사용방법 등을 가르쳐 주었고 교사와 친구들이 함께 놀이에 참여할 수 있도록 하여 유치원에는 재미있는 장난감이니 놀이, 그리고 좋은 친구들이 많이 있다는 것을 인식시켜 주었다.

다양한 놀이와 즐거운 간식시간을 통해서 차츰 친구들에 대한 불안감이 감소하는 듯 보였고 지금은 친구들과 함께 즐거운 시간을 보내고 있다.

현장사례 19

자학

맨드라미는 현재 조부모와 함께 생활하고 있다. 부모는 맨드라미가 어렸을 때부터 별거 중으로 아버지는 서울에서 거주하고 있고 맨드라미는 누나와 함께 할아버지댁에 살고 있다. 맨드라미는 다른 아이에 비해 어리광이 많으며 유치원 활동에 있어 흥미가 적은 편이다. 동화를 읽어주어도 다른 친구와 장난을 친다. 친구들과 장난하는 일에는 흥미를 보였지만, 신체를 움직이는 체육활동은 매우 싫어하며, 친구들과의 활동에서 자신의 뜻대로 되지 않으면 자학 현상이 나타난다. 유치원에서도 맨드라미는 적응하기 힘들어했지만, 활동에 대해 긍정적으로 받아들이면 다른 아이보다 활동에 적극적이며 열심히 한다.

맨드라미는 체력적으로 다리에 힘이 없어 다른 아이들보다 잘 넘어지는 편이고, 넘어짐과 동시에 울기 시작한다. 친구로 인해 넘어지면 친구가 자신을 미워해서 그렇게 행동했다고 생각하고 자신의 다리를 때리는 행동을 자주 보인다.

교사의 지혜

이러한 자학 현상이 자주 나타나는 것은 아니지만 자학행동을 하고 난 그 다음 날에는 유치원에 오기 싫어하는 일이 자주 있었다. 자학 현상이 나타났을 때 주위 환경을 바꾸어 주어 관심을 다른 곳으로 유도해 보았지만 쉽게 멈춰지지 않았다.

현장사례 20

●● 친구가 없는 아이

나팔꽃은 3년째 유치원 교육을 받고 있다. 새로운 상황에 대한 두려움 때문에 친구 사귀는 것이 무척이나 어려웠던 아이이고 또래집단의 친구보다는 동생들 집단을 더 좋아하는 나팔꽃이었다. 이런 상황 때문인가! 결석의 횟수는 점점 늘어갔고 또래집단 아이들에 비해 학습발달이 뒤떨어지기 시작했다. 아는 것에는 자신감을 가지고 달려들지만 처음 대하는 낯선 상황에서는 두려움과 망설임으로 자신을 도피시키는 일이 자주 벌어졌다.

언어놀이 시간이었다. 반 아이들은 자음과 모음을 찾아 재미있게 활동하고 있는데 배가 아프다고 집에 갔다. 자신이 글을 모르는 것에 자존심이 상한 것 같았다. 누구에게나 자신의 결점을 상대방에게 보이고 싶지 않은 부분은 있다지만 철저하게 자신을 보호하려는 나팔꽃이 꼭 카멜레온 같았다. 이런 방법으로 자신을 보호하려고 애쓰는 마음을 이해하고 돕고 싶다. 나팔꽃에게는 문제에 직면했을 때 적극적으로 해결하려고 돕고 싶은 마음이 있기 때문이다.

■■ 교사의 지혜

완벽한 교육과정보다는 한 가지 일이라도 스스로 할 수 있도록 돕고 모르는 일은 부끄러운 일이 아니고 새로운 것에 대해 적극적으로 탐색할 수 있도록 배려하고 격려해줄 수 있는 교육의 장이 필요하다.

현장사례 21

●● 엄마 같은 선생님을 사랑하는 아이

차가운 기운이 지나가고 따뜻함이 묻어나는 4월. 이 시기에 아이들은 유치원에 어느 정도 적응하면서 규칙과 질서를 정하고 좋은 습관을 기르기 위해 아이들과 교사와의 마찰이 자주 일어나는 시기이다.

활동시간을 제외하면 약간은 산만하기까지 한 할미꽃은 늘 기분상태도 좋지 않았고 얼굴도 무표정이고 질문에는 그저 살짝 웃음을 지어 보일 뿐이다. 그 순간 교사는 할미꽃이 지켜야 할 규칙과 습관, 선생님께 꾸중 듣는 것이 문제라고 생각하여 부모님과 상담을 하게 되었다. 부모님은 아이가 자주 "엄마랑 있고 싶다, 유치원에는 내일 갈래"라는 말을 하였고 집에서는 자매만 있어서 자유롭게 생활한 탓인지 혼자는 노는 일도 없고 엄마를 너무 좋아하여 엄마가 보고 싶어 유치원에 가지 않겠다고 한 적이 있다고 하셨다. 부모님과의 상담을 토대로 할미꽃에게 관심을 기울여 살펴보게 되었는데, 할미꽃은 친구들과 사이좋게 지냈고 타인을 배려해 주는 마음과 정이 많은 감성적인 아이였다. 감성이 풍부한 아이였기에 항상 행복하고 밝으며 좋은 생각만 할 거라 생각하게 되었고 그 후 할미꽃과 자주 눈빛을 교환하며 일대일로 이야기를 하면서 선생님도 엄마와 같은 마음으로 할미꽃을 사랑하고 있다는 것을 알게 해 주었다.

며칠이 지난 후 할미꽃은 다시 밝은 얼굴을 되찾았다.

■■ 교사의 지혜

유치원에서는 "우리 선생님이 엄마야"라며 선생님도 엄마처럼 자신을 예뻐하고 좋아하기 때문에 유치원이 좋다고 하는 할미꽃의 모습을 보면서 다시 한 번 교사의 역할과 중요성에 대해 생각하게 된다.

현장사례 22

●● 주의가 산만하고 침을 뱉는 아이

선인장은 한곳에 집중하지 못하는 아이, 그러면서도 친구들을 괴롭히는 얌체 같은 아이이다. 습관처럼 남을 잘 때리고 침을 뱉으며 주의가 산만하여 교실을 돌아다니는 모습을 매일매일 볼 수 있다. 가정환경은 사업을 하는 가정으로 어릴 때부터 놀이방에 맡겨져 엄마가 안정적으로 돌봐줄 수 있는 상황이 아니었기 때문인지, 책상과 의자에 올라가고 장난감에 온통 풀을 발라 놓거나 화장실에서 물장난을 하고 친구들을 이유 없이 때리며 울리고 다녔다.

입학 당일부터 종일반까지 오랜 시간 유치원 생활을 해서 낯선 환경에 쉽게 적응을 잘 하였다. 종일반 생활을 하며 나이 많은 형들과 어울려 놀면서 더욱 공격적이고 산만해신 모습으로 변해 갔다. 선인장은 잘못된 행동에 대해 이야기하는 교사를 때리고 또 자기의 의사를 반영하기 위해서 울고 떼쓰는 방법을 쓰곤 했다. 울고 떼쓰는 모습을 무시해버리자, 떼쓰는 모습이 점차 줄어들게 되었다. 교사를 때리는 습관은 계속 되었는데 "선생님을 때리면 선생님도 선인장이 한 것처럼 똑같이 때려 줄 거야"라고 이야기해 주었고 교사를 때리는 상황이 되자 교사도 선인장처럼 그대로 행동을 했다.

고집을 피우고 계속 때리다가 울음을 터뜨리며 때리는 것을 멈추었다.

교 사: 선인장아! 선생님은 네가 때려서 아프기도 하고 기분이 좋지 않아요.
선인장은 기분이 어떠니?

선인장: 좋지 않아요.

교 사: 그래 다른 친구가 너를 때리면 기분이 좋지 않지? 남을 때리고 아프게 하는 것은 미운 친구들이 하는 행동이야. 선생님은 선인장이 다른 친구들 마음을 알게 하려고 선인장이 했던 행동을 선생님도 해본 거야. 선생님은 친구들을 때리지 않고 사이좋게 지냈으면 좋겠어.

그 후로도 친구를 때리고 침을 뱉는 습관은 남아 있었지만 친구들을 생각하고 조심하는 모습을 볼 수 있었다. 사실 기본생활습관이 잘 형성되어 있지 않았기 때문에 의자에 바르게 앉아 있는 것이 무척 힘들었다. 바르게 앉지 못해 의자에서 넘어지는 게 하루에도 서너 번 반복되었다. 그때마다 바르게 앉으라고 이야기하지만 바로 자세가 흐트러지는 일이 많았다. 그러나 앞으로 바르게 앉지 않으면 서 있기로 약속을 했다.

점심시간에 밥을 먹을 때 의자에 다리를 꼬고 위험하게 앉아 있어 타일렀더니 울며 떼를 썼다. 그때마다 바르게 앉기로 이야기했고 여러 번의 반복을 통해 의자에 바르게 앉는 습관이 형성되어 가고 있었다.

■■ 교사의 지혜

기본생활습관이 형성되는 중요한 시기에 교육보다는 보육의 의미가 많은 2년간의 생활을 통해 자신의 불만을 남을 귀찮게 하고 때리는 습관으로 형성된 듯하다. 지금은 하나씩 기본생활습관이 바르게 형성되고 있는 과정이고 또 남을 괴롭히며 때리는 습관도 조금씩 나아지고 있는 중이다.

현장사례 23

●● 또래관계가 원인이 된 아이

국화는 아이에게 상처를 줄 수 있는 가정환경에서 자라고 있다. 실직으로 인해 부모가 별거 중이고 조부모와 함께 생활하고 있는 상황이었다. 주변의 어른들은 이러한 상황에 처한 국화가 안쓰럽다는 생각에서인지 과잉보호가 심했고, 이러한 어른들의 행동이 아이의 성격을 원만하게 만들지 못하고 있음을 짐작할 수 있었다. 한 예로 약간의 감기 기운만 있어도 유치원에 보내지 않았고, 놀이하다가 살짝 스치기만 해도 친구가 때렸다며 우는 아이이다. 이런 일이 있었던 다음 날에는 어김없이 할머니가 유치원에 오셔서 아이들에게 '벌'을 준다. 유치원과 학급에서의 운영방침이 있는데도 자신의 손주만 생각하시는 할머니의 바람직하지 못한 상황으로 인해 할머니와 상담을 했는데도 "나이 어린 교사가 뭘 알겠느냐?"라는 질책에 가슴이 아팠다. 이러한 상황에서 아이는 나이 어린 동생들만 데리고 놀면서 자기 마음대로 행동하기 때문에 동생들마저도 함께 놀아주려고 하지 않았다.

또래집단에서는 이해하고 서로의 의견을 반영해 주어야 하지만 동생들에게는 자기 마음대로 하면 된다는 생각에 자기 주장만 내세운다.

■■ 교사의 지혜

이러한 문제 상황을 어떻게 지혜롭고 현명하게 대처할 수 있을까 고민하게 되었다. 형들의 집단에서 놀이할 수 있는 기회도 제공해 주고, 동일 연령집단 혹은 혼합 연령집단에서 경험할 수 있는 기회를 제공해 준다.

현장사례 24

●● 귀여움을 받으려는 아이

친구들과 노는 것보다 주로 교사의 주변을 맴돌면서 관심을 끌려고 하는 클로버.

부모님, 중학생 언니와 6개월 된 동생이 있는 가정에서 생활하는 클로버는 유치원에 오기 전 온갖 귀여움을 독차지했으나 동생의 출생으로 인하여 부모님의 관심이 적어진 상황이었다. 이런 가정환경 때문에 기관에서 처음 관계를 형성한 사람에게 의지하려는 경향이 강했고, 엄마가 중학생 언니와 동생에게만 신경을 쓴다고 생각해서 항상 충족되지 못한 사랑을 받고 싶은 욕구를 유치원에서 보상받으려는 경우라고 생각되었다. 클로버가 아침에 새침한 표정으로 들어서는데 얼른 클로버의 모습을 살핀 후 귀에 작은 소리로 이야기해 수었다. "빨간 치마와 빨간 리본이 잘 어울리는구나. 오늘은 빨강 공주가 웃고 와서 더 예뻐 보이네." 자유놀이 시간에 클로버가 내 곁에 있을 때에는 껴안아 주고, 얼굴을 만져주기도 하면서 신체를 통한 애정표현을 해주기도 했다. 혼자 있는 시간은 그림 그리기를 좋아했다. 여러 가지 색을 사용하여 꼼꼼히 색칠한 그림은 주제도 다양하고 표현력 또한 뛰어났다. 이 아이의 그림이 담고 있는 내용들을 읽어주고 칭찬해 주는 과정에서 특별히 선생님이 클로버를 좋아한다는 느낌을 가질 수 있기를 원했다.

■■ 교사의 지혜

그러면서 "선생님에게 가위를 가져다줄 수 있겠니?"라며 심부름을 시키기도 하고, 사교적인 친구와 짝꿍을 만들어 주어 자연스럽게 어울릴 수 있는 기회를 주기도 했다.

시간이 지날수록 교사보다는 친구들에게 관심을 갖기 시작했고, 친구들과 역할을 정해 역할 놀이도 하면서 재미있게 논다.

현상사례 25

●● 고기만 좋아하는 아이

사랑초는 점심시간에 돈가스 또는 고기 이외의 반찬이 나오면 전혀 먹지 않고, 특히 채소 종류의 반찬이 나오면 씹기 전에 뱉어 버리고 밥만 먹는다. 다른 반찬을 고기 반찬에 섞어서 먹였을 경우에도 고기 이외의 다른 음식 맛이 느껴지거나 감촉이 느껴지면 바로 뱉는다. 사랑초 스스로 여러 가지 반찬을 먹을 수 있다는 자신감을 주고, 좋은 기분으로 식사하는 경험을 통해 반찬을 골고루 먹을 수 있도록 돕는 것이 교사의 몫이라 생각했기에 부모님과 1차 상담을 하게 되었다.

〈1차 상담 내용〉

집에서도 고기 이외의 반찬은 먹지 않으며, 편식하는 습관이 고쳐지기를 원한다고 하셨고, 다행히 채소는 싫어도 과일은 잘 먹었기 때문에 식사지도는 어렵지 않을 거라고 생각되었다. 3월 초부터 밥만 먹고 다니는 상황을 지켜보다가 중순 정도부터 식사지도를 시작했다. 밥만 먹고 일어서는 아이에게 "사랑초야, 동화책에 버섯이 나왔었지? 개미가 비를 피한 버섯이야. 아~" 하고는 입속에 버섯을 넣어 주었더니 처음에 어리둥절 씹더니 뱉어내 버렸다. 교사는 "버섯의 맛을 느꼈겠구나. 오늘은 삼키지 않았지만 다음엔 버섯을 먹을 수 있을 거야"라고 이야기했다.

그 후 깍두기를 먹일 때에는 『커다란 무』에 나오는 무로 만든 깍두기야"라고 이야기해 주어 깍두기를 먹도록 한 적이 있었다. 다음 날은 식사 도중 "콩이 참 맛있다. 선생님은 콩을 좋아해. 무슨 맛인지 먹어볼래"라고 이야기하자 "콩은 맛있어요"라고 하며 먹었다. 스스로 먹지 않고 먹여 주면서 이야기하면 "콩나물 고기야. 콩나물 고기는 맛있어. 아~!"라고 사랑초는 "콩나물 고기"라고 따라 하고는 인상을 쓰며 콩나물을 먹고 "콩나물 고기 맛있어요"라고 대답했다. 고기라고 생각하며 콩나물을 먹기 원했던 것인데, 정말 맛이 있어서 맛있다고 하는지는 의문이었다. 5월 즈음 여러 가지의 채소와 친근감을 갖게 하기 위해 '채소들의 노래'라는 동시를 반복해서 들려주었다.

채소들의 노래

토마토는 통통통
양배추는 얌얌얌

호박은 호호호
고추는 꼬꼬꼬

피망은 삐삐삐
당근은 당당당

배추는 추추추
시금치는 칙칙칙

파랑반 아이들은 이 동시를 좋아했고 말뿐만이 아니라 몸으로 동시를 신체표현하기도 했다. "선생님! 당근은 당당당" 하며 당근을 먹었다. 그 후 동시에 나오지 않는 채소들은 아이들과 교사가 채소들의 특징을 생각하며 동시를 지어 이야기하며 먹게 되었다. 사랑초는 2학기 초까지도 식사지도(먹여 주지 않고 말로 이야기)를 해 주면 대부분의 반찬을 먹었지만 교사의 지도 없이 먹을 때에는 여전히 밥만 먹었다.

〈2차 상담 내용〉

사랑초가 유치원에서 식사하는 것에 대해 스트레스를 받는다는 이야기와 집에서는 여전히 고기만 먹고, 집에서 여러 가지 반찬을 권하지만 가정에서 지도는 어렵다는 내용의 이야기를 듣게 되었다. 한 번은 엄마가 강압적으로 깍두기를 먹이는 바람에 유치원에서 이틀간 식사를 거부했고, 일주일간 밥만 먹었으며 우울해하고 친구들과 놀지도 않았으나 엄마와의 화해로 일주일간의 반항을 끝내고 예전처럼 생활하게 되었다. 학기가 마무리될 12월 무렵이 되어 사랑초는 한두 가지의 반찬을 스스로 먹게 되었다. 식판에 음식을 담아 가는 아이에게 이런 말을 들려주었다. "산타 언니는 우리 친구들이 음식을 골고루 먹고 있는지 지켜보고 있을 거야"라고 이야기해 주었는데 처음으로 밥과 반찬 모두 (한동안 먹지 않던 깍두기까지) 먹고 왔다.

"오늘은 음식을 깨끗이 먹고 왔구나!"

교사의 지혜

사랑초는 "고기"만을 좋아하고 야채는 먹지 않는 아이이다. 결국 이는 영양소 결핍과 동시에 비만을 유발하는 것으로 특히 비만은 요즘 세계 이슈가 될 정도로 많은 관심을 받고 있다. 따라서 '소아 비만'은 아동의 발달 특성을 고려하여 놀이를 통해 재미있게 접근하고 무엇보다 아동 개인차를 고려하여 단계적으로 다가가야 할 것이다.

현장사례 26

●● 돌아다니면서 밥을 먹는 아이

은별이의 별명은 밥나무이다. 늘 밥을 먹고 난 후 은별이의 옷엔 밥알이 주렁주렁 달려 있다. 은별이는 집에서도 돌아다니면서 밥을 먹기 때문에 식생활 습관을 바르게 지도하기가 아주 힘들다고 하셨다. 유치원에서도 점심식사 시간은 아이와 교사에게 고통의 시간이다. 집에서처럼 돌아다니면서 먹지는 않지만 밥을 가지고 장난을 치며 주변을 온통 밥나무로 만들어 버리거나, 친구들과 장난을 치고, 또 친구들이 식사를 마치고 모두 교실로 가게 되면 혼자 남게 된 은별이는 그때부터 "먹기 싫다", "배 아프다" 하며 밥을 먹지 않겠다고 떼를 쓴다. 그리고 한 달 전부터는 밥이 너무 많다는 둥, 반찬이 너무 맵다는 둥 밥투정까지 늘었다.

이런 은별이의 꿈은 '미스코리아'다. 그래서 미스코리아가 되기 위해서는 밥을 잘 먹어야 한다고 이야기해 주었고, 음식과 관련된 다양한 동화도 들려주었다. 그리고 음식을 잘 먹지 않았던 친구들이 음식을 남기지 않고 모두 먹거나 편식하지 않고 잘 먹을 경우 칭찬과 박수로 많은 격려를 해주면서 은별이의 행동 변화를 유도했다. 하지만 그때뿐이었다. 밥투정이 늘어가자 교사는 은별이에게 밥을 먹기 싫으면 먹지 않아도 좋다고 단호하게 이야기했고, 아이에게 무관심을 표명했다. 같은 반 친구들 또한 은별이의 이러한 행동을 지켜보다가 "은별이처럼 밥을 잘 먹지 않으면 개미처럼 작아져서 유치원에 올 수 없다"고 하자 울먹이면서 밥을 먹겠다고 한다. 점심식사 후 은별이에게 나의 속마음을 이야기해 주면서 엄마의 마음에 대해서도 이야기해 주었다.

■■ 교사의 지혜

유치원에서는 친구들과 함께 정해진 시간에 간식 및 점심을 먹는 반면, 가정에서는 정해진 규칙도 특별한 제재도 없다. 이에 많은 아이들은 무언가를 하면서 음식을 먹거나 돌아다니면서 먹는 경우가 종종 있다. 그러므로 식사예절에 맞게 음식을 먹을 수 있도록 지도해야 하며 음식을 남기지 않고 먹거나 끝까지 한자리에 앉아 밥을 다 먹는 경우 칭찬과 격려를 해주면서 행동 변화를 유도해야겠다.

현장사례 27

●● 말이 느린 아이

거북이는 이전에 다른 유아교육기관에서 생활한 경험이 있다. 처음 의사표현 방법은 자신의 마음을 나타내거나 표현하기보다는 상대방이 자신의 마음을 읽어주기만을 바라는 듯했다. 화가 나거나 짜증스러운 일이 있을 때에는 교실 한구석에서 웅크리고 앉아 울거나 성난 듯이 잔뜩 찡그린 표정으로 얼굴을 손바닥으로 가린 채 앉아 있다.

친구들과의 관계도 처음에는 4세 때 같은 반이었던 사루비아 외에는 손을 잡으려고도 하지 않았고 자신에게 접근하는 친구나 자신의 영역을 침범 당했다는 생각이 들면 그 친구를 때리거나 물기도 하였다.

부모님은 거북이의 늦은 발달에 대한 보상심리로 필요 이상의 애정을 쏟는 듯 보였고 세세한 부분까지 신경을 쓰는 상황이었다.

〈교사로서의 판단〉

소극적이고 내성적인 성격에 사회성 발달이 이루어지지 않았고 묻는 말에 대답조차 하지 않았으며 자신의 기분이 언짢으면 구석에 몸을 웅크리고 앉아 노려보거나 씩씩거리며 공격적인 행동을 보이는 거북이에게 무엇이 필요한지 생각해 보게 되었다. 아이들을 애정과 사랑으로 대하는 것은 아이들과 생활하는 사람에게는 가장 기본적으로 갖추어져야 할 부분이다. 그래서 첫 번째 실천으로 선생님의 관심을 보여 주고 자신을 긍정적으로 생각하고 있다는 것을 보여 주려고 했다. 그런 다음 거북이의 작은 행동에 칭찬과 격려로서 자신감과 긍정적 행동을 강화시켜 주고자 했다. 칭찬을 받을 때마다 표정은 밝아졌고 더욱 칭찬받기 위해 장난감을 정리하는 등 노력하는 모습을 보이게 되었다. 그 무렵 함께 버스를 타는 분홍반 친구와 친해지게 되었고, 항상 둘이 같이 손을 잡고 다니면서 서로를 위해주는 모습을 볼 수 있었다.

집에 가서는 "사루비아가 좋다"는 짤막한 표현을 하기도 했다. 말을 잘 못하는 데다 워낙 수줍음이 많은 거북이는 그림을 그리고 나서도 무엇을 그렸냐는 질문에 끝까지 침묵을 지킨다. 그림은 항상 기차와 철로만을 그렸다. 묻는 말에 대답을 하지 않으면 선생님은 답답한 마음이 들고 또 네 마음을 알 수 없게 된다는 것과 네가 그 반대의 입장이 되면 어떻게 하겠냐며 설득한 끝에 간단한 말과 대답을 얻어낼 수 있었다. 대답하는 목소리도 점차 힘이 들어가기 시작했다.

2학기가 되어서 많이 달라졌다. 학기 초의 웅크리고 앉아 있던 모습은 볼 수 없게 되었으며 공격적인 행동도 거의 보이지 않았다. 같은 반 친구들과 어울리며 어려운 상황을 해결해 보고자 하는 노력도 보였고, 친구들과의 놀이에서 간단한 의사표현도 했지만 말을 하는 중에도 누군가가 바라보고 있다고 느끼면 다시 입을 다물어 버린다. 발음도 부정확하고 말에 대한 자신감이 전혀 없는 듯했고 그 이면에는 지나치게 내성적이고 소심한 성격이 원인인 듯했다. 그러한 거북이에게 "안녕하세요!"라는 인사부터 큰 소리로 따라 해 보도록 했다. 그러나 혼자 인사말을 해보라고 하면 "안녕하세요"라고 이어서 말을 하지 못하고 한 자씩 따라 했던 상황을 재현하면서 인사를 하곤 했다. 그것도 기분이 좋을 때에나 가능했지 매번 그렇지는 않았다. 다시 원상태로 돌아갔고 물어보기만 해도 훌쩍훌쩍 울어버리는 것이었다. 이 상황이 되면 모든 문제를 눈물로써 해결해 보고자 하는 모습을 보였고, 전혀 울 상황이 아닌데도 난처하거나 피하고 싶은 문제들 앞에선 위기모면으로 종종 이런 방법을 사용했다. 아무래도 말을 따라 하게 하는 것이 많은 스트레스를 주는 요인이라 생각되어 중단했다.

그러던 어느 날 상황 활동하기 전의 시간이었다. 다른 아이들은 각자가 가고 싶은 반을 선택했는데 거북이만 몇 번을 물어봐도 대답을 하지 않는 것이었다.

계속되는 교사의 질문에 대답 대신 훌쩍훌쩍 울기 시작했다. 옆에서 그 모습을 지켜보던 친구들이 "야! 선생님이 너 혼내는 거 아니야, 너 무슨 반 가고 싶어? 선생님에게 말해 봐"라고 이야기했지만 계속 훌쩍거리며 봐 달라는 듯한 표정으로 바라보는 것이었다. 결국 말을 하지 않으면 어떤 반에 가고 싶은지, 어떤 활동을 하고 싶어 하는지, 선생님은 알 수 없다는 것을 이야기해 주고 선생님도 거북이처럼 말도 않고 대답도 하지 않을 것이고 그동안 거북이의 행동으로 선생님이 얼마나 속상했었는지 이야기했다. 그리고 이틀 동안 될 수 있는 한 무관심한 모습을 보여 주고자 했으며 말도 걸지 않았다. 처음엔 그다지 신경 쓰지 않는 듯이 보였으나 이틀째가 되면서부터 교사의 주변을 맴돌며 의식적으로 친구와 큰 소리로 짤막한 이야기를 하는 모습을 보여 주기도 했고 시선을 끌기 위해 노력하는 모습이었다. 처음보다 눈에 띄게 밝아졌고 자신감 있게 생활하고 있다. 부모님이나 선생님에게 애정표현을 하기도 하고 친구들과의 관계도 활발하게 이루어지고 있다.

지금은 엄마와 함께 아이스링크장에 가서 스케이트를 배우고 있으며, 겨울방학이 되면 수영을 배울 것이라고 했다. 곧 일곱 살이 되는데 언어발달 부분에서 부족한 면이 많은 듯해서 마음에 걸리고 걱정스럽기는 하지만 밝아진 모습과 노력하는 자세에서 앞으로 점점 나아질 것이라 기대해 본다.

교사의 지혜

아이들을 애정과 사랑으로 대하는 것은 아이들과 생활하는 사람에게는 가장 기본적으로 갖추어져야 할 부분이다. 그래서 첫 번째 실천으로 선생님의 관심을 보여 주고 자신을 긍정적으로 생각하고 있다는 것을 보여 주려고 했다. 그런 다음 거북이의 작은 행동에 칭찬과 격려로서 자신감과 긍정적 행동을 강화시켜 주고자 했다.

현장사례 28

갖고 싶은 것이 많은 아이

창포는 말이 없고 생각이 많은 아이였다. 학기 초에는 친구들과도 잘 어울리지 않고 모든 활동에 소극적인 편이었으나 2학기가 되면서 발표하는 모습이나 활동에 적극적으로 참여하고 이야기도 하는 모습을 통해 자신감이 생겼음을 알 수 있었다. 그러던 어느 날 실천 기록장(혼자서 다른 사람을 돕는 수첩)이 보이지 않았다. 어딘가에 있으려니 생각하고 있던 중에 어머니로부터 전화를 받았다. 직장생활을 하고 계시던 어머니께서 출장에 다녀오신 후 우연히 창포의 가방 속에 있던 실천 기록장을 발견하고 걱정스러운 마음에 전화를 주셨던 것이다. 창포가 4세 때 장난감을 몰래 가져온 경험들이 있었는데 그로 인해 혹시나 나쁜 습관이 생긴 것은 아닌지 하는 생각에 어떻게 해야 좋을지 물으셨다. 아이는 엄마가 가방을 열어본 사실을 모르고 있었고, 엄마가 가방을 보여 달라고 이야기하면 왜 보려고 하냐며 오히려 화를 낸다는 것이었다. 다른 사람의 물건을 말없이 가져간다는 것이 좋지 못한 행동이라는 것을 잘 알고 있었기에 정기적인 출장으로 인해 아이에게 제대로 신경을 써주지 못해서 그런 건 아닌지 마음쓰시며 상처받지 않고 이 문제가 잘 해결될 수 있기를 바라셨다. 그래서 교사인 나는 우선 가방에 수첩을 넣어 보내달라고 부탁드렸다.

다음 날 평상시처럼 등원하여 인사를 하고 출석카드를 꺼내려 할 때 이미 가방 속에 수첩이 있음을 알았기에 모른 척하며 먼저 접근했다. 불안한 얼굴로 침묵을 지키고 있던 창포에게 "어! 선생님이 잃어버렸던 수첩이네. 선생님이 아무 데나 정리하지 않고 놓아두어 잃어버린 수첩을 우리 창포가 찾아서 선생님 주려고 잘 가지고 있었구나~!"라고 말하며 기쁜 듯이 이야기하자 미소 띤 얼굴로 사물함 앞으로 갔다. 그리고 그날 오후 이야기 나누기 시간에 자연스럽게 다른 친구의 물건을 갖고 싶을 때의 상황에 대해 많은 이야기를 나누었다.

■■ 교사의 지혜

다른 친구의 물건을 몰래 가져가는 것은 나쁜 행동이기 때문에 가져가면 안 된다는 아동들도 있었지만 창포처럼 다른 친구의 물건을 몰래 가져가는 것이 도덕적으로 바르지 못한 행동이라는 것을 모르고 있는 아동들도 있었다. 모든 활동은 개인의 차이를 생각하면서 지도해야 한다는 것을 알 수 있었다.

아동생활지도에 대한 현장의 목소리

● 어린이집의 인터뷰 사례 ●

●● 생활지도 - 생활지도의 내용

Q. 현재 기관에서의 생활지도 계획 및 운영은 어떻게 이루어지나요?

A. 영아의 기본생활을 중심으로, 프로그램을 통한 보육과정을 준수하며, 적절한 체험활동을 계획하여 진행 중입니다.

Q. 원에서 진행하는 생활지도의 내용 중 가장 중점적으로 여기는 것은 어떤 것인가요?

A. 중심적인 것은 기본생활인데요. 기본생활 중에서 가장 중요한 것은 영아의 안전과 건강입니다. 안전과 건강을 위하여 안전교육을 일주일에 1회 이상 실시하고 있으며, 건강한 생활을 위하여 영양 섭취를 골고루 하기 위한 식습관을 길러주기 위해 식단을 조성하고 있습니다.

Q. 생활지도를 적극적으로 하기 위해 기관에서 특별히 노력을 기울인 부분이 있나요?

A. 생활지도를 적극적으로 하기 위해서는 항상 반복적으로 실행해야 합니다. 영아는 성인과는 달리 머리로 이해하고 인지하는 것이 아니라, 몸으로 익히면서 성장하기 때문입니다.

●● 생활지도 - 생활지도의 내용

Q. 2019년 누리과정이 개정되면서 교육과정이 놀이 중심으로 바뀌었는데, 이에 따라 생활지도에서 달라진 점도 있나요? 있다면 어떤 것이 달라졌나요?

A. 주입식이 아닌, 놀이를 통해 학습할 수 있도록 돕고 있습니다. 교실 환경은 보육과정에 알맞게 각각의 영역으로 나누어, 놀이를 통한 학습을 할 수 있도록 알맞은 재료와 교수 자료를 배치함으로써 영아의 호기심을 자극할 수 있도록 했습니다.

Q. 생활지도를 할 때 연령별로 차이점을 두는 것이 있나요?

A. 손 씻기입니다. 만 1세의 경우, 교사의 도움이 많이 필요하여, 교사가 옆에서 도와주고 있습니다. 만 2세의 경우, 스스로 손 씻기를 격려하고 있습니다. 유아가 되는 과정에 있는 만 2세, 3세의 아이들은 교사가 도와주었던 활동들을 스스로 할 수 있게 지켜 봐주고 기다리고 있습니다.

지금은 학기 초라 아이들이 스스로 할 수 있는 범위가 적지만, 가을 학기로 거듭나면서 아이들은 점차 그 범위가 확장됩니다. 예를 들어, 신발 신기, 옷 벗기, 단추 채우기, 스스로 밥 먹기가 있을 것입니다.

생활지도 - 교사 입장에서의 생활지도

Q. 아동들에게 가장 중요한 생활지도는 어떤 것이라고 생각하시나요?

A. 기본 생활입니다. 그 중에서도 가장 중요한 점을 꼽자면, 올바른 방법으로 손을 씻고, 바르게 앉아서 밥을 먹고, 인사하기일 것 같습니다.

Q. 아동생활지도에서 겪는 어려움은 어떤 것이 있나요?

A. 같은 말을 반복해야 한다는 것입니다. 영아에게는 반복 학습이 매우 중요합니다. 영아는 돌아서면 잊어버리고 있어, 반복적인 지도가 가장 중요합니다. 하루에도 여러 번씩 반복하는 생활지도로 힘들 때도 있습니다.

Q. 생활지도를 할 때, 원장선생님의 역할은 무엇인가요?

A. 교사들이 영아를 지도할 때, 개인적인 감정을 개입하지 않도록 중심을 잡아주는 일을 합니다. 여러 가지 업무로 인해 받은 교사의 스트레스가 영아에게 직접적으로 전달되는 경우가 있습니다. 제3의, 관찰자의 눈으로 바라보는 원장의 객관적인 시선이 필요합니다.

Q. 원장선생님의 생활지도 신념이 있다면 무엇인가요?

A. 영아들의 안전, 가정과의 소통입니다. 학부모의 유아교육관에 맞추어 함께 보육하는 어린이집이 되도록 노력하고 있습니다.

●● 생활지도 - 생활지도의 현장사례

Q. 기관에서 생활지도를 하면서 생활지도가 가장 잘 되었다고 느꼈던 사례와 생활지도가 조금 부족했다고 느꼈던 사례가 있다면 말씀해주세요.

A. 영아의 안전에서, 아이들이 안전상의 문제로 인하여 과보호를 원하는 학부모와의 마찰이 가장 힘들어서, 학부모와 마찰이 일어나지 않은 생활지도가 가장 잘 되었다고 느껴지고 그 반대의 상황이 생활지도가 부족하다고 생각이 드는 것 같습니다.

●● 상담 - 상담의 내용

Q. 현재 기관에서 상담의 계획 및 운영은 어떻게 이루어지고 있나요?

A. 부모상담은 상시하고 있으며, 전화 또는 메시지로 이뤄지고 있습니다. 코로나 전에는 대면 상담도 자주 실행했지만, 지금은 그러지 못하는 상황이기 때문에, 전화와 메시지를 통해 수시로 하고 있습니다.

Q. 기관에서 영아상담을 할 때, 어떤 방법으로 진행하나요?

A. 영아는 상담을 따로 하지는 않습니다. 그때그때 영아를 관찰하고, 함께 놀이하며 대화를 하고 있습니다.

Q. 기관에서 진행하는 부모상담은 어떤 방향으로 진행되나요?

A. 올바른 자녀 교육에 대한 상담이 주로 이루어집니다. 학부모의 유아교육관에 대한 의견을 수렴하고, 어린이집과 함께 공동 육아를 하는 것을 목표로 진행하고 있습니다.

Q. 영아상담과 부모상담 각각의 목표는 무엇이라고 생각하시나요?

A. 부모상담은, 양육에서 어려운 점을 보다 전문적인 지식을 가진 기관이나 전문가에게 도움을 받아 올바른 양육의 기틀을 마련할 수 있도록 도와줍니다.
영아상담은, 더불어 살아갈 수 있게 원 내의 생활이 사회의 한 부분이 될 수 있도록 밑거름을 마련하도록 돕는 것입니다.

상담 - 교사 입장에서의 상담

Q. 기관에서 진행하는 상담에서 원장선생님의 역할은 무엇인가요?

A. 교사와 학부모에게 전문적인 지식과 도움을 제공할 수 있도록, 중간에 다리를 놓아주는 역할을 합니다.

Q. 상담할 때 겪는 어려움에는 어떤 것이 있나요?

A. 상담하는 시간이 늦다 보니, 참여율이 적다는 것일 것 같습니다. 또한, 가정 내의 문제를 밖으로 꺼내기를 불편해하는 학부모가 의외로 많아서 상담하지 않을 때도 있습니다. 대집단으로 상담하는 경우, 가정에 알맞은 고민을 개별적으로 받아주고 조언해주기가 어려웠던 경험도 있습니다.

Q. 상담할 때, 가장 신경 써야 할 점은 무엇이라고 생각하시나요?

A. 각 가정의 비밀을 누설해서는 안 된다는 점이 가장 중요합니다. 그리고 상담이 끝난 후에는, 지속적인 도움을 제공할 수 있도록 관심을 가지는 것이 중요합니다.

상담 - 상담 현장사례

Q. 기관에서 상담을 진행하면서 가장 인상 깊었던 상담이 있다면 말씀해주세요.

A. 자폐 성향이 있는 아가들을 진료받도록 권유하는 일이 쉽지가 않습니다. 어떻게 말씀을 드릴지 많은 고민 후, 말씀을 드렸었습니다. 학부모께 말씀을 드린 후, 좋게 받아들이지는 않으셨습니다. 조기에 자폐 성향이 있다는 것을 알게 되었고, 빠르게 치료에 들어갈 수 있었다며 감사하다고 했던 점이 가장 인상 깊네요.
이 일로 인해, 부모상담이 정말 중요하다는 것을 알게 되었습니다.

Q. 예비 유아교사들에게 생활지도 및 상담과 관련하여 해주실 말씀이 있다면 해주세요.

A. 영유아의 눈높이에 맞추어 이해하고, 영유아의 발달단계를 사전에 숙지한다면, 더 전문적으로 생활지도를 할 수 있을 것입니다.

• 유치원의 인터뷰 사례 •

●● 생활지도 - 생활지도의 내용

Q. 현재 기관에서의 생활지도 계획 및 운영은 어떻게 이루어지나요?

A. 생활지도 계획: 자유놀이 시간에 주로 이루어집니다. 매달 중점적으로 이루어지는 인성교육과 기본생활습관, 건강생활습관, 사회생활습관을 하루생활 중 계획·실행하고 있습니다.

운영은 매달 인성교육(존중, 배려, 사랑, 양보, 이해, 경청 등) 이야기 들려주기 후 아이들과 서로 나눔을 하고 아이들 간 서로 마음 나누기, 마음 이야기하기를 통하여 실행하고 있습니다. 교사가 아이들의 자유놀이 및 매일의 예술활동 시간에 교사재량으로 계획하고 실행하고 있으며 관찰일지에 기록하고 있습니다.

Q. 원에서 진행하는 생활지도의 내용 중 가장 중점적으로 여기는 것은 어떤 것인가요?

A. 가장 중점적으로 여기는 것은 사회생활지도 영역입니다. 요즘 아이들은 주로 한 자녀인 경우가 많기 때문에 마음 나누기를 할 때 교사에게 도움을 청하는 경우가 많습니다. 서로 대화하며 마음을 이야기하고 친구의 마음을 듣고 이해하고 발생되는 문제들을 스스로 해결해 나가려는 의지를 독려합니다. 아름다운 말하기, 아름다운 생각, 아름다운 행동을 하도록 매일 손유희 시간에 나눔합니다.

●● 생활지도 - 생활지도의 내용

Q. 생활지도를 적극적으로 하기 위해 기관에서 특별히 노력을 기울인 부분이 있나요?

A. 관찰입니다. 아이들이 놀이를 할 때 아이들의 언어와 행동을 관찰하고 교사로서 원장으로서 도와주어야 할 부분을 연구합니다. 교사가 앞서서 아이들의 행동을 틀 안에 가두지 않고 아이들이 자유롭게 자신의 마음을 표현하고 그것이 사회적으로 받아들여지기 어려운 부분이 나왔을 때에 옳은 방향으로 아이에게 방법을 제시해 주고 마음을 충분히 나눕니다. 특별히 생활지도를 위해서는 아이들을 꾸준히 관찰하고 아이의 행동을 문제로 보지 않는 것이 중요합니다.

아이는 배우고 자라는 과정임을 분명히 인식하고 교사는 아이에게 필요한 부분을 도와주고 좋은 어른으로서 바라보는 태도가 중요합니다. 가르치는 것이 아니라 어른인 교사가 먼저 본보기가 되어야 하겠습니다.

Q. 생활지도를 할 때 연령별로 차이점을 두는 것이 있나요?

A. 저희 원은 혼합연령으로 구성되어 있습니다. 만 3세부터 5세의 아이들이 생활합니다. 연령별로 차이를 두지는 않지만, 굳이 두는 것이 있다면 형님으로서 동생에게 배려를 더 해야 한다는 것을 알려주고 동생은 형님의 이야기를 존중해 주어야 한다는 것을 배웁니다.

●● 생활지도 - 생활지도의 내용

Q. 2019년 누리과정이 개정되면서 교육과정이 놀이 중심으로 바뀌었는데, 이에 따라 생활지도에서 달라진 점도 있나요? 있다면 어떤 점이 달라졌나요?

A. 저희 원은 발도르프교육을 지향하며 아이들을 양육하고 있습니다. 영역 간 구분을 없애고 완성된 놀잇감을 사용하지 않습니다. 대부분의 놀잇감은 교사가 만든 인형과 자연물, 나무토막, 실크천, 면천 등을 사용하며 아이들이 건축을 스스로 할 수 있도록 건축물(사다리, 터널 등)을 놀잇감으로 제공하며 교사가 만든 달팽이 끈을 이용하여 자유롭게 놀이구성을 합니다. 놀이를 스스로 계획하고 자연의 리듬에 맞게 구성되도록 교사는 자료를 제공할 뿐 놀이에 개입하지 않습니다. 다만, 이때 중요한 것이 생활지도입니다. 서로의 놀이를 존중하는 것, 먼저 놀이를 계획한 친구의 규칙을 바르게 이해하고 따라주기, 그렇지 않았을 때는 그 친구의 말대로 놀이를 한 번 쉬기 등 사회생활을 배웁니다. 다른 친구의 놀이를 방해하지 않도록 조용히 놀며 친구의 놀잇감을 소중히 여길 때 나의 놀이도 존중받는 것을 배우게 됩니다. 아이들은 놀이를 통하여 어른을 모방합니다.

교육과정이 놀이 중심으로 되었다는 것은 아이를 바로 이해한다는 차원에서 매우 행복한 일입니다. 아이는 놀이를 통해 배웁니다. 모든 교육과정이 아이들의 놀이를 통해 이루어져야 합니다. 놀이란 아이들의 일입니다. 다만, 아이의 동적·정적 활동을 리듬을 통하여 적절히 교사가 배치하고 아이들을 양육하여야겠지요. 아이들이 놀이 중심의 교육과정 안에서 성장하며 중시될 것은 생활지도입니다. 교사는 아이들의 행동, 습관 등을 파악하고 개별적으로 생활지도를 할 필요가 있습니다. 아이들마다 발달차가 있고 모든 아이들은 같은 프로그램으로 적용하기 어렵지요. 하지만 다양한 아이들이 모두 어울려 생활하기 위해서는 생활규칙을 각 반별로 세우고 서로 반복하여 지키는 것이 중요합니다.

생활지도 - 교사 입장에서의 생활지도

Q. 유아들에게 가장 중요한 생활지도는 어떤 것이라고 생각하시나요?

A. 요즘 시대에 가장 필요한 생활지도는 함께 할 때에 발생하는 것들입니다. 혼자 놀이, 자신의 물건 챙기기, 나만 잘하기는 모두 잘할 수 있습니다. 하지만 양보하기, 배려하기, 빈자리가 없을 때 자리를 만들어 주는 등의 일은 아이들에겐 어려운 일이지요. 그래서 저희 원은 경청의 자세(마음듣기) 생활훈련을 하고 있습니다.

Q. 유아생활지도에서 겪는 어려움은 어떤 것이 있나요?

A. 각기 다른 가정문화에서 자라고 한 자녀인 경우가 많고 부모님마다 가치관이 다르기 때문에 어려움이 있습니다. 교사로서 올바른 교육관을 가지고 아이를 대해야겠습니다.

Q. 생활지도를 할 때, 원장선생님의 역할은 무엇인가요?

A. 교사와의 소통입니다. 교사와 원장은 하나의 가치관으로 원을 운영해야 합니다. 아이들이 안전한 울타리에서 자랄 수 있도록 원장은 생활지도계획을 자신의 확실한 교육관 아래에 계획하고 교사에게 충분히 전달하여야 합니다.

Q. 원장선생님의 생활지도 신념이 있다면 무엇인가요?

A. 리듬생활을 통한 매달의 성품 훈련입니다. 아이들은 리듬이 중요합니다. 들숨과 날숨, 혼자 놀이와 함께 놀이, 정적인 놀이와 동적인 놀이가 교차하며 하루를 생활해야 합니다. 아이들이 편안한 원생활을 할 때에 생활지도도 가능합니다. 아이의 행동의 원인을 교사는 파악하고 그에 맞게 적절하게 지도해야 합니다. 충분한 관찰을 통하여 원의 생활지도계획에 맞추어 아이를 개별적으로 지도합니다.

생활지도 - 생활지도 현장사례

Q. 기관에서 생활지도를 하면서 생활지도가 가장 잘 되었다고 느꼈던 사례와 생활지도가 조금 부족했다고 느꼈던 사례가 있다면 말씀해주세요.

A. 잘 되었던 사례 : 애착장애가 있고 촉감각에 어려움이 있던 5세 남아를 지도한 예입니다. 폭력성이 두드러졌으며 모든 대화를 부정적으로 듣고 소리지르기 던지기 등의 행동을 보였습니다. 교사와 매일 꾸준히 대화하고 마음을 이야기할 수 있도록 돕고 듣는

훈련을 꾸준히 일 년간 했습니다. 던지고 때리고 싶을 때 언어로 이야기하고 그 마음을 그대로 인정해 주고 좋은 방향으로 나아갈 수 있도록 매일 상담하였습니다. 일 년이 지나 7세가 된 지금은 놀이 시 리더 역할을 하며 놀이를 만들고 친구를 초대합니다. 폭력성이 없어졌고 친구에게 마음을 잘 전달하고 헤아릴 줄 알며 참아주고 기다려줄줄 아는 멋진 형님으로 자라고 있습니다.

부족했던 사례: 부족했던 사례는 무어라 한 가지만 이야기할 수 없습니다. 가정에서의 연계가 중요한데 가정에서 미디어 노출이 심하거나 수평문화(아이들의 놀이문화: 키즈카페나 놀이공원을 자주 간다거나 캐릭터 놀잇감, 다양한 가정 등)에 많이 노출된 경우 교사의 노력으로는 한계가 있다고 느낄 때가 많습니다.

●● 상담 - 상담의 내용

Q. 현재 기관에서 상담의 계획 및 운영은 어떻게 이루어지고 있나요?

A. 연 2회 봄, 가을 상담을 시행합니다. 아이들의 수공예작품, 예술작품 등을 보여주고 영역별로 이야기 나눕니다.(수시로 언제든 상담은 진행합니다.)

Q. 기관에서 유아상담을 할 때, 어떤 방법으로 진행하나요?

A. 아이의 감각기관(촉감각, 생명감각, 고유운동감각, 균형감각)을 중심으로 이야기 나누고 또래와의 관계, 개인별 발달 상황 등을 이야기 나누며 대면으로 상담합니다.

Q. 기관에서 진행하는 부모상담은 어떤 방향으로 진행되나요?

A. 부모교육을 유도합니다. 대부분의 부모들은 아이들에 대한 이해가 부족한 경우가 많습니다. 아이들의 발달단계나 아이들에게 좋은 환경은 무엇인지에 대해 알지 못하지요. 부모를 교육하는 방향으로 진행하지만 부모에게는 자녀를 상담하듯이 하며 이야기 나누며 도움을 줍니다.

Q. 유아상담과 부모상담 각각의 목표는 무엇이라고 생각하시나요?

A. 유아상담의 목표는 유아가 자신의 마음을 잘 표현하고 또래집단에서 편안하게 생활하는 것입니다. 자신이 존중받고 남을 존중할 때에 이 세상은 행복하다, 살 만한 가치가 있다고 느끼게 하는 것이 목표입니다.

부모상담의 목표는 부모가 유아를 바로 볼 수 있는 눈을 갖게 하는 것입니다. 상담을 하다 보면 자녀에 발달단계, 기질, 성향에 대해 잘 알지 못하는 부모님이 많습니다. 전문적인 지식을 가진 교사는 부모상담을 통하여 자녀를 바르게 이해하고 건강한 부모자녀 간의 관계가 될 수 있도록 도와주어야 합니다. 특별히 부모상담 시 신뢰가 쌓일 수 있도록 부모를 안심시키는 것이 중요합니다.

상담 - 교사 입장에서의 상담

Q. 기관에서 진행하는 상담에서 원장선생님의 역할은 무엇인가요?

A. 교사를 신뢰할 수 있도록 부모와 교사 간 소통의 환경을 마련해 주는 것이라고 생각합니다.

Q. 상담할 때 겪는 어려움에는 어떤 것이 있나요?

A. 듣지 않으려 할 때 어려움이 있고 안타깝습니다.

Q. 상담할 때, 가장 신경 써야 할 점은 무엇이라고 생각하시나요?

A. 경청의 자세와 교사의 생각을 미리 말하지 않는 것입니다. 충분히 공감하고 이해해 드리고 자녀에게 도움이 될 만한 것이 있다면 그것을 조심히 이야기하는 것이 좋습니다. 아무리 올바른 이야기라 하더라도 신뢰가 없으면 소 귀에 경읽기입니다. 충분한 공감과 이해의 자세가 먼저 중요합니다.

상담 - 상담 현장사례

Q. 기관에서 상담을 진행하면서 가장 인상 깊었던 상담이 있다면 말씀해주세요.

A. 부모님께서 함께 오셔서 자녀에 대해 일 년간의 이야기를 충분히 들어 주시고 공감해 주셨고 교사의 이야기를 깊이 들어 주시고 일 년간 교사가 제공한 부모교육 자료를 충분히 활용하셔서 아이를 양육하셨더니 아이가 안정적이 되고 의지가 강한 아이로 자랐다고 이야기해 주셨고 깊이 감사의 마음을 표현해 주셨습니다. 신뢰해 주실 때가 가장 행복합니다.

Q. 예비 유아교사들에게 생활지도 및 상담과 관련하여 해주실 말씀이 있다면 해주세요.

A. 예비 유아교사님들에게

가르친다는 생각은 말아주세요. 우리가 매일 만나는 아이들은 오늘을 삽니다. 내일 해줄게, 다음에 해줄게는 없습니다. 아이들의 이름은 오늘입니다.

아이를 통해 배우세요. 아이들이 하는 말을 깊이 들어주시고 매일 눈맞춤을 깊이 해주세요.

아이들의 눈 속에 있는 자신을 매일 바라봐 주세요.

아이를 진심으로 대해주시고 아이들에게 한 약속은 꼭 지켜주세요.

아이들은 당신을 통해 세상을 배웁니다.

당신을 통해 세상을 알고 살 만한 곳인지 살고 싶지 않은 곳인지 결정합니다.

우리가 만나는 아이들은 우주입니다.

아이를 통해 우리가 배우게 되는 것이지요.

아직 정신이 하늘에 맞닿아 있는 아이들은 몸을 어떻게 사용할지 잘 모릅니다.

0세에서 7세까지 아이들은 몸을 쓰는 법을 배웁니다.

지상에 태어났으나 오장육부는 발달하고 있는 중입니다.

아이가 폐와 심장이 힘차게 자랄 수 있도록 도와주세요.

아이들에게 지나친 학습을 하지 말아주세요.

자연을 느끼고 자연물을 만지게 해주세요.

우리가 할 수 있는 것은 영적인 아이가 이 땅에 잘 도착하여 건강하게 살아가게 돕는 것입니다.

| 참고문헌 |

강문희(2000). 유아생활지도. 경기: 교문사.

공석영, 이규명, 이은상, 방인옥, 김명숙(2000). 유아생활지도. 경기: 양서원.

곽금주, 김연수(2014). 영아발달. 서울: 학지사.

곽현주, 구수연, 박성희, 서동미, 서혜정(2010). 유치원 교사를 위한 교직실무. 서울: 파란마음.

교육과학기술부(2007). 2007 개정 유치원 교육과정. 서울: 교육과학기술부.

교육과학기술부(2007). 2007 개정 유치원 교육과정 총론. 서울: 교육과학기술부.

교육과학기술부, 보건복지부(2011). 만 5세 누리과정 해설서. 서울: 교육과학기술부, 보건복지부.

교육부(2015). 인성교육 5개년 종합계획. 서울: 교육부.

교육부(2019). 2019 개정 누리과정. 세종: 교육부.

교육부, 보건복지부(2019). 2019 개정 누리과정. 세종: 교육부, 보건복지부.

구광현, 가영희, 이규영(2011). 교육심리학. 서울: 동문사.

구광현, 이희경(2002). 유아사회교육. 서울: 동문사.

국공립한누리어린이집(2019, 2020). 연간교육계획안자료.

김경철, 이진희, 최미숙, 황윤세(2010). 유아교육과 평가. 경기: 정민사.

김계현, 이장호(2000). 학교상담과 생활지도. 서울: 학지사.

김미영(2014). 영아발달. 서울: 정민사.

김송이, 정지나, 최혜영, 민성혜(2009). 영유아 관찰 및 실습. 경기: 양서원.

김수영, 김향자, 이현옥, 허선자 편역(1996). 유아의 사회성 발달. 서울: 학지사.

김순혜(2007). 현대아동상담. 서울: 학지사.

김영옥(2016). 유아사회교육. 경기: 교문사.

김영옥(2016). 유아인성교육의 이론과 실제. 경기: 공동체.

김영옥 외(2014). 영아동 인성교육 프로그램; 마음씨앗 가꾸기. 다음세대.

김용숙(2002). 지혜가 자라는 유치원. 서울: 신아출판사.

김용숙(2004). 유치원 민주시민 교육을 위한 모형개발 연구. 한국유아교육학회, 9월호.

김용숙(2005). 문화분석을 통한 유아교육과정의 이해. 경기: 서현사.

김용숙(2006). 유아교육과정. 경기: 서현사.

김용숙(2008). 보육과정. 경기: 서현사.

김재은(1984). 유아의 발달심리. 서울: 창지사.

김준규, 박희숙, 추성경(2010). 유아생활지도. 서울: 동문사.

김지영(2002). 포트폴리오의 구성과 활용. 대한 어린이교육협회 하계연수자료.

김지은, 김경희, 김현주, 김혜금, 김혜연, 문혁준, 신혜원, 안선희, 안효진, 임연진, 조혜정,

황옥경(2007). 보육과정. 서울: 창지사.

김지은, 김진숙(2006). 유아관찰 및 평가. 경기: 양서원.

김청자, 정진선(2006). 상담의 이론과 실제. 서울: 동문사.

김충기, 장선철(2001). 유아생활지도. 서울: 동문사.

김현진(2009). 집단상담 프로그램이 어머니와 유아의 자아개념에 미치는 영향. 숭실대학교 교육대학원 석사학위논문.

김형태(2001). 집단상담의 이론과 실제. 서울: 동문사.

김희태(2004). 상호적인 친구관계 유아들의 사회적 상호작용에 관한 질적 연구. 미래유아교육학회지, 11(1), 25-48.

명승화(2008). 유아의 배려지향적 도덕성과 성역할 정체감에 관한 연구. 건국대학교 대학원 박사학위논문.

문혁준, 김경은, 서소정, 성미영, 안선희, 임정하, 하지영, 황혜정(2014). 영아발달. 서울: 창지사.

민영순(1994). 교육심리학. 서울: 문음사.

박성수, 유효순(1995). 아동생활지도. 서울: 한국방송통신대학 출판부.

박성연(2006). 아동발달. 경기: 교문사.

박찬옥, 김영중, 황혜경, 엄정례, 조경서(2001). 유아사회교육. 서울: 정민사.

박찬옥, 서동미, 엄은나(2010). 유아사회교육. 경기: 정민사.

보건복지부(2013). 제3차 표준보육과정. 서울: 보건복지부.

보건복지부(2020). 제4차 표준보육과정. 세종: 보건복지부.

송정, 엄정애(2008). 만 4세 유아의 사회극놀이에서의 정신상태 용어와 마음이론과의 관계. 유아교육연구, 28(2), 69-94.

안영진(2011). 세계화와 민주시민 양성을 위한 유아생활지도. 서울: 창지사.

여성가족부(2005). 표준보육과정 연구. 서울: 여성가족부.

원광대학교 부속유치원(2010). 일화기록(포트폴리오)자료.

유은정(2005). 유아의 우정 개념과 마음의 이론과의 관계에 관한 실험 연구. 성신여자대학교 대학원 박사학위논문.

윤운성, 김홍운(2003). 생활지도와 상담. 경기: 양서원.

윤윤경(2005). 집단놀이치료 프로그램이 유치원 부적응 유아의 부적응행동에 미치는 효과. 경성대학교 대학원 석사학위논문.

이경숙, 정찬기오(2009). 생활지도와 상담. 서울: 동문사.

이기숙(2002). 유아교육과정. 경기: 교문사.

이미숙(2003). 성역할 동화를 통한 극화 활동이 유아의 성역할 이해 및 인지능력에 미치는 효과. 전남대학교 교육대학원 석사학위논문.

이병승, 우영효, 배제현(2008). 쉽게 풀어 쓴 교육학. 서울: 학지사.
이상금(1999). 역할놀이를 통한 집단상담이 유아의 조망수용능력에 미치는 영향. 우석대학교 교육대학원 석사학위논문.
이영석, 이경영(1995). 유아사회교육의 이론과 실제(개정판). 서울: 형설출판사.
이영자, 유효순, 이정욱(2001). 주제중심의 통합적 접근방법에 의한 유아사회교육. 경기: 교문사.
이옥형(1997). 아동발달. 서울: 집문당.
이은화, 김영옥(2000). 유아사회교육. 경기: 양서원.
이장호(1989). 교육학개론. 서울: 창학사.
이장호(1991). 상담면접의 기초: 카운슬러를 위한 카운슬링 총서. 서울: 중앙적성출판사.
이장호(2006). 상담심리학. 서울: 박영사.
이장호, 김정의(1992). 집단상담의 원리와 실제. 서울: 법문사.
이재연, 최영희 역(1990). 의사소통과 가속관계. 서울: 형설출판사.
이재창(1995). 자기성장과 인간관계. 서울: 한국가이던스.
이정림, 최효미, 정주영, 오유정, 이정아(2014). 3-5세 누리과정 아동관찰척도를 활용한 누리과정 효과분석 연구. 서울: 육아정책연구소.
임규혁, 임웅(2011). 교육심리학. 서울: 학지사.
장혜순(2006). 유아사회교육의 이론과 실제. 서울: 창지사.
전예화, 최미현, 천희영, 서현아, 황해익(2003). 유아사회교육. 경기: 양서원.
정동화(2003). 유아생활지도와 상담. 경기: 서현사.
정명화(2009). 예비교사를 위한 교육학개론. 경기: 공동체.
정옥분(2008). 아동발달의 이해. 서울: 학지사.
정용부, 고영인, 신경일(2001). 아동생활지도와 상담. 서울: 학지사.
정원식, 박성수(1978). 카운슬링의 원리. 서울: 교학도서.
정원식, 임승권, 박성수(1982). 생활지도. 서울: 방송통신대학교 출판부.
정진선(2005). 인간관계 심리의 이론과 실제. 서울: 시그마프레스.
조성연, 이정희, 천희영, 심미경, 황혜정, 나종혜(2005). 아동발달의 이해. 서울: 신정.
조순옥, 이경화, 배인자, 이정숙, 김정원, 민혜영(2002). 유아사회교육. 서울: 창지사.
조순옥, 이경화, 배인자, 이정숙, 김정원, 민혜영(2010). (개정)유아사회교육. 서울: 창지사.
조운주, 최일선(2011). 개정 유아교육기관에서의 유아생활지도. 서울: 창지사.
조화섭(2004). 조화섭교육학. 서울: 교육마을.
지성애, 홍혜경(2007). 영유아생활지도. 경기: 양서원.
채홍길(1997). 공동체 의식함양을 위한 프로그램개발 방안. 충남교육, 119, 3, 70-74.
최명희(2016). 교사다움: 영유아 교사를 위한 인성지침서. 경기: 공동체.

하영례(2009). 집단놀이치료를 활용한 유아 사회정서적 유능감 프로그램 개발 및 효과. 전남대학교 대학원 박사학위논문.

한국보육진흥원(2011). 보육교사승급 교육교재. 서울: 한국보육진흥원.

한국소비자원(2021). 2020년 어린이 안전사고 동향 문석. 한국소비자원 위해정보국 위해정보팀.

한영미(2009). 유아의 도덕적 자아와 정서조망수용 및 정서조절 능력의 관계. 이화여자대학교 대학원 석사학위논문.

Ainsworth, M, D., Blehar, M., Warters, E., & Wall, S.(1978). *Patterns of attachment: A Psychological study of the strange situation*. Hillsdale, NJ: Erlbaum,

Bandura, A.(1973). *Principles of behavior modification*. NY: Holt, Rinehart & Winston.

Bar-Tal, D.(1976). Further Evidence Regarding the Sequential Development of Helping Behavior. Paper presented at the conference of the International Society for the Study of Behavior Development.

Bar-Tal, D.(1976). *Prosocial behavior: Theory & Research*. New York: John Wiley & Sons.

Bowlby, J.(1980). *Attachment and loss, Vol. 3: Loss, Sadness and Depression*. New York: Basic Books.

Bredekamp, S.(1987). *Developmentally appropriate practices in early childhood programs serving children form birth through age 8*(Exp. ed.). Washington, DC: NAEYC.

Bronfenbrenner, U.(1979). *The ecology of human development: Experiences by nature and design*. Cambridge, MA: Harvard University Press.

Chaill, C., & Britain, L.(1991). *The young child as scientist*. NY: Harper Collins Publishers, Inc.

Cooney, M., Hutchinson, L., & Costigan, V.(1996). From hitting to tattling to communication and negotiation: The young child's stages of socialization. *Early Childhood Education Journal, 24*, 23-27.

Corey, G.(1994). *Group counseling*(4th ed.). Monterey, Calif: Brooks/Cole.

Darrow, D. C.(1964). *A guide to learning fluid therapy*. Springfield, lll: C.C. Thomas.

Friedrich, C. P.(1950). *Guidance services is smaller school*. NY: Mcgraw-Hill.

Gazda, G. M.(1989). *Group counseling: A developmental approach*. Boston: Allyn & Bacon.

George, R. L., & Christiani, T. S.(1995). *Theory, methods and processes of Counseling and psychotherapy*. Englewood Cliffs, NJ: Prentice-Hall.

Harter, S.(1983). The perceived competence scale for children. *Child Development, 53*, 87-97.

Hay, D. F.(1979). Cooperative interactions and sharing between young children and their parents. *Developmental Psychology, 15*, 647-653.

Hyson, M. C.(1994). *The emotional development of young children: Building an emotion-centered curriculum.* 정미라, 박경자, 배소연 공역(1998). 유아를 위한 정서교육. 서울: 이화여자대학교 출판부.

Kamil, C.(1900). *Achievement testing in early childhood education: The games grown-ups play*. Washington, DC: NAEYC.

Maccoby, E. E.(1980). Middle childhood in the context of the family. In W. A. Collins(Ed.), *Development during middle children*(pp.184-239). Washington, DC: National Academy Press.

McAfee, O., & Leong, D.(2008). *Assessing and Guiding Young Children's Development and Learning*(4th ed.). New York, NY: Allyn and Bacon.

Mead, D. E.(1976). *Six approaches to child rearing*. UT: Bringham Young University Press.

Rogers, C. R.(1962). The International relationship: The Interpersonal relationship. The core of guidance. *Harvard Educational Review, 32*, 416-429.

Selman, R. L.(1981). The child as a friendship philosopher. In S. R. Asher, & J. M. Gottman(Eds.), *The Development of friendships*. NY: Cambrige University Press.

Thompson, R. A.(1998). Early sociopersinality development. In W. Damon & N. Eisenberg (Eds.), *Handbook of child psychology*(Vol. 3, 5th ed., pp. 225-104). New York: John Wiley & Sons.

Williamson, E. G.(1950). *Counseling adolescents*. NY: McGraw-Hill.

찾아보기

인명

내용

저자소개

김 용 숙

한남대학교 대학원 교육학 박사
우석대학교 부설아동복지 연구소 연구원
우석유치원 · 우석어린이집 원장
현, 중부대학교 유아교육과 교수

저서: 상황중심 유아교육과정 Ⅰ(2인 공저)
상황중심 유아교육과정 Ⅱ(2인 공저)
행사중심 유아교육 프로그램
지혜가 자라는 유치원
보육과정
유아교육과정

논문: 유치원 민주시민교육 모형개발 연구
인형극활동이 유아의 친사회적인 행동에 미치는 영향
인성교육에 대한 영유아교사의 인식 및 실태 연구
유아교사가 인식하고 있는 유아동작교육
구성주의 교수법에 관한 동향 연구
판게임의 유형에 따른 유아의 조망수용 능력과 자기조절능력과의 차이분석
유아의 놀이성과 정서지능의 관계에서 유아성격의 매개효과 외 다수

박 지 영

전남대학교 대학원 교육학 박사
우석대학교 부속 어린이집 교사
현, 서정대학교 유아교육과 교수

저서: 유아생활지도 및 상담
유아교육과정
창의융합교육의 이론과 실제

논문: 유아 의사결정력과 자기주도학습능력 간의 관계 연구
유아용 5요인 성격검사 개발 및 타당화 연구
영아교사와 유아교사 간의 인식 비교를 통한 효율적인 상호작용과 수업역량 강화
예비유아교사의 성취동기와 스트레스 대처방식이 사회문제해결력에 미치는 영향
유아 성격이 누리과정 영역별 발달에 미치는 영향
대학생 핵심역량이 창의융합역량에 미치는 영향과 코칭역량의 매개효과
유아 놀이성이 유아발달에 미치는 영향과 또래유능성의 매개효과
예비보육교사의 핵심역량이 놀이성에 미치는 영향 외 다수

서 의 정

우석대학교 대학원 교육학 석사
전북대학교 대학원 교육학 박사
우석대학교 부설유치원 어린이집 원감 역임
전북대학교 BK21 사업단 기금교수 역임
교육부 창의적체험활동 교육과정 심의위원
현, 서정대학교 유아교육과 교수

저서: 유아생활지도 및 상담
예비교사를 위한 아동미술교육 외 다수

논문: 유아 놀이성이 유아발달에 미치는 영향과 또래유능성의 매개효과
요리활동을 통한 언어중재가 언어발달지연을 보이는 유아의 언어능력 향상에 대한 연구 외 다수

아동상담 및 생활지도

1판 1쇄 인쇄 2021년 8월 20일
1판 1쇄 발행 2021년 8월 30일

저　　자 | 김용숙 박지영 서의정
발 행 인 | 박철용
발 행 처 | 양서원
주　　소 | 경기도 파주시 직지길 522 파주출판도시
전　　화 | 031-955-8000(代)
팩　　스 | 031-955-8005
홈페이지 | www.yswpub.co.kr
이 메 일 | yswgroup@naver.com
출판등록 | 1987년 11월 24일 제 406-2003-037 호

ISBN 978-89-994-1190-8

정가 18,000원